Un pouvoir traditionnel
à l'épreuve de l'histoire au Niger
(1849-2017)

Collection « Études africaines »
dirigée par Denis Pryen et son équipe

Forte de plus de mille titres publiés à ce jour, la collection « Études africaines » fait peau neuve. Elle présentera toujours les essais généraux qui ont fait son succès, mais se déclinera désormais également par séries thématiques : droit, économie, politique, sociologie, etc.

Dernières parutions

Nouhoum DABITAO, *Géopolitique des rébellions. Touareg au Mali (1960-2015)*, 2023.
Moriba TOUNKARA, *Cartographie des risques dans les institutions de microfinance de l'espace UMOA, Une contribution du professionnel comptable*, 2023.
Balla CISSÉ, *Le durcissement du régime de transition au Mali*, 2023.
Issoufou Soulé MOUCHILI NJIMOM et Fidèle MVIADAMBA MINDJEME (dir.), *Etat et développement en Afrique*, 2023.
Zacharie BAENDA FIMBO, *Résolution des différends individuels et des confits collectifs du travail. L'exemple du droit social congolais*, 2023.
Jean-Alexis MFOUTOU, *Sur les petits métiers de la rue et de la débrouille au Congo-Brazzaville, Vitalité linguistique et dynamique langagière*, 2023.
Jean-Dominique PÉNEL (dir.), *L'écriture d'Ousmane Sembène dans Niiwam*, 2023.
Lambert EKANGA LOKOKA, *L'enseignement de l'Histoire à l'école secondaire en R.R.C. Intentions d'une réforme et pratiques de terrain*, 2023.
Roger NGOUFO, Paul TCHAWA et Moïse TSAYEM DEMAZE, *Environnement tropical et développement territorial. Pour une géographie décloisonnée et appliquée*, 2023.
Abdoulaye Aboubacrine, *Droit international de l'environnement et droit malien. Vers un droit africain harmonisé de l'environnement*, 2023.
Victor PUATI VANGU, *Les impératifs du développement industriel durable en République démocratique du Congo. Face aux exigences de l'éthique et du leadership,* 2023.
Arsène ELONGO, *Métaphore dans la culture congolaise*, 2023.
Jaribu MULIWAVYO, *Procès contre les rebelles ADF À Beni, Récit d'une tragédie politico-judiciaire*, 2023.
Dieudonné MUSA ALOKPO, *L'éducation en Afrique dans des sociétés en mutation. À partir du cas de la RD Congo*, 2023.
Ruddy KABAMBI TSHITADI, *Internationalisation de l'insécurité des eaux du bassin du Congo. Géostratégie de la sécurité*, 2023.
Émile AMOUZOU, *Littérature comparée et enseignement du français. Pour une didactique des humanités en Afrique : le cas de la Côte d'Ivoire*, 2023.

Mamane Halidou

Un pouvoir traditionnel à l'épreuve de l'histoire au Niger (1849-2017)

La Sarauta Samna Karhe de Tibiri dans le Dallol Mawri

Préface d'Alassane Hassimi

© L'Harmattan, 2024
5-7, rue de l'Ecole-Polytechnique, 75005 Paris

http://www.editions-harmattan.fr

ISBN : 978-2-14-030246-6
EAN : 9782140302466

Remerciements

À tous ceux qui, chacun à leur façon, par leur aide matérielle ou morale, ont contribué efficacement à la réalisation du présent ouvrage.

À notre père, Grand-Père, Issa Samna Harouna dit « *Karhe* » pour ses sages conseils et son assistance financière.

À Samna Marafa Kiassa, chef de canton de Tibiri pour son encouragement et ses précieux conseils.

À Harouna Dan Ladi, conservateur, membre de notre groupe de réflexion qui, en 1994, a élaboré le premier plan qui est la charpente de cet ouvrage.

À Idrissa Dan Inna, Statisticien qui, en 1994, a procédé à la première saisie de ce projet d'ouvrage.

À Barmou Soffo, Historien, qui a bien voulu mettre à notre disposition une partie de sa documentation de recherche historique.

À tous ceux qui ont bien voulu lire et corriger cet ouvrage au stade de projet. Il s'agit de :
– Boubé Gado, Historien, ancien Directeur de l'Institut de Recherche en Sciences Humaines, ancien Ministre.
– Ila Maïkassoua, Historien, ancien Ministre, ancien Ambassadeur.
– Abdou Hassane, ancien Ministre, Dangaladima à la cour des Samna de Tibiri.
– Seydou Namata dit « *bonnet rouge* », cadre du Génie Rural.
– Roufaï Ali et Hassimi Alassane, tous Historiens, Enseignants-Chercheurs à l'Université Abdou Moumouni de Niamey.

Mes remerciements s'adressent également :

À Sadé Elhadji Mahaman, Idrissa Yansambou, Boukari Habou, Ali Hamadou et l'ensemble du personnel des Archives Nationales du Niger.

Je tiens enfin à exprimer ma pleine gratitude aux membres de notre groupe de réflexion, Messieurs Mamane Rabo Arouna, professeur de l'enseignement du second degré et Maïzama Issa, chargé d'enseignement, pour la confiance placée en moi comme chef de file de l'équipe et leur suis profondément reconnaissant pour l'honneur qu'ils m'ont fait.

Mes pensées vont à Bozari Seydou Boubacar, notable à la cour des Samna de Tibiri, qui n'a pas hésité à donner le meilleur de lui-même pour contribuer à l'élaboration de cet ouvrage. Hélas ! Arraché, le mercredi 5 juillet 2023, à notre grande affection. La mort ne lui aura pas laissé le temps de voir l'édition de cet ouvrage. Puisse Dieu le Tout-Puissant, le Miséricordieux, le Clément, l'accueil dans son paradis éternel.

Cet ouvrage a pu être publié grâce aux généreuses subventions de M. Yacouba Abdoulaye Samri, que je pris de vouloir bien trouver ici l'expression de ma profonde gratitude. Sans lui cet ouvrage ne serait certainement pas édité.

PRÉFACE

C'est avec une fierté toute légitime que nous saluons l'effort scientifique et pédagogique de l'auteur de cet ouvrage qui s'est pris de passion pour l'histoire de l'Aréwa du Sud. Après plusieurs années de recherches ardues et méthodiquement conduites, Mamane Halidou, sans être historien de formation, a fourni un document qui va permettre de sauvegarder l'histoire peu connue de la *Saruta Samna* de Tibiri dans le Dallol Mawri en République du Niger. Il comble en ce sens un vide car il n'existe pas d'ouvrage spécifique consacré à ce pouvoir traditionnel qui naît et s'affirme dans le contexte particulier de l'Aréwa du Sud.

L'auteur, Topographe et Cartographe de formation est passionné d'Histoire. Il a lu des ouvrages, des travaux divers notamment des articles, des textes officiels, exploité des cartes et recueilli des traditions orales. Il a également exploité une masse importante de documents d'archives aux seules fins de produire l'information qui établirait des faits contextualisés et compréhensibles.

Dans cette étude, Mamane Halidou traite de pans importants de l'histoire du Niger et de l'Aréwa. Il revisite le peuplement (les occupants successifs, leurs origines et les mouvements migratoires), l'organisation sociopolitique et les rivalités politico-religieuses sur lesquels il fournit des renseignements souvent inédits. Le lecteur y trouve beaucoup d'informations sur le jihad d'Usman dan Fodio. Il aborde les conquêtes dans le Kabi et le Zarmatarey, le Dendi et l'Aréwa et la domination exercée sur les populations soumises. Les grandes batailles ayant opposés les partisans d'Usman dan Fodio et leurs adversaires sont étudiées.

Le travail fournit des détails importants sur les conditions du soulèvement contre le pouvoir Sokoto-Gwandu et la naissance de la grande coalition formée par Karhe Tunkara de l'Aréwa, Daudu Bugaran du Zarmatarey de l'Est et Yakubu Nabami du Kabi dont le père Karari a été tué en 1805. Le lecteur est édifié sur les actions conduites par cette coalition pour libérer les régions soumises de la domination de Sokoto-Gwandu.

C'est d'ailleurs dans ce contexte que naît la *Sarauta* Samna de Tibiri. L'émergence de Samna Karhe, neveu (par sa mère) du Sarki Yaji Gagara de Nassaraoua comme principal chef de guerre de la région et son alliance avec le Kabi font de Tibiri un centre de pouvoir important qui se fortifie au fil du temps au détriment des pouvoirs existant déjà. On trouve ici, à l'instar de plusieurs régions du monde dans bien de cas, la guerre apparaître comme élément moteurs de transformations sociales et politique qui marquent de façon durables les sociétés humaines et qu'il faut comprendre à juste titre.

L'auteur d'*Un pouvoir traditionnel à l'épreuve de l'histoire au Niger (1849-2017)* consacre une importante partie à l'occupation coloniale et ses implications, le remodelage territorial opéré par la colonisation française, la définition et la gestion des commandements indigènes. Il étudie en détail l'organisation et la réorganisation de la circonscription administrative de Dosso puis de la subdivision de Dogondoutchi, qui ont connu des réajustements avec la suppression de certains cantons selon les nécessités de l'administration coloniale.

La gestion de la chefferie dans le Niger postcolonial est décrite minutieusement, pendant le régime du président Diori Hamani, sous le régime militaire de Seyni Kountché et à l'ère démocratique. Les trajectoires de la chefferie traditionnelle sont traitées et présentées.

L'auteur étudie la fondation de la principauté de Tibiri et sa transformation en canton par l'administration coloniale française après le partage des possessions coloniales franco-anglaise dans le Dallol Mawri en 1907 et la reconnaissance de Samna Alou Kondo, comme 1er chef de canton de Tibiri, tout en insistant sur la particularité de la chefferie Samna de Tibiri.

Nous sommes convaincus que toutes les personnes qui veulent comprendre davantage le passé des populations de l'Aréwa en général et le fondement historique de la *Sarauta* Samna de Tibiri en particulier, trouent là, à n'en point douter, un document de référence. On sait gré à Mamane Halidou d'avoir fourni un ouvrage qui contribue à faire connaître des péripéties de l'histoire précoloniale, coloniale et postcoloniale du Niger.

Dr Alassane HASSIMI
Enseignement-chercheur
à l'Université Abdou Moumouni de Niamey, (Niger).

Introduction

L'ouvrage que voici, est le fruit de plus de deux décennies de recherche ardues (1994-2021). Notre souci résulte d'un désir d'aider à comprendre d'avantage l'histoire de la *Sarauta Samna* de Tibiri, qui tire son origine dans les guerres de libération contre l'expansionnisme de l'Empire peul de Sokoto dans le Kabi, l'Aréwa, le Zabarma et le Dendi au XIXe siècle.

KARHE TUNKARA, fondateur de la *sarauta Samna* de Tibiri, vit le jour au environ de 1807, au village de Nassaraou dans la vallée du Dallol Mawri, une contrée appelée Aréwa, située dans le sud-ouest en République du Niger, à une époque où les peuls du l'Empire peul de Sokoto tentent de s'imposer partout dans le Dallol Mawri. Tout le pays Aréwa, assujetti payait tribut au Royaume de Sokoto par le biais de l'Emir de Gwandu et du Sarkin Yaki de Binji, général en chef des armées de Sokoto.

Cet enfant prédestiné, KARHE TUNKARA, n'allait pas tarder à manifester sa nature turbulente exceptionnelle. Il allait, en effet, se dresser au milieu de ses camarades d'enfance en un enfant turbulent, commandeur et rusé. Devenu un homme très fort, il manifeste contre la domination que les partisans d'Usman dan Fodio exercent sur les populations soumises.

Un incident malheureux réglable à l'amiable mis le feu aux poudres. Cette explosion subite de la situation déjà fort tendue résultait du refus entêté du Sarkin Yaki de Binji d'accepter l'amende qu'il avait infligée aux populations parce qu'il jugeait insuffisant ce qu'on lui avait présenté. Le mauvais comportement méprisant, humiliant et hautain de ce dernier vexa profondément le jeune Karhe Tunkara chargé d'amener l'amende auprès de Sarkin Yaki de Binji. En manquant de rendre justice contre ses administrés, et surtout la lourde sujétion politique qu'il leurs imposaient, le Sarkin yaki de Binji offrit au jeune Karhe Tunkara l'occasion de se rebeller contre le pouvoir peul de Binji, à qui il déclara ouvertement la guerre. « *Si jamais, je remets mes pieds ici, ce sera pour faire la guerre* ».

Ce fut alors le début d'une grande tourmente. Cette conflagration allait entraîner des alliances régionales contre le joug peul. Lorsqu'un assujettisement a atteint son paroxysme, il provoqua un mécontentement populaire général, les peuples ainsi dominés et opprimés n'hésitent point à s'allier, afin de parvenir à battre leur ennemi commun. C'était le processus de cette stratégie habituelle qu'avait déclenché le jeune Karhe Tunkara dans l'Ouest de l'Empire peul de Sokoto.

Comme avec ses seuls partisans locaux il ne pouvait affronter la puissance militaire peule de l'époque, il chercha des appuis à l'extérieur. Il s'allia d'abord à Daudu Bugaran du pays Zarma exilé dans le Dendi dont la situation fort inconfortable créée par les exactions des peuls du Dallol Bosso, avait lancé de nombreux Zarma sur la voie de la révolte.

Puis constatant que leurs actions communes contre les peuls restaient toujours isolées et ne donnaient pas les résultats escomptés, ils décidèrent d'aller se coaliser au prince du Kabi, Yakubu Nabami, libéré de la captivité par le Sarkin Musulmi de Sokoto et installé dans le Kabi parmi les peuls.

Sous la direction de ces trois grands conducteurs d'hommes, grâce à leur soulèvement général, se leva toute une génération d'hommes courageux, énergiques, infatigables qui, aux pris de leurs vies, réussirent à arracher leur indépendance des mains des peuls, et à affaiblir considérablement l'Empire de Sokoto, grâce aux stratégies qu'ils avaient adoptées.

L'action guerrière de Karhe Tunkara allait profondément remodeler le paysage géopolitique à l'ouest de l'empire peul de Sokoto. Grâce à son leadership militaire, Karhe Tunkara fut en 1849, investi d'un titre de guerre *SAMNA* qu'il choisit lui-même et mena une politique indépendante des Peuls et de ses parents maternels les Arawa. En 1857 il fonda sa principauté indépendante Tibiri *Samna*. Malgré les frustrations que suscite cette victoire, la *Saruta Samna* de Tibiri connaît très tôt un rayonnement que n'ont pas eu les autres *Sarauta*. Autour de *Samna* Karhe s'organise la libération de l'Aréwa du joug des peuls de Sokoto et Gwandu.

Après plusieurs années d'une existence de défis et de combats guerriers, il s'éteint vers 1872 en laissant à sa progéniture une aristocratie guerrière et politique, qui allait être à l'origine de l'avènement de sa descendance.

Cet ouvrage regroupe cinq partie :

– La première partie est consacrée à la description géographique succincte du Dallol Mawri et son peuplement.

– La deuxième partie traite du Jihad d'Usman dan Fodio au début du XIXe siècle et l'expansionnisme Peul dans le Kabi, le Zabarma, l'Aréwa et le Dendi.

– La troissième partie traite des guerres de libération contre l'expansionnisme Peul avec l'apparition des chefs de guerre, comme Karhe Tunkara, Daudu Bugaran, Yakubu Nabami,

– Dans la quatrième partie, après un résumé succinct de l'occupation coloniale, nous avons examiné la doctrine coloniale et l'administration de la chefferie traditionnelle.

– La cinquième partie est consacrée à la gestion de la chefferie traditionnelle en République du Niger.

L'ouvrage est accompagné de croquis de cartes et de graphiques dont l'exactitude n'est sans doute pas absolument rigoureuse dans tous les détails, mais qui est néanmoins suffisante pour le but recherché.

Les conclusions de cet ouvrage s'ouvrent volontiers à un plus large débat. En un mot, il s'agit pour moi de favoriser le développement du jugement et de l'esprit critique.

Termes utilisés

Aréwa : région sud-est du Niger située entre le Zarmatarey et le Kabi.
Azna : Azna ne désigne ni une race ni une famille mais une religion. L'animisme était leur religion d'adoration.
Birni : enceinte fortifiée.
Dallol : mot peul, qui veut dire vallée.
Kasaa : le sol ou la terre, signifie aussi le pays en hausa.
Kel Kaasa : fille du crotale (kaasa en hausa). Serpent venimeux.
Kyan kasaa : « maître de terre », littéralement « fils de la terre » (autochtones).
Lougawa : habitants du village de Lougou (appelé Gubawa).
Mawri : terme surtout employé par les Peuls et les Djerma pour désigner l'ensemble des Gubawa et Arawa.
Saraounia : reine, femme qui dirige.
Samna : mot peul, titre de guerre et de bravoure, attribué à la chefferie de Tibiri.
Sarauta : chefferie (en hausa).
Sarki : souverain ou toute personne responsable d'un secteur de la vie sociale.
Tama : (en hausa) La roche contenant le minerai métallique.
Toungouma : est une pierre miraculeuse, amenée par la première Saraounia de Lougou.
Tarkama : mode de désignation magique aux fonctions de chefferie. C'est le corps du défunt placé sur un lit soulevé par quatre porteurs, qui entraîne ces derniers vers son successeur.
Les Yammawa (en haoussa, ceux de l'Ouest). Il s'agit des Djerma installés à l'ouest du Dallol Mawri.
Runkundum, Katarma, Takassaba : termes génériques pour désigner une zone dans le Sud-Dallol Mawri.

Afin d'harmoniser l'écriture des noms, nous avons choisi d'utiliser la graphie française. En ce qui concerne les citations, nous respectons les transcriptions utilisées par l'auteur.

PREMIÈRE PARTIE :

LE DALLOL MAWRI

CHAPITRE 1 :

Aspect géographique

1.1. Carte de situation du Dallol Mawri

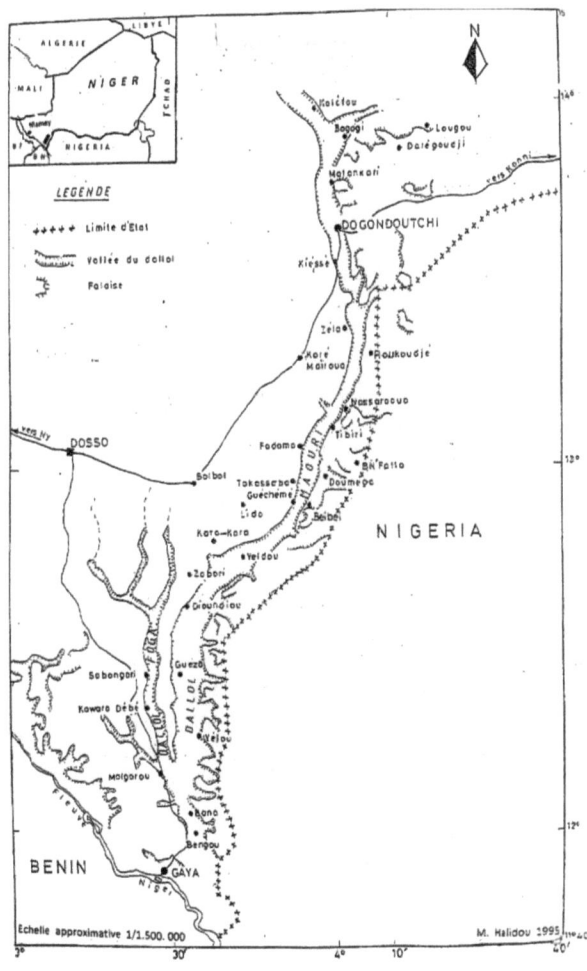

1.2. Carte ethnodémographique du Dallol Mawri

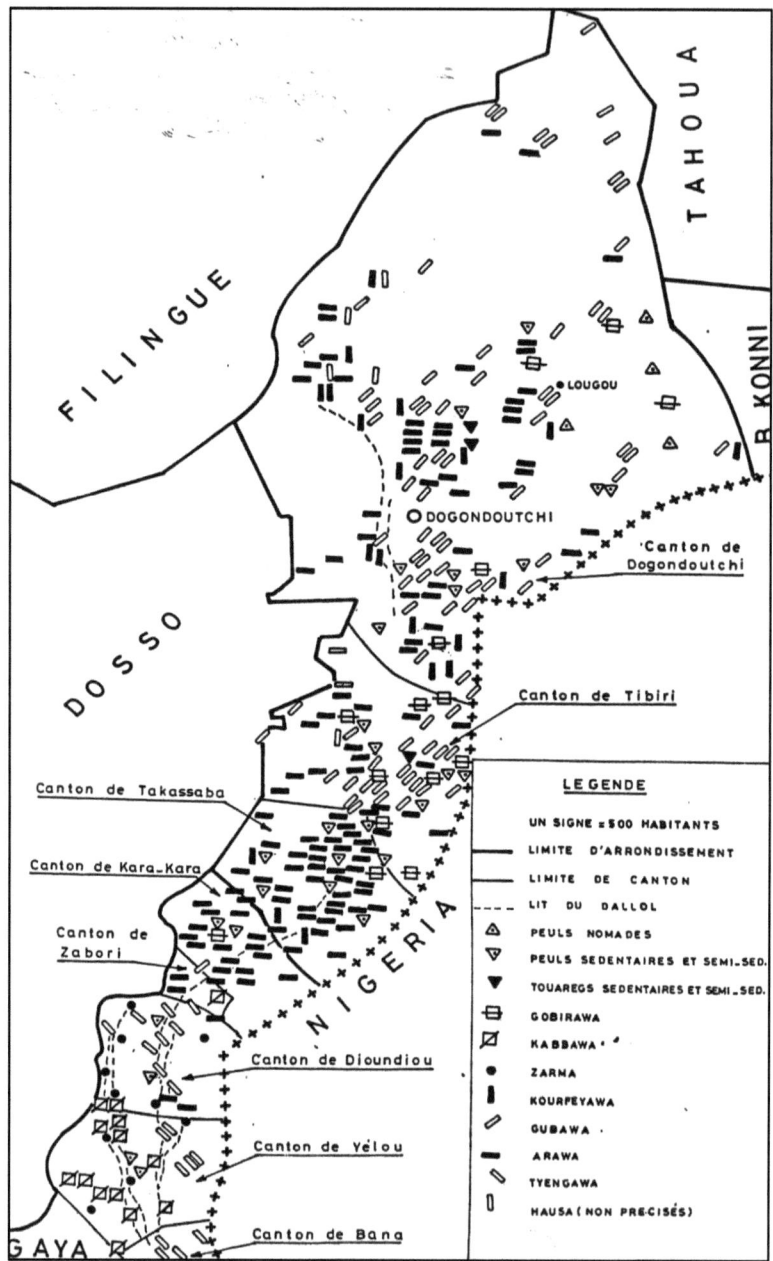

Source : fond de carte 1/1000.000, dressée par Y. PONCET. 1973

1.3. Présentation du Dallol Mawri

Situé dans le sud-ouest du Niger, le Dallol Mawri[1] prend naissance dans l'Azawak et l'Ader. Le Dallol Mawri est compris approximativement, d'une part entre 12° et 15° de latitude nord, d'autre part 3° et 4° de longitude est. Il est limité au nord par la steppe désertique dite Azawak, au nord-est par Adar et Konni, au sud-est par le Sokoto et le Kabi, au sud par le Dendi, à l'ouest par le Zabarma, et enfin au nord-ouest par le Kurfey.

La vallée du Dallol, large, ondulée, fortement ensablée, forme un Y dont la fourche se situe au nord du village de Bagagi : une branche orientée nord-ouest vers Sukukutane et une branche orientée nord-est en direction de Dogonkiria. Elles s'estompent toutes plus loin. Cette vallée qui descend jusqu'au nord du village de Bana (Gaya) où elle rencontre le Dallol-Fogha salin et aboutit au fleuve Niger, semble être un affluent desséché de la rive gauche du fleuve. La vallée du Dallol s'étend sur une longueur de plus de 240 km (Nord-Sud), du point où elle forme un Y, au point où elle rencontre la vallée du Dallol-Fogha.

En dehors de sa vocation agricole, cette vallée du Dallol est aussi une zone favorable à l'élevage et à la chasse. Mais malgré l'ensablement de son lit, elle est d'une importance capitale pour la population grâce à son sol riche mais aussi à la nappe phréatique qui est à faible profondeur, c'est pourquoi la zone est un lieu de brassage de populations venues d'horizons divers.

La situation du couvert végétal naturel n'est guère brillante avec les conditions climatiques défavorables, et l'accroissement démographique entraîne ainsi l'augmentation des terres emblavées d'où la destruction des forêts au profit des champs, l'augmentation du bétail entraînant le surpâturage et la coupe abusive des arbres.

Le Dallol Mawri « doit son nom à l'ethnie dominante (les Mawri) qui occupe les trois quarts de la vallée surtout le Nord et le Centre du Dallol ». (R. ROCHETTE, 1968, p. 502).

Le nom Mawri est employé par les Peuls et les Djerma pour désigner l'ensemble des Gubawa et Arawa. Pour Noma Kaka, « Les habitants de l'Aréwa sont appelés improprement Mawri, terme étranger »[2].

---

[1] Pour toute description du Dallol Mawri, cf. « Rapport de mission dans les Dallol Mawri et Fogha » par R. ROCHETTE en 1964 ou *L'histoire Mawri* par M. H. PIAULT, 1970.
[2] ANN : IG3. 45. Devoir de vacances École Normale William Ponty, 1938-1939.

CHAPITRE 2 :

Le peuplement du Dallol Mawri

2.1. Généralités

« Le Dallol-Maouri a bénéficié des conditions historico-géographiques qui en ont fait un refuge sans pour autant être une réserve. À la limite du monde Songaï-Zarma à l'Ouest et des États hausa à l'Est, il a recueilli tous ceux qui repoussaient les transformations de l'histoire et qui trouvaient là une terre assez riche où l'eau se trouvait à proximité ; tandis que les rochers de l'ancienne vallée leur offraient une protection suffisante sans pour autant les enfermer ». (M. H. PIAULT, 1964, p. 67).

Si nous résumons le peuplement du Dallol Mawri, « dans la hiérarchie sociale, nous trouvons d'abord les Luugaawaa (gens de Luuguu)... qui tirent leur origine des premiers fugitifs venant du Dawra : la Sarawniya, ses deux frères Gijee (l'aîné) et Dagooje (le cadet), et un troisième compagnon, Gugi. Les Luugaawaa se reconnaissent en lignées de Gijee, de Dagogee, de Gugi, la Sarawniyaa étant restée sans mariage pour des raisons religieuses.

Puis viennent les Bagaajaawaa (gens de Bagaaji), descendants d'un mariage de la fille de la Sarawniya avec un étranger venu du Nord, Bawra (du nom de l'enclume qu'il transportait).

Ensuite, nous retrouvons les Araawaa qui descendent d'un prince conquérant Bornouan, Ari, et d'une fille de Bawra de Bagagi. Ils se répartissent en Araawaa, Kwanaawaa, Tudaawaa, Rwahwaawaa ou Katarmaawaa, Hwallaawaa, Tanagaawaa, Taadaawaa.

Enfin, les Googaawaa venus de l'Ouest, les Basuwaa arrivés de l'Est, les Bargumaawaa ou Darayyaawaa venus de Daray (Adar), les Yaaraawaa venus du Gobir, les Magooraawaa venus de Jibale (Adar) s'allient par le mariage aux Gubaawaa et aux Araawaa ». (B. SOFFO, 1980-1981, p. 21-22).

D'autres minorités ethniques qui avaient joué elles aussi des rôles sociopolitiques très importants viennent peu à peu se joindre au noyau initial ; elles en partagèrent les croyances, la langue, la culture. Ce sont : les Kallaoua, les Zabarmawa, les Kurhwayawa, les Gobirawa, les Kambarin Barebari, les Adarawa, les Kabawa, les Buzayé, les Hullani (Peuls).

« Au point de vue politique les différentes chefferies et leur importance suivent l'ordre social. En tête, la Sarawniyaa, puis Bawra, ensuite, May Areewa, et enfin, tous les autres chefs des sous-groupes. Tous devaient une allégeance à la Sarawniyaa ». (B. SOFFO, 1980-1981, p. 23).

Tous ces nouveaux arrivants ont pu se livrer à la chasse et mettre en valeur une terre relativement hospitalière. Leurs responsables avaient reçu de la part de la Saraounia une sorte de délégation de pouvoir pour une portion bien définie du territoire.

Par le jeu des alliances, des mariages inter-familiaux et inter-groupes, la société s'agrandit. Les différentes couches ethniques, se superposant au cours de l'histoire, ont contribué chacune à son tour à l'enrichissement de la société globale. La région fut une zone de contact des races, des langues, des civilisations diverses.

Nous allons essayer d'examiner un peu plus en détail l'implantation de trois groupes qui, tour à tour, ont joué un rôle prépondérant dans cette région du Dallol Mawri : les Gubawa, Arawa, Hullani (Peuls).

2.2. Les Gubawa : origines lointaines, le Daura

Le *Daura* était gouverné par des reines. Selon la tradition fortement légendaire, en des temps très anciens que l'on situe vers le Xe siècle, la *reine Daurama*, succédant à neuf autres reines, régnait sur la ville de Daura.

Dans cette légende, « un serpent logeait dans l'unique puits de la ville et interdisait tout approvisionnement en eau, sauf le vendredi. Annuellement, il recevait aussi en sacrifice, une jeune fille vierge, de famille noble, parée de ses bijoux et habits de fête »[1].

---

[1] « Réflexions sur l'histoire traditionnelle : ses mythes, ses légendes. » In *Sahel Hebdo* n° 51 du 19 mai 1975, p. 11.

Un étranger du nom d'Abou Yazid ou Baya jida, « chasseur venu du Nord réputé blanc, tua le monstre, épousa la reine, en eut un fils et six petits-fils. Ce sont ces sept descendants qui fondent les sept premiers États haoussa : Daoura la métropole ; Kano, Gobir, Katsina, Biram, Zeg-Zeg (capitale : Zaria) et Rano ». (P. Bertaux, 1973, p. 80).

L'arrivée d'Abou Yazid avait créé une rupture de règne de succession à la mort de la reine de Daura. Abou Yazid assura une transition en relation avec le Mayaki (chef de guerre) du Daura. Après la mort d'Abou Yazid, le Mayaki Daura s'autoproclama empereur. Ce dernier n'ayant pas de descendance pour lui succéder implora Dieu pour qu'il eût un enfant, même si cet enfant devait être une fille de crotale, serpent venimeux (*kaasa en langue hausa*). Dieu exauça son vœu et lui donna une fille qu'il baptisa *Kel Kaasa* (fille du crotale). *Kel Kaasa* devient l'héritière logique du trône de Daura et dès son jeune âge, elle fut désignée reine (*Saraounia*) par son père comme le voulait la tradition. Mais c'était sans compter avec une autre logique qui voulait à l'époque que le système matrilinéaire soit définitivement révolu et enterré.

Après la mort du père de *Kel Kaasa*, un complot est fomenté par les prétendants patriarcaux qui visaient à la supprimer le jour même de son investiture, en lui tendant un piège.

2.2.1. La migration d'une communauté de Daurawa vers le Dallol Mawri

À une période qui demeure jusque-là inconnue, une Saraounia du Daura en compagnie de sa communauté dut abandonner sa terre paternelle, émigrée loin de son terroir.

Sous la conduite d'une pierre miraculeuse *Tunguma*, le trajet d'émigration de la Saraounia *Kel Kaasa* et sa communauté leur aurait fait passer un séjour momentané à Azbin (Aïr) avant de se fixer définitivement au bord d'une vallée appelée aujourd'hui Dallol Mawri, en y fondant son village « *Lougou* » où vit, depuis lors, sa descendance qui devient une souche ancestrale d'une communauté de Daurawa.

« Il ne m'a pas été possible de fixer une date même approximative pour la venue de la première Saraounia et de ses deux frères, qui se seraient tous trois fixés à Kuf'un Lugu situé sur une colline à environ 1 km à l'est de l'actuel village de Lugu... Je n'ai pas entendu parler d'occupants antérieurs et les Gubawa disent avoir seulement "trouvé la brousse" lorsqu'ils sont arrivés ». (M. H. Piault, 1970, p. 52-54).

(B. SOFFO, 1998) situe « l'implantation des Gubaawaa (maître de la terre), vers la fin du XVIe siècle-début du XVIIe siècle (?)

Il situe également l'origine mystico-historique de leur migration Dawra/Adar/Gobir au XVIe, XVIIe siècle ».

Cette mouvance Nord-Sud est relatée par (P. BERTAUX, 1973, p. 78-79) qui écrit : « Vers le XIe siècle, les Touaregs auraient occupé l'Aïr, soumettant et assimilant une partie de la population noire, faisant fuir le reste vers le sud, en direction de la rive gauche du Niger, vers le pays de Gobir [...] On a peut-être là l'exemple de l'un de ces remous provoqués par le contrecoup de la conquête arabe en Afrique du Nord refoulant vers le sud des populations qui, elles-mêmes, en mettant d'autres en mouvement, ont fini par affecter tout le continent jusqu'à la forêt, provoquant des brassages ethniques, des symbioses ».

2.2.2. Rupture avec le Daura originel

Cette communauté de Daurawa fixée à « *Kuf'Lugu* » est appelée dans un premier temps « *Lougawa* » *(*gens de Lougou) ou Yan Kasa, premiers occupants du Dallol connus de nos jours sous l'appellation de « *Gubawa* », porteurs du gubanci (marques faciales des Gubawa.) Le Lugantsi est l'affirmation d'une identité nouvelle qui confirme la rupture avec le Daura originel. Voici comment la Saraounia Gado (1946-1983), 15e reine de Lougou, relate leur rupture avec le Daura originel : « Quand on vint ici, parce que les Daurawa qui avaient leurs cicatrices étaient nos parents, on nous fit des cicatrices plus courtes. Voilà pour la parenté. » (B. GADO, 1986, p. 33).

« Quelques éléments physiques et culturels entre les *Gubawa* et les *Daurawa* permettent de privilégier le *Daura* comme point de départ des *Gubawa*. Il y a d'abord les scarifications faciales des *Gubawa* qui ressemblent à celles des *Daurawa* [...] Il y a aussi que la pierre justicière des *Gubawa* de *Lugu* a pour kirari : *"Tunguma dutsin Daura" (Tunguma,* la pierre du Daura). Il y a enfin le fait que les *Gubawa* se sont choisi une reine (la *Sarauniya*) et non un roi, tout comme le *Daura* avant l'arrivée de *Baya jida* qui prit le pouvoir à la 9e reine de *Daura*... Ce sont donc les *Gubawa* qui sont les premiers occupants du *Dallol Mawri* d'où leur nom de *Yan kasa* » (M. ADDO, M. ALIO, 2006, p. 52).

2.2.3. Passage de Lougantsi au Gubantsi

Le passage de Lugantsi au Gubantsi découlerait du fait qu'un Balugué (habitant de Lougou) empoisonné au guba (poison) a trouvé l'antidote dans la région du Dallol-Bosso (Boboye). C'est par extension que le nom finit par être le patronyme de tous ceux qui portent les mêmes cicatrices que cet habitant de Lougou.

On se trouve devant un ensemble d'informations qui nécessiterait un élargissement de l'étude. D'après la traduction historique transcrite par (J. LAYYA, 1970, p. 95-97), « un Gube avait mal au ventre, on lui dit que la seule solution à son mal c'est se diriger vers l'ouest, où il y a une plante que l'on appelle palmier doum ; le jour où son pied toucherait un seul arbre, ce jour-là, il serait guéri. Il marcha donc jusque dans le Boboy ; pendant qu'il marchait, son pied heurta un palmier doum : il sentit des mouvements dans son ventre. Il se dit alors qu'il avait trouvé son arbre. Il coupa des feuilles, les brûla pour les réduire en cendres qu'il but ; il fit de la diarrhée en moins de deux jours, il fut guéri. Kalakoy était puissant : il régnait sur Kala et commandait tout le monde. Le Gube s'installa à Kala, et se rendait tous les jours dans la cour de Kalakoy. Kalakoy lui demanda un jour :

"Étranger, voudrais-tu maintenant rester dans cette ville ?"

Il répondit :

"Je voudrais vraiment rester dans cette ville, parce que c'est ici que j'ai trouvé ma santé ; et je n'irai nulle part." Kalakoy lui dit alors :

"Bon, demain tu choisiras la fille que tu aimes, et tu viendras me le dire".

Quelques jours après, Kalakoy lui donna une fille en mariage.

Il lui demanda alors d'aller au sud du Boboye et s'installer à Saabula, pour surveiller le Boboye ».

Pour (M. H. PIAULT, 1970, p. 84-85) : « Il parait difficile de situer l'origine du terme Gube seulement au début du XIXe siècle [...] C'est à Loga que j'ai trouvé la légende fréquemment citée sur l'origine du nom Gube. Cette légende est d'ailleurs totalement inconnue dans le Dallol Mawri. Voici ce que raconte le vieux Waziri : c'était au temps de la guerre entre le Gobir et les successeurs d'Usman dan Fodio. Il y avait deux Gobirawa que les Peuls ne pouvaient réduire. Alors les Peuls ont utilisé un médicament. L'un des deux Gobirawa tombe malade et va consulter le génie qui lui dit que pour guérir, il faut qu'il voie des palmiers. C'est pourquoi il s'en va et arrive dans le Dallol-Boboye où il voit des palmiers. Le nom de Guba vient du poison (guba) que l'homme qui s'appelait Maman Waziri avait reçu... » En tirant une conclusion, M. H. PIAULT écrit : « il ne faut pas trop s'attacher à la référence aux guerres peules qui est généralement utilisée pour situer toute période troublée. D'autre part il serait possible de suggérer que cette histoire est l'indice de l'assimilation d'un groupe de Gobirawa, fuyant la conquête peule, à un ensemble gubanche plus anciennement fixé dans la région. Mais ceci reste conjoncturel ».

(B. GADO, 1980, p. 116) donne la version suivante : « Un Gube du nom de Zambawa vint à Kala trouver le chef des Kallé ou Kalakoy Singyo à la suite d'un empoisonnement au poison hawsa redouté ou *guba*. Singyo guérit le malade avec une décoction de racines de palmier doum, lui donna une de ses filles en mariage et l'invita à se fixer dans le pays, notamment dans la région de Shatt au Sud du Kurfey actuel où les traditions l'appellent *Guba Siki*, de l'expression hawsa *"guba à ciki"*, *"poison du ventre"*. C'est par extension que le nom finit par être le patronyme de tous ceux qui portent les mêmes cicatrices que Zambaza. »

(O. I. Sambo, 2004-2007, p. 6) nous situe l'arrivée des Goubé dans le Boboye « vers le début du XIIIe... On peut aussi témoigner avec les mouvements de Kourfayawa et des Zarma dans le Kourfaye et qui avaient déjà trouvé sur place des Goubawa à Shatt, Damana, et Itiguine dont on supposait venir de Daoura. Mais en réalité, ils venaient de Lougou ».

Mahamane Salifou nous relate l'implantation des Gubawa dans le Kurfay, selon lui, venus probablement du Dawra, le plus ancien des sept États haoussa légitimes. C'est dire qu'ils sont arrivés à Kurfay, riches d'une certaine expérience politique. « Après un long périple, ils décident de s'installer sur le plateau Tondiway, donnant ainsi naissance à Shatt, un des premiers villages précoloniaux de Kurfay, riches de leur expérience politique du Dawra, ils désignent un souverain qui porte le titre de "Sarkin Gubé".

Mais tous ces Gubawa ne vont pas se fixer à Shatt et certains s'enfoncent donc plus à l'est, où ils s'établissent autour de l'actuel village d'Itchiguine donnant ainsi naissance à plusieurs communautés.

Cette société Gubawa constitue le fondement antique du Kurfay. Vers le XVe siècle, les Gubawa du Kurfay accueilleront à bras ouverts les Zarma venus quant à eux du lac Débo. Pendant au moins deux siècles (du XVe au XVIIIe siècle), il y aura entre Gubawa et Zarma une cohabitation harmonieuse qui se traduira par des alliances matrimoniales et des emprunts linguistiques. Pendant toute cette période, le pouvoir restera entre les mains des Gubawa, les Zarma installés au Kurfay ne trouvant aucune raison à ce qu'il en soit autrement. Il faut attendre le XVIIIe siècle avec l'arrivée des Kurfayawa pour qu'on assiste à un changement du pouvoir.

En effet, au moment où Gubawa et Zarma menaient une existence harmonieuse à Shatt, les populations qui allaient jouer un rôle déterminant dans l'évolution politique du Kurfay étaient déjà en cours de route. Il s'agit des Kurfayawa qui avaient cheminé avec les Gobirawa depuis l'Abzin (Aïr) jusqu'à la création de la ville de Birnin Lallé. Ces derniers arriveront au Kurfay en plusieurs vagues migratoires. C'est l'une de ces vagues migratoires, considérée et à juste titre comme la plus importante, qui va se détacher des Gobirawa pour passer par l'Adar où elle fut à l'origine du village de Birnin Tunfus, puis Aderambukan, Tibida et enfin Barma, le village le plus ancien après Shatt. Cette vague avait à sa tête le clan des Gassayawa et était conduite par le chef de clan, Gassaya Tagara. Ce dernier est le père de Gassaya Adabur 1er connu du Kurfay sous le nom de Adabur Na Farko[1] ».

C'est lui qui, probablement après la mort de son père Gassaya Tagara, conduira une partie des Kurfayawa à Shatt où ils trouveront les populations Gubawa et Zarma. « Après son installation à Shatt, Adabur Gassaya Na Daya recevra en mariage la propre fille de Sarkin Gubé de Shatt. Cela donne naissance à une parenté à plaisanterie et restée si exemplaire dans la région que, jusqu'à ses derniers jours, la référence faite à l'existence des descendants de Gijé dans la région de Damana, et plus précisément les Kurfayawa de Barma, a recours à un Gubé pour "enturbanner", en cas d'intronisation de ce dernier. Cette parfaite entente qui a su prévaloir dès le début entre Gubawa et Kurfayawa va donner naissance à un changement du pouvoir, celui-ci passant des mains du Sarkin Gubé à celles des Gassayawa Adabur 1er. Beaucoup de Kurfayawa installés dans des villages qu'ils ont trouvés ou qu'ils vont créer vont donner leur allégeance à Shatt, faisant d'Adabur le souverain général. Il est vrai qu'il y eut une minorité de Zarma et de Gubawa qui, hostile à ce changement de pouvoir, va s'enfoncer plus à l'est pour créer les villages disparus de Kwaratagui et de Fandou qui ne semblent pas relever du pouvoir de Shatt[2] ».

---

[1] Extrait : journal *LE RÉPUBLICAIN* du 21 octobre 1993, p. 8.
[2] Idem.

2.3. Arrivée de Baura à Lougou

Selon (B. HAMA, 1966, p. 153), « le fondateur de la dynastie "Bawra" était, à l'origine, un forgeron venu s'installer dans le territoire de la Saraounia ».

Pour (D. HAMANI, 2010, p. 347), « Baura, domicilié à Bagaji, forgeron venu du Nord (peut-être Touareg), était la plus importante personnalité religieuse après la Sarauniya à qui il dut ce rang grâce au mariage du premier Baura avec une fille de Sarauniya ».

À la question de savoir : comment Baura est-il venu à Lougou, Dogo Massalatchi répondit : « Il est venu trouver la reine, avec ses outils de forge... Quand il vint les trouver, il s'y plut et il demanda à rester. Elle lui dit alors : "installe-toi". Il se mit à forger, et il forgeait depuis trois ans déjà et il n'avait pas de femme. Ce fut alors qu'elle lui dit qu'elle allait lui donner sa fille en mariage mais à condition qu'il cessât de forger. Il répondit alors : *"Mais si je cesse de forger, je ne pourrais pas me nourrir, Vénérable !"*. Elle lui dit alors de se mettre avec les chasseurs qu'il voyait là, d'aller chasser avec eux pour se nourrir. Il accepta et elle prit sa fille et la lui donna ». (B. GADO, 1986, p. 37-51).

Puis, la Saraounia l'autorisa à choisir son propre site ce qui donna naissance à Bagagi. « Ayant épousé une princesse, il fut contraint d'enterrer son enclume et la tombe de son enclume devint son lieu de culte ». (I. D. SOUMANA, 2015, p. 27).

2.4. Les Arawa

« Dans la seconde moitié du XVIe siècle, probablement vers 1566, une bande de guerriers ou de chasseurs venus de l'Est s'installa provisoirement dans le Raffi. Le nom du chef de cette bande est oublié, mais les traditions locales le présentent comme un fils du sultan du Bornou [...] Le prince, si prince il y a, épousa une fille de Baura de Bagagi et s'en retourna dans son pays ». (J. PÉRIÉ et M. SELLIER, 1946, p. 11). « La jeune femme restait à Bagadji et quelques mois plus tard mettait au monde un fils qui fut appelé "Akazama" (mot haoussa signifiant "il est resté"). Akazama était en effet le petit-fils du chef de Bagadji par sa mère et petit-fils du sultan du Bornou par son père. Akazama établit sa résidence à Toullou, près d'une colline qui se trouve au nord de Goumbi ; ce village n'existe plus depuis longtemps déjà, et a été remplacé par Goumbi. Akazama est donc le premier chef maouri de race bornouane ; le pays, dès lors, s'appela également l'Aréoua (pays des gens d'Ari) ». (J. TILHO, M. LANDEROIN, 1906-1909, p. 494).

Dans les traditions de Lougou, Dogo et Marafa soulignent que : « ce sont les Goubawa qui ont engendré les Arawa, ce sont eux qui ont engendré les Arawa, ce sont eux qui ont engendré les gens de Bagagi... Les Arawa sont les petits-enfants de la Saraounia... Tout Ba'aré, tout celui qui est là, tout celui qui est Ba'aré, celui que l'on dira que c'est un Ba'aré, c'est un petit-fils de la Saraounia, avec les scarifications jusqu'aux oreilles ». (B. GADO, 1986, p. 89).

« Le nom Aréwa a deux significations : il peut signifier les gens de Aréwa qui en hausa veut dire Nord. Il É. de LATOUR peut aussi dériver, comme c'est admis généralement du nom d'Ari, l'ancêtre éponyme des Arawa ».

(M. ADDO et M. ALIO, in *Histoire de l'espace nigérien*, 2006, p. 51).

S'il est admis qu'Aréwa vient du nom de ARI, cette appellation n'est donc pas du mot hausa. Si Aréwa signifie zone nord en hausa, par rapport à quoi cette zone est-elle nordique ? En effet, Akazama, considéré comme l'ancêtre des Arawa, a établi sa résidence à Toullou. D'après la carte de cercle de Dosso vers 1850 dressée en 1946 par Michel SELLIER et Jean PÉRIÉ, ce village se trouve au nord entre le village de Lougou et celui de Bagagi. On constate que cette situation géographique rejoint l'indication faite par (É., 1992, p. 26) qui écrit : « Aréwa veut dire "Nord". Les descendants du mariage entre la jeune Azna et le prince guerrier prennent ce nom car ils s'installèrent au nord de la vallée non loin des grands maîtres de la terre ».

Par ailleurs, en rapprochant les faits, dans notre région, nous appelons les Djerma de la région de Dosso « *yammawa* », ceux de l'Ouest, parce qu'ils sont situés à l'ouest de notre région, « *yamma* », en langue hausa signifie Ouest.

2.5. Les Peuls

Venus d'horizons divers, les éleveurs peuls avaient commencé à s'infiltrer dans la région du Dallol Mawri avec leurs troupeaux, attirés par le riche pâturage du Dallol. Ils sont présents le long du Dallol Mawri regroupés dans les *rouga* (tribu). Ils vécurent côte à côte avec les sédentaires sans autre conflit que les inévitables contestations de puits et de zones de pâturage. À la faveur de la guerre sainte déclenchée en

1804 par Usman dan Fodio, le prestige du Sarkin Musulmi de Sokoto s'était assez facilement imposé dans le Dallol Mawri. À partir de ce moment donc, les Peuls rejoignent le jihad. La population du Dallol fut soumise aux exactions des Peuls de Binji et de Gwandu.

2.6. La scarification Gubawa-Arawa

Les Gubawa du nom des fugitifs du Daura ont comme cicatrices faciales parallèles, deux traits allant de la commissure des lèvres jusqu'au milieu des joues. On y ajoute un trait sur la tempe gauche.

Les Lougawa (gens de Lougou) sont les premiers porteurs de cicatrices gubanci.

Ont adopté les scarifications gubanci : Bagajawa (gens de Bagaji), Gogawa, Basuwa, Darayawa ou Bargumawa, Yarawa, Magorawa.

Les Arawa ont ces mêmes cicatrices mais prolongées jusqu'aux oreilles. Ces cicatrices sont le résultat d'une erreur qu'on raconte ainsi : le prince bornouan, ancêtre des Arawa, envoya un jour un de ses captifs chercher ses enfants à Bagagi. Les gens du Baura remarquèrent que l'émissaire portait sur chaque joue deux longues et profondes cicatrices, crurent que c'étaient celles du père et pratiquèrent aux enfants les mêmes marques. Hélas, c'étaient des cicatrices de captif et non des cicatrices du prince bornouan. Le serviteur du prince n'osa apporter les enfants ainsi mutilés et les laissa dans le pays.

Il n'y avait pas que les descendants directs de Akazama Ari, fils aîné de Hwadu, fille du premier Baura de Bagagi qui portent les cicatrices arawci. Les Rwahwawa ou Katarmawa, les Lahamawa, les Tudawa, et les Yammawa, étaient tous les enfants de Hwadu à la suite de sa séparation d'avec Ari. On leur fit les mêmes scarifications qu'à leur grand frère Akazama. Autres groupes d'origine différente de celle des Arawa, mais liés par des scarifications identiques : Hwalawa, Tanagawa Tadawa, etc.

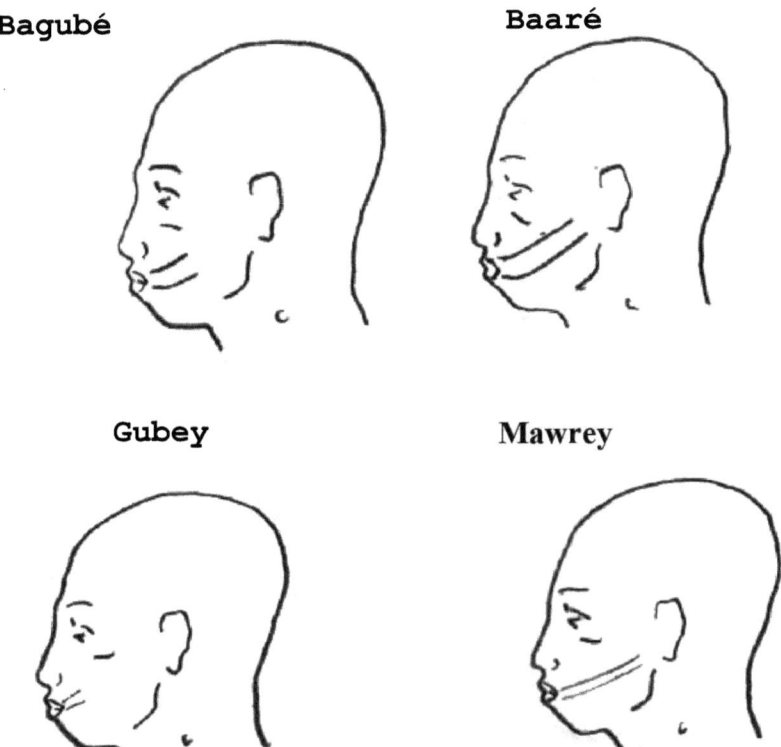

Mawri Zarmaphone avec les cicatrices généralement fines

CHAPITRE 3 :

La Saraounia Kel Kaasa 1ᵉ reine de Lougou

3.1. Organisation sociopolitique

Après son exil de Daura et son installation définitive à Dan Lougou, *Kel Kaasa* va progressivement organiser et fortifier un royaume à l'image du royaume qu'elle avait hérité du Daura. Le village de Lougou est constitué dans un premier temps, uniquement du noyau familial originel, les Daurawa (gens de Birnin Daura), de la communauté de la Saraounia.

La Saraounia *Kel Kaasa*, maîtresse suprême de la terre incarne l'autorité politique et religieuse. Toutes les familles sont rassemblées sous son autorité. Le village de Lougou, considéré comme un havre de paix dans toute la contrée, « de nombreux groupes vinrent peu à peu se joindre au noyau initial ; ils en partagèrent les croyances, les langues, la culture ». (É. de Latour, 1992, p. 26). Cette communauté de la Saraounia, issue de son expérience du Daura, renferme des qualités certaines : la tolérance et l'ouverture d'esprit. Ce sont ces deux qualités qui ont permis d'accueillir à bras ouverts les nouveaux venus dans la sphère d'influence de la Saraounia et de réaliser une savante synthèse des traditions en usage dans le milieu avec celles des nouveaux arrivants. La Saraounia a favorisé l'installation des nouveaux venus dans son domaine, la création des villages et la désignation de leurs chefs. La Saraounia a combattu l'esclavage, ce qui a permis aux captifs de guerre de jouir de leur liberté. Les mariages inter-groupes et inter-familiaux finissent par tisser la société et en former un tout égalitaire. Les esclaves dont la condition est très humaine sont mariés dans ces grandes familles et absorbés. C'est un peuple véritablement métissé qui fait l'honneur et la grandeur du royaume.

La Saraounia a mis en place une armée régulière encadrée par des chefs valeureux et cela au niveau de chaque village. Elle a autour d'elle des conseillers avec lesquels elle prend toutes les décisions. Sur le plan spirituel, la Saraounia a octroyé une parcelle de son pouvoir au Baura, aux *yan Kaasa*, les interrogateurs de la terre. Elle a un lieu de jugement, le Tunguma. « Au point de vue administratif, la Reine gouverne le pays, assistée du second, Baura, qui nomme les différents sous-chefs avec l'accord royal, puis du May Aréwa, ministre de la Défense et responsable devant les deux précédents. Les chefs des divers sous-groupes administrent leurs propres parents sous une forme plus ou moins patriarcale. En outre, chaque chef s'occupe de la surveillance d'un secteur donné et s'organise librement ».
(B. SOFFO, 1980-1981, p. 23-24).

3.1.1. Le mode de désignation de la Saraounia de Lougou

Le décès d'une Saraounia est une épreuve difficile à Lougou. Les informations ne sont pas véhiculées n'importe comment. Elles sont sélectives. Le corps de la défunte n'est pas immédiatement enterré compte tenu des multiples exigences que cela impose à la communauté des Azna. Les Darayawa sont les premiers à être informés de ce décès car ils sont les seuls autorisés à toucher au corps de la défunte et travailler le corps, puis les dignes filles et fils issus de Gubawa de sexe féminin qui ont pour rôle le transport du corps de la Saraounia jusqu'à la fin de la cérémonie de désignation de la future Saraounia. La cérémonie de désignation se déroule sur la base d'un tarkama effectué avec le cadavre de la Saraounia défunte. « Ce sont les princesses et non les princes de la lignée de Gijé et Dagojé qui accèdent au trône impérial, ceci, en mémoire de la première Reine en fuite de Dawra ». (B. SOFFO, 1980-1981, p. 24).

Dès que la Saraounia est désignée par le *tarkama* à cette dignité, elle quittera le domicile conjugal même étant mariée avec des enfants, et abandonne toute vie publique. On ne peut lui parler qu'en présence d'intermédiaire, son chef de cabinet (femme). Elle se consacre entièrement à ses méditations, en communication constante avec les esprits, toujours voilée d'un pagne blanc tissé en coton offert chaque année par le Sarkin-Aréwa. En dehors de ses activités de fétiche, elle donne des ordres à ses partisans et contrôle toute la région. Elle reçoit des personnalités paysannes ou citadines, lesquelles lui exposent les problèmes. À son tour, elle se met à un endroit sacré, tourne la face à l'est et assistée de quelques hommes, prie la faveur de Dieu pour que son client trouve satisfaction à ses vœux.

3.1.2. Le mythe Azna

L'Azna est le païen ou l'animiste primitif. Par extension et confusion du terme religieux, on est passé à l'idée de race.

« Les Azna sont connus sous le pseudonyme de chasseurs et de guerriers. La chasse est l'une de leurs principales activités. Ils développent aussi l'agriculture et l'élevage. L'animisme était la religion d'adoration. Les habits que portaient les Azna par le passé étaient en peau d'animaux et de chaussures en peau. Mais aujourd'hui, ils s'habillent avec des vêtements modernes. Il y en avait autrefois qui marchaient pieds nus sans gêne. Ils font leur linge avec des racines d'arbres. Le monde moderne a apporté un véritable changement de mentalité dans le milieu des Azna ». (O. I. Sambo, 2004-2007, p. 43).

« La subdivision de Konni comprend un important noyau de population Azna (4 000 environ). Les fétichistes Azna constituent de grands villages : Bazazaga, Dan Garka, Zata, Goumbi n'Kano, Saouna Baoua, Malbaza et Massalata »[1].

3.1.3. Le domaine de la Saraounia

Avant l'avènement des Arawa, le territoire de la Saraounia est appelé en langue hausa, « *kasaar Saraounia* » (la région, le sol, la terre ou le pays de la reine). Ou encore « *kasar Azna* », le pays azna (M. Karimou, 1977, p. 29). « Jadis la terre était sous le contrôle de cette reine sacrée et toute personne qui voulait cultiver devait la consulter ». (È. de Latour, 1992, p. 26).

Le domaine de la Saraounia a été défini à travers les différents écrits et publications. Physiquement, la Saraounia Gado trace les limites de ce domaine en soutenant que, « à part le fait que nous soyons des Goubaoua, nous sommes aussi les tout premiers arrivés dans ce pays, depuis le Katsina jusqu'aux bords des eaux du fleuve Niger. Nous en sommes les propriétaires, et il n'y a personne que nous. Tout ce que vous voyez, c'est nous qui lui en avons donné une partie... Nous ne partageons ce pays avec personne d'autre que Dieu, son envoyé et notre

---

[1] ANN : 1D1.9. « Note sur les fétichistes de la subdivision de Konni », 7 septembre 1937. Le village de Bazazaga est à environ 45 km au nord-est de la ville de Konni, à ne pas confondre avec le village de Bazaga à 18 km de Konni en direction de Dogondoutchi sur la RN 1.

mère la terre. Nous en sommes les processeurs ». Quant à Dogo, il enchaine les propos de la Saraounia, en disant : « Ici, celui qui pénétra jusqu'ici, ce fut la Sarauniya qu'il trouva. Si quelqu'un raconte ces mensonges, ce ne sont que purs mensonges. C'est elle qui possède le pays depuis les bords des eaux de l'Est jusqu'aux bords des eaux du fleuve. C'est elle la mère de la terre ». (B. Gado, 1986, p. 26, 69, 85).

(O. I. Sambo, 2004-2007, p. 3) circonscrit le royaume d'Azna sur « l'étendue des territoires du département de Dogondoutchi et au-delà dans les départements de Gaya, Loga, Filingué, Tahoua, Konni et même dans le Nigeria voisin ».

(B. Hama, 1967, p. 507) à son tour écrit : « Le domaine de la Sarauniya, c'est-à-dire l'aire de son influence s'étendait de Bazazaga au fleuve Niger. Bazazaga est un village du Nord-Ouest du canton de Konni. Il est le point de départ des "Azna intégraux" de la région du canton de Konni ».

CHAPITRE 4 :

Les rivalités politico-religieuses

4.1. Le rapport Baura de Bagaji et la Saraounia de Lougou

« Le Baura jouant un rôle dans la nomination des chefs de l'Aréwa, cette relation qui l'unit au pouvoir politique, lui a fait prendre pour l'ensemble Aréwa une importance relativement plus grande que celle de la Sarauniya. Sans doute, cette dernière est-elle l'ultime référence religieuse, mais l'engagement plus précis du Baura dans le domaine temporel, ainsi qu'une situation charnière entre Gubawa et Arawa, ont contribué à renforcer son importance [...] Il est frappant de noter qu'à Bagaji, l'argumentation se fonde sur le fait que le Baura est un homme et, par conséquent, prééminent par rapport aux gens de Lugu issus d'un ancêtre féminin ». (M. H. Piault, 1970, p. 73).

On nie aussi à Bagagi que le premier Baura soit un forgeron. Pourtant, c'est la Saraounia qui est à l'origine de son pouvoir. Il lui doit allégeance sur le plan spirituel. Il doit se rendre à Lougou au moins une fois par an pour rendre compte de ses activités et recueillir les conseils de la Saraounia. Au niveau temporel, c'est la Saraounia qui lui donne l'autorisation d'investir.

Selon Marafa, « Baura, étant son gendre et les Arawa ses petits-enfants, la Sarauniya a dit : "partout où un des leurs accédait à un trône que lui, Baura, elle lui en donne l'autorisation, qu'il parte lui donner l'investiture". C'est pourquoi l'on dit que c'est Baura qui a la préséance, ce n'est pas lui qui l'a, c'est celle-ci. C'est elle qui l'a mis devant. C'est elle qui lui dit de donner l'investiture. C'est cette permission de donner l'investiture qui a poussé Baura à faire du zèle et à dire qu'il a la préséance. Il ne donnerait l'investiture à personne si ce n'est à cause de celle-ci. Entends-tu ? C'est celle-ci qui est à l'origine. Avant, il ne faisait que la forge ». (B. Gado, 1986, p. 43).

Ce problème de préséance entre la Saraounia et Baura s'est posé récemment avec le défunt Baura Bawa décédé le 16 janvier 1994. Au cours de la cérémonie rituelle de sa succession et de son enterrement, il s'est posé avec acuité.

Voici comment Dubois TOURAOUA du *Sahel Dimanche* relate la situation : « Les funérailles du défunt Baura se sont déroulées lundi dernier précisément à 16 heures à Bagagi, localité située à une vingtaine de kilomètres de Dogondoutchi sous la supervision des quatre clans : Koré, Tchédia, Baguèye et Guidan Koulga qui constituent la chefferie animiste de l'Aréwa [...] Les cérémonies se sont déroulées en présence des autorités administratives du Département de Dosso, notamment le préfet M. Amadou Maiga, des maires de Dogondoutchi et de Matankari sous le regard d'une foule bigarrée et enthousiaste. Ce jour-là, rien, absolument rien, ne vient confirmer qu'il s'agit d'une cérémonie du décès du célèbre Baura. On ne dénotait sur les visages aucune crispation, aucune douleur. C'était la fête, c'était l'ambiance dans laquelle le Baura devait rejoindre sa dernière demeure [...] Ainsi, depuis ce lundi, le nouveau chef des animistes de Bagagi est connu après avoir été désigné par le corps du défunt, disons le cadavre, suite à une cérémonie rituelle dirigée par les représentants de Saraounia laquelle, sur le plan occulte, se trouve être le chef suprême. Une suprématie qui, selon ses représentants, a été contestée par le clan Baura et qui a failli compromettre le bon déroulement de la cérémonie. Il a été même question d'initier une démonstration de force pour départager les uns et les autres. Fort heureusement, le clan des Baura est revenu sur sa position et a demandé pardon à celui de Lugu pour que redémarrent les cérémonies. Avouons-le, nous avons raté une démonstration extraordinaire, qui aurait ravi plus d'un lecteur du *Sahel Dimanche* »[1].

4.2. Le rapport Sarkin-Aréwa de Matankari et les Azna de Lougou

Les versions des différends qui opposent les Azna de Lougou aux Sarkin-Aréwa de Matankari varient selon les auteurs. « Au XIXe siècle, l'ensemble du pays était contraint de verser aux Peuls un tribut en cauris et en bétail, dont la valeur et la fréquence ont varié suivant les lieux et les moments [...] Le nord du pays donnait à Sokoto chaque année des cauris et du bétail : le Sarkin-Aréwa de Matankari demandait aux

---

[1] Funérailles de Baoura, *In* le journal *Sahel Dimanche* du 21 janvier 1994, p. 1 et 5.

paysans une contribution en mil et en bétail ; les Gubawa, quant à eux, faisaient parvenir à Matankari une quantité peu élevée de cauris pour l'ensemble du groupe : on faisait porter les cauris sur un âne, on les mettait sur une peau avec un peu de sable, cela montrait qu'on était <u>yankasa</u>, fils de la terre. C'était un signe. Le Sarkin-Aréwa devait renvoyer l'âne avec la peau et sur cette peau, il devait donner des habits ». (E. de Latour, 1981, p. 235).

Pour (D. Hamani, 2010, p. 346), les choses se seraient passées un peu différemment : « Au cours du règne de Lifida (1861-1873), un différend l'opposa au Baura qu'il menaça de mort. Baura s'enfuit à Lugu où le conseil des Azna prit son parti et décida de déposer le roi. Celui-ci attaqua les Gubawa et les vainquit ».

Pour la Saraounia (Gado 1947-1983), il n'en est pas ainsi : « Nous avons toujours chassé nos ennemis. Ceux dont tu as entendu dire que l'on a fait la guerre avec eux, tous ceux qui sont de race noire, nous les avons battus. Seuls les Blancs ont pu nous battre, nous avons été obligés de les suivre. Seuls les Blancs ont pu nous tenir front ». (B. GADO, 1986, p. 28)

(É. de Latour, 1981, p. 347) tire la conclusion suivante : « l'avantage militaire était tantôt d'un côté tantôt de l'autre, mais à aucun moment, les Sarkin-Aréwa ne sont parvenus à soumettre totalement et définitivement les Gubawa ».

La liste dynastique des Saraounia de Lougou

Saraounia ou Saraki	Durée de règne	Époque ou années de règne
Kel Kaasa	-	Fin XVIe-début XVIIe
Tahwada	-	-
Amma	-	-
Guzuri	-	-
Dalada	-	-
Layma ou Lalma	-	-
Tahwaya	-	-
Annaw	-	-
Mangou	43 ans	1865-1908
Taba	7 ans	1908-1915
Kunnaw	9 ans	1915-1924
Intaya	8 ans	1924-1932
Akarkamé (surnom)	5 ans	1932-1937
Talokwayo	9 ans	1937-1947 (février)
Gado Naza	36 ans	1947-1983
Aljima	40 ans	1983-2023

Source : document interne B. Soffo, 1998

Pour ne pas oublier les souveraines de Lougou, on apprend à chaque nouvelle Saraounia à réciter ses prédécesseurs, de la première à la dernière.

Liste dynastique des Baura de Bagagi

Baura ou Sarkin Bagagi	Durée de règne	Époque ou année de règne
Ukay	-	Fin XVIe-début XVIIe
Mayto	-	-
Mayke	-	-
Sabro	-	-
Hanci	-	-
Amoré	-	-
Dankusu	-	-
Mayda	-	-
Kulga ou Kurga	-	-
Garka	-	-
Bado	-	-
Kagi	-	-
Kané	-	-
Boka	-	-
Taguwa	-	-
Hanci	-	-
Kasomu	46 ans	1886-1932
Amoré	12 ans	1932-1944
Ganda	13 ans	1944-1957
Bawa Dawda	37 ans	1957-1994
Gamba Sarki	Depuis 1994	Depuis 1994

Source : document interne B. Soffo, 1998.

Le Baura ne se rasait qu'une fois par an, à la fin de l'année (pendant la récolte de haricot), après chaque cérémonie de coiffure, on mettait ses cheveux dans le bonnet avec lequel il avait passé l'année agraire, et on gardait l'ensemble. Alors, à sa mort, il suffisait de compter le nombre de ces bonnets contenant ses cheveux annuels pour comprendre ses années de règne.

CHAPITRE 5 :

Les principautés du Sud-Dallol Mawri ou Runkundum

5.1. Le Runkundum

Le Runkundum tire son nom d'un petit village qui existait dans l'actuel canton de Takassaba. Il fut d'abord un excellent terrain de chasse. Sa brousse étendue, très giboyeuse et inhabitée avait attiré dans un premier temps les chasseurs du Nord, avant que des groupes d'une certaine importance ne viennent s'y fixer. Aujourd'hui, on désigne sous ce terme Runkundum, l'espace géographique approximativement compris entre Dogondoutchi et Kara Kara. Les habitants du Nord-Dallol appellent ceux du Sud-Dallol[1], Runkundumawa.

Selon (D. Douna, 1994, p. 1), « Runkundum tire son nom d'un chasseur très renommé du nom de Runkundumi qui découvre la région dans le XVe siècle. Il vient de Lougou pour faire des exploits de chasse et de cueillette. La région garde le nom de ce chasseur d'où Runkundum ».

Dans une autre version recueillie par Arzika Ayouba, « l'étymologie du mot Runkundum remonte à Babba Kadanbiri, un prince évincé de la chefferie au Nord et venu s'installer dans le Sud. La tradition recueillie à Takassaba dit ceci : Au début, Babba dan Kada quittait Matankari pour venir chasser des girafes dans la brousse. Il y venait avec sa

---

[1] Dans le cadre de ce travail, nous partageons le Dallol Mawri en deux parties :
Le Nord-Dallol : partie qui s'étend du rocher du village de Loma jusqu'au nord du village de Bagagi.
Le Sud-Dallol : partie qui s'étend du rocher du village de Loma jusqu'au point où le Dallol Mawri rencontre le Dallol-Fogha, au nord du village de Bana (Gaya).
Le rocher du village de Loma est approximativement compris entre 4° 05' de longitude est et 13° de latitude nord. Le village de Loma est à environ 15 km au nord du village de Nassaraoua.

provision d'eau. Parallèlement, des Peuls de Matankari élevaient des bœufs dans la même brousse. Au sein de leur troupeau existait un vieux bœuf qui ne s'abreuvait pas avec ses congénères. Alors un jour, un des Peuls décida de voir où cet animal se désaltérait, ce qui fut fait. Ainsi, à l'arrivée de Babba, il lui montra le puits où s'abreuvait le bœuf. Alors Babba prit l'eau et se lava la figure. Puis il ramassa un gros caillou qu'il lança dans le puits et l'eau fit un bruit étrange. Burum-Burum ! Et il s'exclama : "Run–Kun–Dum !". D'après cette tradition, depuis lors, la région prit le nom de Runkundum. Ce site doit se trouver actuellement dans la région du village de Fadama (canton de Takassaba) ». (A. Ayouba, 1985-1986, p. 46).

5.2. La formation de la principauté Sarkin-Aréwa du Runkundum

Les Arawa étaient venus s'installer dans le Sud-Dallol Mawri ou Runkundum au cours du XVIIIe siècle, mais leur déplacement n'était pas à l'origine du nom de Runkundum. « Les Gubawa ont eu aussi à émigrer vers le sud, sinon avant les Arawa, en tant que chasseurs compte tenu de l'abondance du gibier ». (A. Ayouba, 1985-1986, p. 46)

Barmou Soffo nous rapporte comment le prince ba'aré du Nord-Dallol venu plus probablement de Tagubi, ne pouvant venir de Matankari qui n'existait pas encore à cette époque-là, avait-il pu acquérir le titre de Sarkin-Aréwa du Runkundum, chefferie exercée seulement dans le Nord. Le départ du prince ba'aré Babba dan Kada du Nord n'était aucunement lié à un conflit de succession, et que son implantation à Runkundum n'était due qu'au hasard de ses activités de chasse et non à un quelconque mobile d'une conquête militaire d'un territoire donné. Aussi, son installation aux côtés des Tudawa et des Hwalawa avait été toute pacifique, comme le voulait d'ailleurs la tradition d'accueil. Installé au village de Runkundum, le prince ba'aré Babba dan Kada et sa suite continuèrent à pratiquer leur chasse au gros et au petit gibier, partageant la vie du Sud avec leurs voisins Tudawa, Rwahwawa et Hwalawa. Mais un jour, Babba dan Kada demanda, par l'intermédiaire de son voisin, le Sarkin Tudu de Hwadama, à être investi Sarkin-Aréwa afin d'aider les autres habitants à mener l'existence du Runkundum. Les maîtres de la terre s'étaient concertés avant de faire de lui le premier Sarkin Aréwa dans le Runkundum. Et ce fut là le début concret d'un État dans l'État. « Cet embryon de structure politique servit aux Arawa à étendre progressivement leur influence sur la région ». (È. D. Latour, 1981, p. 125).

Après la mort du premier Sarkin-Aréwa du Runkundum, « son fils et successeur Ababukar est investi Sarki'n Arewa par l'assemblée des chefs des groupes plus anciens : le Sarki'n Tudu, le Sarki'n Ruaf'i et le Sark'in F'alla [...] Le village de Runkundum est abandonné par le chef suivant, Albarka, fils d'Ababukar, qui fonde son propre village. Tombo Albarka. À partir de ce moment, la principauté de Runkundum qui avait étendu son influence dans tout le Sud de Dallol au cours des trois ou quatre dernières décennies du XVIIIe siècle, va éclater peu à peu au gré des ambitions des princes Arauchi dont les rivalités vont s'affronter violemment à la faveur des guerres peules du XIXe siècle. Ce siècle, en effet, sera pour tout le sud du Dallol, une suite ininterrompue de complots et de ruptures ». (M. H. Piault, 1970, p. 148).

Après s'être déplacé du Runkundum à Tombo, « le titre de Sarki'n Arewa pour le Runkundum se transforme en deux principautés que l'on a pris l'habitude d'appeler un peu abusivement le Takassaba et le Katarma ». (M. H. Piault, 1970, p. 149). « À leur tour, ces deux principautés subirent des divisions, en particulier le Katarma qui se vit peu à peu démantelé, puis finalement absorbé par la principauté gubantche de Tibiri ». (M. H. Piault, 1970, p. 147).

5.3. La principauté Sarkin-Aréwa de Takassaba

Selon M. H. Piault, la dissidence, ayant entraîné l'éclatement de la principauté Maï-Arewa du Runkundum, avait eu lieu à la fin du règne du Sarkin-Arewa Maïdoka. Sa succession est prise par Bawa Raf'a. À sa mort, c'est son fils Kiasa qui prend le pouvoir et le porte à son apogée. Après lui, le Takassaba s'effondra rapidement, victime des querelles sans fin où s'affronteront ses successeurs. C'est sous le règne de Kiasa que s'est constituée la Principauté scissionniste de Likdo. « Aux alentours de 1830, un frère de Kiasa, Tsof'o'n Kuka, s'étant disputé avec lui, partit s'installer à Lido, village fondé longtemps auparavant par des Tanagawa originaire du Malé, et prend à son tour le titre de Sarki'n Arewa. » (M. H. Piault, 1970, p. 151.) Ces deux Principautés resteront indépendantes l'une de l'autre jusqu'à la pénétration coloniale française où elles furent érigées en cantons de

Bey-Bey et Lido, puis réunis en 1934 sous le nom de canton de Takassaba[1].

5.4. Le Katarma

Selon la version de Douka Douna, « le Runkundum » vient du nom d'un chasseur très renommé du nom de Runkundumi. Ce chasseur du Nord-Dallol qui parcourt le Sud-Dallol au mobile de la chasse, avait identifié un site riche en minerai de fer tama[2] et informe la grande famille des Azna de Lougou. La fonte de cette roche minérale en fer doux se fait à l'aide de grands fourneaux appelés (Kotarni ou katarma) en langue hausa. Ce nom a pris de l'extension et est devenu un terme générique qui désigne le site d'exploitation de tama (tchin tama) en langue hausa. Le site finit par s'ériger en village permanent dénommé alors « *Katarma* ». Les Rwahwawa, probablement premiers occupants ou l'ethnie dominante du site, sont appelés Katarmawa.

La chasse, l'agriculture, ou l'exploitation de *tama* dans le Sud-Dallol sont à l'origine de la création des villages des Rwahwawa (Katarma, Madawa, Banizumbu, Bawada, Kurhwa, Madé, Maïzari Zumbu Bei Bei, etc.), et l'ensemble aboutit à la formation d'une unité politique appelée « *Katarma* ». En fonction de l'importance de leur peuplement, ils se donnèrent un chef « *Sarkin Rwahi* » titre de leur chefferie. Le pouvoir ne s'est pas fixé dans une capitale mais a varié en fonction des localisations du détenteur du titre de « *Sarkin Rhwahi* ».

Voici comment ALKALI M. Bello a décrit la présence du minerai métallique tama dans le Kabi, le Zaberma et l'Aréwa : « les principales ressources de Rikon Kabbi au début du XIXe siècle sont le tama et le sel. On obtenait le tama à partir de certaines roches localisées principalement dans le Kabbi et le Zaberma ; bien qu'il y ait eu de centres secondaires dans l'Aréwa. Elle était extraite à Zango (centre de fonte). L'extraction du fer à partir du dutsin tama (la roche contenant le minerai métallique) est une science et les Zangos étaient généralement localisés près des peuplements dont les familles étaient connues comme spécialistes de ce commerce. Le fait que le zango pourrait être situé

---

[1] Littéralement ce terme signifie : « piétiner le mil » ou « semer le mil ». (A. Arzika, 1985-1986, p. 47). Les villages de Runkundum, Takassaba et Katarma se trouvent dans l'actuel canton de Takassaba.
[2] Roche contenant le minerai métallique.

partout ailleurs signifiait que le minerai pouvait être exporté et un mouvement de tama dans les parties de l'Arewa s'observait ».

5.5. La principauté Sarkin-Aréwa du Katarma

La Principauté Sarkin Arewa dans le Katarma fut créée par une fraction scissionniste du Takassaba suite à des querelles intestines de succession. La partie vaincue émigre plutôt que de se soumettre et va chercher à fonder une nouvelle chefferie. Ce conflit de succession avait pour cause un antagonisme provoqué par leur consanguinité. Ainsi, la vie politique des princes arawa poursuit son cours à travers leurs habituelles rivalités, dissidences et bougeottes.

Les Arawa du Takatsaba et ceux du Katarma ont la même origine sociale. Au départ, c'était trois frères qui avaient quitté Takatsaba pour Katarma : Na Alla, l'aîné, Tukuyu, son cadet, et Mashemi, leur petit frère. Ils étaient les fils aînés du Sarkin-Aréwa Maydoka. Na Alla, l'aîné de la famille du roi Maydoka, se sentit offensé au moment du choix du nouveau Sarki. Alors il dit à son propre cadet germain, Tukuyu : « Eh bien ! Puisqu'il en est ainsi, moi, je pars pour Katarma informer notre famille maternelle. » Alors Na Alla vint trouver son grand-père maternel qui vivait à Katarma et lui exposa son problème. Celui-ci lui dit : « Eh bien ! Rends-toi chez tes oncles et tantes maternels pour leur expliquer ta situation. » Il partit trouver les aînés de sa mère à Madawa. En effet, lorsque Na Alla eut recours à sa famille maternelle, il exposa les problèmes posés par la succession de leur père Maydoka et l'injustice faite à son égard, et sollicita auprès de son oncle maternel, le Sarkin Rwahi, son investiture en tant que Sarkin Aréwa ; sa tante maternelle, Magajiya du Sarkin Rwahi déploya toute son énergie afin qu'il obtînt toute la satisfaction à sa demande. Prenant en considération les raisons bien fondées de sa démarche, elle incita à son intronisation pour le venger de l'affront qu'il avait subi. Et après un temps d'hésitation, de consultation et de discussion avec ses frères, ses sœurs et sa cour royale, le Sarkin Rwahi lui donna satisfaction, acceptant ainsi le partage de sa propre terre entre les princes arawa.

Ces Katarmawa se réunirent à Madawa, intronisèrent Na Alla, le fils de leur grande sœur, et se mirent à lui jouer de la musique royale.

C'est ainsi que Na Alla est proclamé Sarkin Arewa par le Sarkin Rwahi, souverain du pays, assisté par le Sarkin Magori, chef des Magorawa, et le Bankali, chef des Kyan Kasa. Le règne de Na Alla fut très court. Le Sarkin Rwahi, qui venait d'investir Na Alla, puis Tukuyu sous le titre de Sarkin Arewa, restait toujours le maître de la terre, le souverain du pays. Il allait désormais s'occuper de l'investiture du Sarkin Arewa. Cependant, on observe une sorte de tiraillement entre les deux souverains du Katarma. Le Sarkin Arewa voulait asseoir son importance sur tout le monde, mais le Sarkin Rwahi lui en refusait la légitimité et lui rappelait constamment son rang inférieur par rapport à lui. C'était la raison pour laquelle le Sarkin Rwahi ne répondait jamais à l'appel du Sarkin Arewa. Il appartenait plutôt à ce dernier de se présenter chez lui en cas de nécessité.

Le Sarkin Arewa Tukuyu Maydoka vivait à Madawa auprès du Sarkin Rwahi, à la fois son souverain, son oncle maternel et son protecteur, quand il se déplaça légèrement à l'Ouest pour établir sa résidence royale personnelle. Alors il y aurait eu au départ un certain malaise dans cette cohabitation très étroite du Sarkin Arewa et du Sarkin Rwahi dans le village de Madawa. Ce premier village des princes arawa du Katarma qui fut appelé Kwakkinne, se sépara aussi du village des Katarmawa. Mais les deux villages n'étaient séparés que par une toute petite colline ; ils étaient alors presque collés l'un à l'autre. Le Sarkin Arewa Tukuyu Maydoka vécut à Kwakkinne jusqu'à la fin de sa vie. Après sa mort, son neveu Hodi Na-Allah fut désigné roi. Le roi Hodi Na Alla débuta son règne à Kwakkinne. À cette époque-là, il n'y avait pas beaucoup d'habitants et il dut vivre là, près des Katarmawa de Madawa. En ces périodes de guerres, les gens étaient obligés de vivre groupés pour éviter l'isolement et la capture. Entretemps, le roi Hodi Na Alla quitta pacifiquement et honorablement Kwakkinne, leur village ba'aré, situé sur une dune, pour fonder son propre village et creuser son puits, à environ un kilomètre plus bas, au sud de Kwakkinne et de Madawa. Cette importante et noble entreprise du roi Hodi fut manifestement un désir de liberté, d'autonomie vis-à-vis des Rhwahwawa, leurs parents maternels, à la fois protecteurs et souverains. Le Sarkin Arewa Hodi Na Alla aurait régné de 1774 à 1810. Après sa mort, Gagara, fils aîné de Tukuyu lui succéda. Le roi Gagara n'était pas du tout content de la forme de l'annonce qui disait toujours : vous, les gens du village de Hodi, bien que celui-ci fût décédé. Fort vexé, il se dit : « *Comment est-ce possible que c'est un jeune homme qui est mort qu'on appelle et non moi ?* »

Sur la base d'une question d'honneur, le Sarkin Arewa Gagara Tukuyu avait quitté Birni (*garin Hodi*) pour se fixer au bord de la grande vallée, parmi les Magorawa et autres habitants dont les Buzaye et les Kambarin Barebari. Il avait dénommé ce nouveau village « *Nasarawa* » (succès), créant ainsi son propre village. Il vécut à Nasarawa jusqu'à sa mort. Il régna pendant 10 ans, de 1810 à 1820. Au cours de son règne, il installa son frère germain Babari à Zumbu, un village des Katarmawa situé dans la grande vallée. Le Sarkin Arewa Gagara Tukuyu installa aussi son fils Yaji à Dumega, fondé par des Magorawa. Le roi Gagara Tukuyu chargea son cadet consanguin Yarima Tukuyu de s'établir à Sakari, village des Sakkarawa pour surveiller ceux-ci. Mais plus tard, Yarima Tukuyu quitte Sakari, créant son propre village baptisé Kyada. Makori Tukuyu, un autre cadet consanguin de Gagara et de Yarima, fut également chargé par celui-ci de s'établir à Beshemi, un village appartenant aux Darayawa. En ce qui concerne la création des villages, les Arawa de la principauté du Katarma n'avaient en réalité fondé que les villages de Kwakinne qui fut abandonné, Birni, Nasarawa et Kyada. Les autres villages dans lesquels ils s'étaient implantés ne leur appartenaient pas, mais ils avaient fini au fil du temps par s'emparer de leur direction[1]. « Après 1804, le Runkundum va être longtemps le théâtre et l'enjeu de luttes entre le Kanta et le Sarkin Musulmi de Sakkwato. Les Arawa tombèrent de gré ou de force sous la dénomination des partisans de Sokwato. La physionomie de la région change alors. Les Kabawa ne menèrent plus la scène politique mais les jihadistes, les nouveaux maîtres. Néanmoins, l'opposition continua ». (A. Ayouba, 1985-1986, p. 64-65).

---

[1] Nous devons une grande partie des informations aux documents internes de B. Soffo, 1998.

DEUXIÈME PARTIE :

LE JIHAD D'USMAN DAN FODIO

CHAPITRE 1 :

Les causes du jihad

1.1. Le déclenchement du jihad

Usman dan Fodio vit le jour le 15 décembre 1754 à Maratta, dans le Gobir. Sa famille est issue du Fouta-Toro (vallée du fleuve Sénégal). Au milieu du XVe siècle, elle parvint au pays hausa où elle s'installa dans la région de Birnin Kwanni. Le milieu dans lequel naquit Usman dan Fodio était un milieu sédentaire voué depuis des siècles aux études coraniques. C'est donc tout naturellement qu'Usman commença sa formation parmi les siens. (D. Hamani, 2008, p. 204 à 207).

« D'après Mohammed Bello, ce fut Dan-Fodio qui aurait introduit l'islam au Gobir, dans les États haoussa. Cette façon de présenter la question nous semble quelque peu erronée et ne résiste pas à la critique. En effet, l'islam était déjà introduit depuis le XIIIe siècle à Kano et à Zaria... On signale l'existence de l'Islam au Gobir 7 siècles avant Dan Fodio. Le pays n'était pas entièrement converti, mais il comptait de nombreux musulmans traditionalistes dont les habitudes et les coutumes s'écartaient de la rigueur des lois coraniques. Dans ces conditions, au Gobir, Ousman dan Fodio n'avait été qu'un réformateur de l'Islam dans les États haoussa ». (B. Hama, 1967, p. 88).

C'est avec un objectif à long terme que le *Shehu* commença à prêcher dès l'âge de 20 ans et il procéda méthodiquement. D'abord, il s'attela à éduquer à travers des sermons publics les hommes et les femmes. Il organisera des tournées, des prêches qui l'ont conduit du Gobir au Zamfara (où il resta 5 ans) et au Kabi. Il composait aussi des ouvrages didactiques dans lesquels il attirait de plus en plus l'attention de ses lecteurs sur l'injustice et la corruption qui minaient la société hausa. *Sarkin* Gobir Bawa (1771-1789) tenta de corrompre le *Shehu* en lui proposant 500 mithkals d'or à Magami en 1788, ce que le *Shehu* refusa mais demanda par contre à Bawa d'accéder à ses requêtes :

1°) Le laisser appeler librement les gens à l'Islam ;

2°) Quiconque répond à son appel ne doit pas être empêché de le rejoindre ;

3°) Quiconque porte un turban doit être respecté ;

4°) Tous les prisonniers doivent être libérés ;

5°) Les populations ne doivent pas être écrasées par les taxes.

Ce que Bawa accepta. Les successeurs de Bawa Jangworzo, Yakuba (1789-1796), mais particulièrement Bunu Nafata (1797-1802) et Muhammad Yunfa (1802-1808) tentèrent d'arrêter le mouvement mais sans succès. Le *Shehu* était aidé dans cette tâche non seulement par son frère Abdallah et son fils Muhammad Bello mais aussi par d'autres *Ulama* qui partagent les mêmes idéaux et tous ceux qui ont des griefs contre les *Sarakunan* hausa. Le *Shehu* a eu donc le mérite d'avoir uni tous les mécontents et d'avoir pu articuler les griefs de diverses forces sociales opposées à l'ordre ancien (même ceux non religieusement engagés) pour proposer une alternative à la crise : remplacer l'ordre ancien [...] Entre 1804 et 1808, l'ensemble du *Kasar* hausa était sous agitation. Dès juin 1804, les jihadistes conquirent Matankari et Birnin Konni... En mars 1806, le chef du clan des Peuls Alibawa, Namoda, infligea à Zurmi, une défaite à la coalition des Gobirawa, des Touaregs et de tous les adversaires du jihad de la région. La victoire décisive sera remportée sur la capitale du Gobir elle-même, Alkalawa, le samedi 3 octobre 1808. *Sarkin* Gobir Yunfa fut tué, sa femme Katembalé et sa mère Maitakalmi, prises comme captives. Entretemps, toutes les autres citadelles du *Kasar* hausa étaient aux mains des lieutenants du *Shehu* : Kano, Katsina, Zaria, Daura, etc. (M. Alio, 1999, p. 123-124-125).

1.2. La formation du Califat de Sokoto

À partir de 1808, les jihadistes chercheront à organiser politiquement le Califat. En 1809, Muhammad Bello crée une capitale : « Sokoto alors que le *Shehu* était à Sifawa. En 1812, le *Shehu* divisa le Califat en 4 parties, donnant l'Ouest à Abdallah, l'Est à M. Bello, le Nord à Ali Jedo et le Sud à Abubakar Attiku et Muhammad Bukhari, à charge pour eux de les administrer conformément à la *Sharia*. En 1815, il s'installa à Sokoto où il mourut le dimanche 20 avril 1817 ». (M. Alio, 1999, p. 125).

« Pour gérer un ensemble aussi hétérogène et large, les jihadistes ont adopté le système d'Émirats. Le Califat était formé de 30 Émirats administrés par les porteurs d'étendards qui ont mené le jihad dans la région ou leurs descendants. Les Émirs ont donc la gestion des affaires quotidiennes de leurs Émirats alors que le Calife, personnage central du Califat, s'occupe de la nomination ou destitution des Émirs, de régler les conflits inter-émirats, de mener la politique étrangère et surtout de la défense du Califat. Le Calife est élu parmi la descendance masculine du Shehu [...] Le Califat n'a pas d'armée de métier. L'armée repose essentiellement sur des leaders de clan ayant chacun ses partisans. Ce système fait des 4 chefs de clan peul notamment Konnawa, Kabawa, Sullebawa et Alibawa, la force principale du Califat. L'ensemble des Émirats participe à la défense du Califat en envoyant des contingents à la demande du Calife ». (M. Alio, 1999, p. 237-139).

« Les Peuls avaient donc triomphé facilement. Mais ils ne tardèrent pas à abuser de leur victoire et leur autorité tout d'abord morale et religieuse se transforma en une lourde sujétion ». (J. Périé et M. Sellier, 1946, p. 24).

1.3. La domination peule dans le Kabi

Au moment du déclenchement du jihad du Shehu Usman dan Fodio, le Kabi était dirigé par le *Sarkin Kabi* Mahammadu Hodi, fils de Sulemana, appelé aussi Hodi dan Tarana (celle-ci étant sa mère). Le *Sarkin Kabi* Mahammadu Hodi n'était pas en bons termes avec les Peuls avant leur arrivée au pouvoir. Et comme après le déclenchement du jihad en 1804 dans le Gobir, ceux-ci devenaient tout-puissants et menaçants à l'est du Kabi, un état de guerre latent naquit entre le Kabi et le *Shehu* Usuman dan Hodiyo. Pendant ce temps, les forces peules étaient activement occupées à se battre avec le Gobir. Mais le conflit entre le Kabi et les jihadistes peuls devint réel en 1805, deux ans après l'accession de Mahammadu Hodi au pouvoir à Birnin Kabi [...] En effet, en mars 1805, le *Shehu* Usman, qui s'était installé à Sabongari dans le Zanhwara, au milieu de ses alliés Zanhwarawa et à la recherche des vivres pour sa troupe et du pâturage pour leur bétail, envoya une armée sous le commandement de son frère Abdullahi et du *Sarkin Yaki* Aliyu Jedo contre le *Sarkin Kabi* Mahammadu Hodi. En 1823, approximativement, Abdullahi dan Hodiyo envoya une armée sous le commandement de son fils Mahamman, de Bahwari, fils du Shehu, et de Bahwari, fils d'Abdusalami, pour attaquer le *Sarkin Kabi* Hodi à Kimba... Mais cette attaque conjuguée échoua et les Hillani durent se retirer sans avoir pu entrer dans Kimba... Mais en 1827, les gens de Kimba, redoutant une nouvelle attaque peule, chassèrent le *Sarki* Mahammadu Hodi de leur cité. Il fut alors poursuivi et tué à Madashin Zama par Bahwari, fils de *Shehu* [...] Lorsque le *Sarkin Kabi* Mahammadu Hodi avait été tué par les Peuls, les Kabawa, ses partisans se scindèrent en deux groupes : Jibbrin, le fils de Hodi, avait fait sa soumission aux Peuls à Gwandu quand les nouvelles de la mort de son père arrivèrent. Alors, Abdullahi dan Hodiyo donna à Jibbrin le titre de *Sarkin Kabi* et lui confia le commandement de la ville de Kyabe située sur le Gulbin Gindi. Jibbrin fut ensuite rejoint par Jataw Tsoho et Jataw Damane, les frères de Mahammadu Hodi, qui se soumirent également aux Peuls. Cependant, Sumayla, le fils de Sulemana, plus connu sous le nom de Karari, refusa de se soumettre aux Hillani et fut même très furieux en apprenant qu'on avait donné à Jibbrin le titre de *Sarkin Kabi*.

Beaucoup de Kabawa furent également très mécontents de cette investiture accomplie par les Peuls. Alors Laylaba (Argungu), *Birnin Kabi* et plusieurs autres villes du Kabi jusqu'ici soumises aux Peuls se joignirent à Karari et se révoltèrent immédiatement ; et la longue lutte pour l'indépendance fut reprise. Karari, nommé et intronisé *Sarkin Kabi* par les grands électeurs traditionnels du Kabi, établit son quartier général à Laylaba (Argungu) qui devint ainsi et pour la première fois de son histoire la capitale du Kabi. À partir de celle-ci, le *Sarkin Kabi* Sumayla Karari se battit avec succès contre les Peuls pendant plusieurs années. Vers 1931, l'Émir Mahamman Abdullahi (1828-1833) de Gwandu et le *Sarkin Musulmi* Mahammadu Bello (1817-1837) de Sakkwato unirent leurs forces militaires pour attaquer Laylaba et les Kabawa résistants. Ils prirent Mera, Kwaydo et Bubushi, et attaquèrent furieusement Laylaba en l'incendiant au moyen des pointes de flèches rougies au feu ; néanmoins, ils ne purent entrer dans la ville. Au second jour de cette attaque, les femmes de Laylaba sortirent et supplièrent les Peuls pour que la ville fût épargnée, en promettant que Karari serait chassé. Bello accepta cette proposition, épargna la ville et se retira à Sakkwato avec son armée. L'Émir Mahamman de Gwandu en fit de même. Un jour, lorsque Karari sortit pour l'équitation, les Kabawa fermèrent les portes de la ville derrière lui l'empêchant ainsi d'y avoir accès. Il dut chercher refuge à Zazzagawa où il rassembla une nouvelle armée à partir de ses sujets arewa et zabarmawa. L'Émir Mahamman de Gwandu le battit à deux reprises à l'extérieur de la ville de

Zazzagawa. Après la seconde bataille, Karari décida de ne plus faire subir la guerre aux gens et leur dit de faire ce que tout le monde avait fait, c'est-à-dire de se soumettre aux Peuls. Les hommes de Zazzagawa lui répliquèrent en disant qu'ils étaient des anciens esclaves du *Kanta*, que, de ce fait, ils ne le chasseraient pas et que les Peuls ne l'atteindraient qu'après qu'ils fussent tous morts. Mais Karari refusa cette offre d'aide vaillante et se dirigea vers l'Aréwa. Il fut poursuivi par les Peuls et tué à Galewa dans le Katarma. (B. Soffo, 1998).

D'après Oumarou Galadiman Garin Argungu, « après la mort de Sarkin Kabi, Samaïla Karari, son fils Yakubu Nabami s'était caché à Nassaraoua dans le territoire de l'Aréwa. Devenu adulte, il prit comme première épouse la fille de Sarki Yaji Gagara de Nassaraoua avec qui il eut son premier fils qui devient plus tard Sarkin Kabi, connu sous le nom de Muhammad Ba'aré[1] ».

Les Peuls, forts de leur supériorité soumirent les Kabawa à l'esclavage et aux travaux forcés. « Les conquérants peuls, après avoir écrasé la résistance du *Sarkin Kabi* Karari en 1831, devinrent les maîtres absolus de tout le Kabi. Et pour étouffer toutes autres sources et tentatives de révolte ainsi que pour amener la paix dans le pays, ils supprimèrent le titre suprême de *Sarkin Kabi* ou Kanta. Alors aucun prince bakabee ne fut désigné comme souverain du *kabi*. Ce pays fut placé sous l'administration directe des Peuls, les maîtres de la situation et des évènements ». (B. Soffo, 1998).

Les Kabawa sont alors sollicités de payer tribut qui nécessitait une supervision pour assurer sa collecte. Après 1831, alors, Bello envoya une délégation de supervision des affaires de *Kabi* aux officiels subordonnés. Le *Kabi* était divisé en deux parties. Une partie donnée à l'Émir de Gwandu et l'autre à l'Émir de Yabo [...] La section de *Kabi* qui était contrôlée par Gwandu fut confiée à Lelaba dan Koda en récompense au rôle clé qu'il a joué dans la liquidation de Samaïla Karari. Le Lelaba fut élevé à un rang supérieur de tous les *Sarakuna garuruwa* (chefs de village) dans le secteur de Gwandu. Dans le secteur de Yabo, la partie fut confiée à Kunduda, vu sa position suprême dans l'administration défunte de l'actuel *Kabi* [...] Kunduda et Lelaba ne communiquent pas directement avec les Émirs qui les supervisent. Dans l'Émirat de Gwandu et le sous-Émirat de Yabo, ils y avaient des fonctionnaires à qui on déléguait la supervision des affaires de l'actuel

---

[1] Information recueillie le 25 mai 1994 auprès de El hadj Oumarou, 56 ans, Galadiman Garin Argungu.

Kabi. Le pays fut placé sous contrôle des Fulani tel qu'en 1849, l'entière administration du territoire était passée entre les mains des agents de Sokoto. (Cf. M. B. Alkali, 1969, p. 191 à 200).

Les Kabawa subirent, comme tous les autres peuples dominés, injustice, travaux forcés vexants, esclavage, caprices des pasteurs peuls, entraînant d'interminables conflits autour des champs, des pâturages et des points d'eau (puits et rivières), et autres exactions peules commises par les éleveurs et les gouvernants. Cette situation n'avait pas manqué de haïr et de mépriser les Peuls et d'avoir de la rancune contre eux. (B. Soffo, 1998).

En ce qui concerne le prince Yakubu Nabami qui s'était caché à Nassaroua dans le territoire de l'Aréwa, selon Alkali, c'est vers 1838 qu'il sortit de sa cachette espérant profiter de la mort du Sarkin Busulmi Muhamadu Bello en 1837. Il commença des agitations politiques et Khalil était au courant pour ordonner sa déportation de Nasarawa à Gwandu. Il s'échappa et se réfugia à Wurno quand on fomenta un complot pour l'assassiner. Plus tard, Nabami s'installa à Sokoto et rentra en relation amicale avec le *Sarkin Musulmi* Ahmad b. Atiqu. (1837-1842). Nabami s'était entouré d'un corps de généraux kabawa : Idi Sabon mashi, Bagura, Dauda, Sarkin Fawa Abubakar, Bako Faga et Tudu dan Bazai. Nabame offrit ses services au calife Ali, et participa à la défense du Califat contre le Gober qui avait mené de sérieuses offensives contre Sokoto sous la direction du Sarkin Gobir Maïyaki. Ali fut incapable de contenir avec succès les Gobirawa qui harassaient Dambo et Gwamatse. Ahmad b. Atiqu prépara une armée pour arrêter les attaques du Gobir mais il échoua. Les Gobirawa renvoyèrent Gwamatse, et l'armée peule, vaincue, rentra à Gora. Ali informé du renvoi de Gwamatse, décida de marcher sur eux. L'armée contenait beaucoup de Kabawa commandés par Nabami. Nabami et son contingent kabawa réussirent à repousser l'avance des Gobirawa et tuèrent le prince du Gobir. Puis, les Gobirawa découvrirent que Nabami était un prince du Kabi et rétorquèrent : <u>In kana da yaki ga gidanku nan ya fadi ka tayar</u>, c'est-à-dire « *Si tu es un véritable guerrier, pourquoi ne réhabiliterais-tu pas votre maison ?* »

Après cet incident, Nabami retira ses militaires et les Gobirawa infligèrent une lourde défaite aux troupes de Sokoto. Les traditionalistes kabawa accordent une grande importance à « *Dagaa Gora* » (bataille de Gora) pour deux raisons : les évènements reliés à cela persuadèrent Atiku qui a permis à Nabami de s'installer dans les franges du Kabi et les prouesses de Nabami à la bataille enchantèrent beaucoup les

Gobirawa dont une grande partie se joignit à lui et combattit plus tard à ses côtés. Quelques mois après la *Dagaa*, Ali Sarkin Musulmi permit à Nabami de s'installer près de Kabi, sous la charge de Mamman Yelli qui le positionna à Gudalé. Mais la décision de placer Nabami à Gudalé s'avéra être un suicide politique pour Sokoto. Avec l'installation de Nabami à Gudalé, la situation à *Kabi* devint explosive. Il avait autour de lui un corps de militaires kabawa, et cela était perçu par Gwandu comme une menace directe à sa sécurité. Gwandu coopéra avec Lelaba dan Koda pour assassiner Nabami, mais beaucoup de Kabawa étaient loyaux envers lui de sorte que personne ne voulait accomplir la tâche. De plus, quand il fut installé à Gudalé, Nabami s'autoproclama *Ubandawakin* Lelaba et accepta volontairement la souveraineté de celui-ci.

Vers la fin de 1840, les relations Kabawa-Fulani particulièrement dans la section de Kabi qui était contrôlée par Gwandu, étaient proches de la crise. Gwandu exerçait le paiement de tribut et l'incidence des travaux forcés. L'installation de Nabami à Gudalé en 1847 a renforcé les prospections d'une rébellion. Les Kabawa, mécontents, commencèrent à se rassembler autour de lui et Gwandu dut donner des instructions à l'administration Lelaba d'arrêter cela ; ce qui augmenta la tension. L'incident qui déclencha la rébellion kabawa contre les fulani était lié aux travaux forcés à Gwandu. Les travailleurs kabawa se rendirent à Gwandu vers 1848 pour réparer les murs. Ils furent campés en dehors de la ville et y restèrent pendant sept jours. Au septième jour, le travail fut complètement achevé. Mais une certaine nommée Uté ou Jumbo se disait la mère de Khalil rétorqua avec mépris en rentrant dans sa case : <u>na ji warin kifi</u> (j'ai senti l'odeur du poisson). On demanda alors aux Kabawa de reprendre la toiture de la case de Uté/Jumbo en utilisant Tabkin Falalé (jadis connu comme tabkin kabawa) pour laver le *Zana* (Seiko) pour la débarrasser de l'odeur du poisson. Peu après, une rébellion éclata à *Kabi*. (Cf. M. B. Alkali, 1969, p. 201 à 234).

1.4. L'expansionnisme peul dans le Zabarma

La plus grande concentration peule dans le Zabarma se trouvait dans le Dallol-Boboye (ou Dallol-Bosso). L'ancêtre des Peuls du Dallol-Bosso, Ali Anna un Bary du Masina, arriva pour la première fois dans la région, à la fin du XVIIᵉ siècle alors qu'il était de passage pour les lieux saints de l'Islam. À son retour, neuf ans plus tard, il trouva les

Twareg d'Alissan Tabla dans le Tagazart. Il fonda un petit village, Garuré, et y mena une vie maraboutique pendant 44 ans, avant de s'en retourner au Masina. Son fils, Sambo, revint au Dallol vers la fin de la deuxième moitié du XVIIIe siècle, reprit le rôle de marabout de son père parmi les Peuls et les Zarma ; entretemps, Garuré, ayant été détruit par une razzia des gens de l'Adar. Ce fut son fils, *Bubakar Ludduji*, aveugle dès son jeune âge, qui recréa Garuré vers la fin du XVIIIe siècle. L'avènement d'Usman Dan Fodio dans le pays hawsa en 1804, permit à Bubakar Ludduji d'ouvrir les hostilités contre les Zarma parmi lesquels il vivait jusqu'à présent pacifiquement et jouissait de l'image de sainteté dont avaient fait figure son grand-père Ali Anna et son père Sambo. À partir de ce moment, il multiplia frénétiquement ses exactions contre ses voisins Zarma, qui étaient pourtant ses adeptes. (B. Gado, 1980, p. 198).

Un incident intervenu entre un Peul et un Zarma, lui donna l'occasion d'attirer près de 600 notables zarma dans un guet-apens à Garuré. Ils furent presque tous massacrés et leur corps fut précipité dans la caverne « *A mato !* », « *Qu'elle soit remplie !* » près de Garuré, alors que les malheureux Zarma venus en toute confiance avaient été conviés à un arbitrage à l'amiable par le souverain peul. (B. Gado, 1980, p. 202-203).

Quand les Zarma acceptèrent la direction religieuse de Bubakar Luddiji, ils faisaient un acte de foi envers la religion musulmane, un acte de confiance à une famille de marabouts qu'ils connaissaient déjà et ce fut avec un enthousiasme de néophytes qu'ils entreprirent de construire les fortifications de Garuré, alors capitale du « saint personnage », mais : « ceux qui vinrent travailler toute la journée furent déçus. Le soir, Bubakar vint vérifier la qualité de leur travail. Ne voyant pas, parce qu'aveugle, il passa sa main sur le mur. Il trouva celui-ci mal fait. Il somma les travailleurs de passer la nuit à Birnin Garuré dans le but de casser tout ce qu'ils avaient fait la veille pour le reconstruire le lendemain. Devant de telles exigences insensées, un Mawri de Bamey dit à ses compagnons : A Wodi, Amana Wodi, A Wodi ! Partons tous, personne ne passera la nuit ici, à plus forte raison pour qu'il ait à travailler ici demain. Le Mawri de Bamey alla trouver Bugaran à Cerinji. Il lui raconta toute l'histoire qui venait de se passer à Birni N'Garuré. Bugaran jugea la situation sérieuse. Il sella son cheval et partit à Gwandu voir Abdulay dan Fodio. À ce dernier, Bugaran raconta l'évolution des affaires dans le Boboy [...] Abdulay dan Fodio (1808-1829) condamna l'attitude de Bubakar Luddiji à qui il aurait reproché son comportement non conforme aux préceptes coraniques, mais ce dernier continua à n'en faire qu'à sa tête. Sur ce, les Zarma reçurent, semble-t-il, de Sokoto, l'autorisation religieuse de le combattre. Hamma Bugaran, un descendant de Buyaki établi à Nikki, entreprit alors de rassembler les mécontents zarma dont notamment Sorkoyzé, un prétendant évincé de la chefferie de Kiota et Gani Koda Zarmakoy de Dosso. L'armée Zarma prit Garuré qu'elle brula vers 1808 et Bubakar Luddiji s'enfuit vers le Gwandu ». (B. Gado, 1980, p. 203-204).

« En 1825, Sorkoïzé et Hamma Bugaran étant morts, Bubacar Loudoudji revint dans le Dallol et fonda Tamkalla où il décéda. Son fils Abdoul Assan lui succéda [...] Les exactions des Peuls recommencèrent, de nouvelles bandes rebelles se rassemblèrent et la guerre reprit. La confusion devint générale. Une terrible famine ajouta ses horreurs à celles de la guerre. La recherche du mil devint le but des expéditions. Le principal chef de guerre zarma, Mali Koda Boubé de Nikki, qui avait succédé à Hamma Bugaran, fut tué au cours d'un rezzou sur les greniers à mil de Kouré. Cependant, dans le Kiota, à Zagoré, un petit groupe de guerriers zarma commandés par Daudu et Hamma Fandou, petit-fils de Sorkoïzé, tenait tête aux Peuls d'Abdoul Assan avec des alternatives de succès et de revers. Finalement, les Peuls triomphèrent des dernières résistances. Zagoré fut détruit, les dernières bandes de Zarma résistants conduites par Daudu se réfugièrent à Tanda et Guiwayé et participèrent à la révolte victorieuse des Haoussa du Kebbi contre les Peuls en 1849 ». (J. Périé et M. Sellier, 1946, p. 24-25).

1.5. Les visées hégémoniques peules dans le Dendi

Usman dan Fodio traversa le Dendi pour atteindre le Niger pendant ses tournées religieuses. Il obtint d'abord le soutien des Peuls nomadisant dans le Dallol-Fogha, puis les descendants d'Ahmad Baba encouragés par certaines raisons politiques. Deux personnages renforcèrent leurs relations avec les Peuls :
- Burta, qui émergea comme leader des Peuls dans le Dendi. Celui-ci envoya des gens en renfort à Usman dan Fodio, qui a déjà entamé un conflit armé contre le Gobir, afin de témoigner son support.
- Abubakar Alfa, souverain de Koma, quitta sa cité pour Degel où il reçut une investiture de la part d'Usman dan Fodio. Mais tous les deux

leaders n'étaient pas assez équipés pour propager le jihad contre les éléments qui n'ont aucun respect pour l'Islam.

Burta quitta sa cité pour Gwandu après que celle-ci fut établie comme une base opérationnelle contre Kebbi. Abubakar fut rejeté par son propre peuple et fut obligé de se retirer à Sanihina où il combattit dans plusieurs guerres aux côtés des Peuls. Il y eut une lutte confuse dans le Dendi ; mais en 1811, l'hégémonie peule y fut établie dans plusieurs villes. Le contrôle de la région était partagé entre l'Émirat de Gwandu et Tamkala. Mais le Nord-Dendi demeura turbulent et Bello et Muhammad devraient diriger une expédition contre cela. La soumission complète du territoire fut obtenue après 1831 et Burta fut établi à Zogirma comme Émir du Dendi. Les hakimaï (subordonnés) étaient installés à Kawara-Debé, Kawara-Kaïna et à Bara. L'établissement des Hakimaï peuls était ressenti. Yellu protesta contre l'élévation de Junju qui a une autorité sur elle. La population sujette du Dendi eut plein de ressentiment au sujet du paiement de tribut, qui était collecté avec sévérité et obligation au travail forcé. Ce fut sur ce dernier conflit que Yellu se révolta en 1848/49. (Cf. M. B. Akali, 1969, p. 225-227).

1.6. Les visées hégémoniques peules dans l'Aréwa

« Dans l'Aréwa, la victoire peule, dans cette première moitié du XIXe siècle, était totale. Le succès pourtant brillant remporté par les cavaliers maouri et les archers goubaoua conduits par Assoumane sur les Peuls de Binji installés à Korongomey, ne fut qu'un feu de paille. En effet, le chef de guerre de Binji appela Sokoto à son secours, reprit l'offensive et livra Korongomey aux flammes. Le Sarkin-Aréwa Assoumane dut abandonner la lutte et accepter la suzeraineté des Peuls.

Par ailleurs, le Kabi étant soumis, les Peuls de Gandou firent main basse sur toutes les localités de l'Aréwa qui en dépendaient et dont les chefs durent désormais se rendre auprès de l'Émir peul pour chercher l'investiture ». (A. Salifou, 1977, p. 66-67).

« L'Arewa se morcela. À mesure que les Peuls s'emparaient d'un village, ils lui donnaient un chef choisi parmi les Arawa gagnés à leur cause, et le village ainsi conquis ne recherchait plus à s'affranchir ». (Capitaine Tilho, 1906-1909, p. 502).

« Quand les terres furent partagées, le Nord fut donné à Ali Jedo (l'Amir Al Jaish). Il exerça à Binji une influence très décisive sur les affaires de ces régions. Les Arawa de Matankari, Nassarawa, Bagagi et

Birni Lokoyo payaient la zakka (kharaj) à Binji [...] Sokoto confia les affaires d'État du Sud-Arewa à Gwandu, qui était en conformité avec la surveillance de la partie ouest du Califat déjà confiée à cet Émirat. Vers 1832, Muhammad Bello, l'Émir de Gwandu (1829-33) conduit une expédition dans l'Arewa contre la capitale du Runkundum, Takassaba, mais n'eut pas un grand succès. Puis peu après, Muhammad devait à nouveau intervenir. Il détruisit Takassaba et contraignit le chef Soumana à fuir à Beibei, puis Damana et Gesheme. En 1836, il accepta de payer tribut à Gwandu. Sa capitulation fut suivie de celles des chefs de Dumega, Giwayé, Gesheme et Kara Kara (c.-a.-d. tout le Runkundum).

Une caractéristique du système politique de l'Arewa était l'absence d'une autorité centralisée. Beibei émergea comme une importante ville mais ne réclama pas de souveraineté sur les autres États Arewa sud. Les informateurs Aréwa précisent qu'ils paient un tribut annuel en kurdi (argent) et/ou en esclaves à Gwandu. Le montant officiel de <u>kurdi</u> payé à Gwandu était de <u>zangu biyar</u> par <u>dattijo</u> (adulte). Cependant, si un <u>dattijo</u> ne possède pas le "<u>kurdi</u>" imposé, il doit en lieu et place donner un homme d'une taille particulière. Les collecteurs se rendaient avec des baguettes de bois en guise de mesure, de telle sorte que c'est seulement les gens de cette taille qui étaient acceptés. À part ces paiements, il y a aussi la participation aux travaux forcés à Gwandu. Les habitants de l'Arewa et du Dendi étaient responsables de la réparation des murs de Birni-Kabi. Bello avait interdit au territoire de l'Arewa d'avoir des défenses autour de leurs habitations [...] La paix de 1836-1837 plaça Beibei comme autorité dominante sur les petits États du Sud-Arewa. Le Maï Arewa de Beibei était considéré comme un supérieur dans la partie Arewa du Bas-Dallol-Mauri, ayant une communication directe avec Gwandu qui donne à la région pour la première fois un semblant d'autorité centralisée. Cela pourrait expliquer pourquoi quand Ubandawaki Karhe commença sa rébellion, Giwaye et Dumega étaient les premiers à s'y joindre. En d'autres termes, ils voient l'occasion de vaincre l'influence de BeiBei.

Vers 1840, Giwayé et Douméga, dans le Bas et dans le Haut-Mauri, Nassarawa (et même Bagagi à un moindre degré) défiaient ouvertement l'autorité de Beibei et de Matankari (respectivement). À Giwayé, Géro, un candidat malheureux à la Sarauta de cette cité, optait pour le rejet de Beibei (Gwandu alors) par non-paiement de tribut. Nabasuwa de Dumega le rejoignait dans cette œuvre, contraint au pouvoir de Junju centré non seulement sur Kara-Kara qui permit à cette cité d'y exercer son autorité mais aussi sur les États de Lido et Zabori nouvellement nés et qui étaient contre l'autorité des souverains de Kara-Kara. La situation politique dans l'Arewa était tendue avec un sérieux mécontentement et l'insurrection pouvait exploser à chaque fois qu'il y a quelqu'un pour l'embraser ». (Cf. M. B. Alkali, 1969, p. 201 à 225).

CHAPITRE 2 :

Installation dans le Sud-Dallol Mawri du chasseur Bagubé Tunkara Tukuyu

2.1. Les origines du chasseur Tunkara

« Vers la fin du XVIIIe siècle, un chasseur du Nord-Dallol, issu d'une famille de prêtre, maître de la terre, vient s'installer dans le Katarma ». (È. de Latour, 1992, p. 112).

Le chasseur nommé Tunkara « fonde son origine dans la descendance de Gijé, frère de la première Sarauniya fixée à Lugu ; il appartient ainsi au premier des sous-groupes installés dans le Dallol Mawri et, à ce titre, participe de la puissance fondamentale de la Sarauniya ». (M. H. Piault, 1970, p. 161). En quittant Lougou, le chasseur Tunkara n'avait sur lui que sa gibecière, son arc, son carquois et comme vêtement, le traditionnel walki[1] attaché autour des reins. « Il nomadisait à la poursuite du gibier, en direction du Sud. D'abord fixé à Kawara, petit village situé à 4 kilomètres au sud-ouest de Rukudjé, puis à Kolba[2] ». (M. H. Piault, 1970, p. 59).

Selon Sara Moussa Goubé du village de Matsahia, « l'ancêtre des Gubawa de Tibiri Tunkara Tukuyu était originaire du village de Lugu. Au départ, c'était deux frères Maïguizo et Tunkara (Maiguïzo est le grand frère), ils émigrèrent vers le sud pour des exploits de chasse et se sont fixés au sud du village de Nassaraoua près d'une mare appelée "kolba", où ils fondèrent un hameau de chasse du nom de Dan Koumassa.

Ils s'adonnèrent uniquement à la chasse et continuèrent leur existence dans leur hameau de chasse. Au fil du temps, ce hameau de chasseurs prit de l'importance et un puits fut creusé. C'est avec l'eau de ce puits que celui du village de Kiada fut construit disait-il. Après la

---

[1] Culotte en peau de bouc tannée.
[2] Nom d'une mare, non loin du village de Tibiri (côté nord-ouest).

mort des deux frères, la descendance de Maiguïzo prend la tête du village avec le titre de chefferie Goubé »[1]. Dans son rapport de tournées de recensement du canton de Tibiri en 1952, le chef de la subdivision de Dogondoutchi relate l'origine du village de Bankoula. Il écrit : « village créé par le nommé Goubé Toga venant de dan Koumassi. <u>Titre coutumier de la chefferie</u> : GOUBE »[2].

Dans son cahier de route, la colonne du capitaine Voulet qui relie le village de Kiada à celui de Nassaraoua le 23 mars 1899, signale l'existence d'un puits étroit sur l'ancien emplacement du village de Dan Koumassa : « Le corps principal de la colonne sous les ordres du capitaine Voulet, quitte Kiada à 3 h 15 du soir, et arrive à Nassaraoua à 4 h 25. Distance parcourue 6 km, direction générale NNE. Nous marchons au pied de la falaise à 1 500 mètres environ de Kiada ; sur le chemin même, se trouve un puits étroit, profond de 25 mètres avec une eau peu abondante »[3].

2.2. L'union du chasseur Tunkara avec la princesse Gingirey

Le chasseur Tunkara, tout en continuant son activité de chasse au gibier, se mit à servir fidèlement le vieux roi Gagara de Nassaraoua, notamment en lui offrant gratuitement de la viande de chasse ainsi que du bois d'encens *tawra* (*Detarium microcarpum*). À cette époque-là, il n'y avait ni parfum ni déodorant ; il n'y avait rien de parfumant. Alors ces bois de la *tawra* étaient brûlés dans la maison royale, et le parfum qui s'en dégageait, sentait bon et en améliorait l'état de l'atmosphère.

---

[1] Information recueillie le 24 mars 2004 auprès de Sara Goubé Moussa (86 ans) du village de Doungouzaoua (Matsahia).
[2] ANN : 6. 3. 53. Compte rendu des tournées dans le canton de Tibiri 1952.
Note : le village de Dan Koumassa a disparu suite au ruissellement des eaux de pluie. Les habitants se sont dispersés pour créer de nouveaux villages ou regagner d'autres localités Bankoula, Loma, etc. Au village (cosmopolite) de Nassaraoua, une importante communauté de Gubawa s'est installée avec le titre de leur chefferie, « *sarkin gubé* ». En effet, tous les jeudis soir et vendredis à l'aube, les tambours royaux qui retentissent à la cour de « *Sarkin-Aréwa* » de Nassaraoua, immédiatement après, ces griots vont à la cour du « *Sarkin-Goubé* » pour le même rituel. L'ancien emplacement du village de Dan Koumassa reste un lieu de culte pour certaines familles qui viennent pratiquer leur sacrifice.
[3] ANN : 1. 7. 5. Journal de marche de la mission Afrique centrale depuis Tombouctou 1899. En mai 2018, en compagnie de Dari (*Rouga Sakari*), nous avons visité l'emplacement de ce puits qui se trouve sous un arbre appelé (*kalgo en hausa*) du nom scientifique de « bauhinia reticulata ».

En effet, Tunkara avait, au fil des ans, comblé le souverain de Nassaraoua de ses nombreuses offres gratuites ; et il agissait sans crainte, sans contrepartie et sans aucune visée apparente. Nul ne savait au fond pourquoi il servait tant le souverain de Nassaraoua. Agissait-il par gentillesse ? Personne n'y peut répondre. C'était alors que le Sarkin-Aréwa Gagara Tukuyu, après mûre et sage réflexion et après avoir consulté les membres de sa famille et ses principaux courtisans, proposa de donner au chasseur Tunkara sa fille Gingirey en mariage. La princesse Gingirey avait un handicap physique, raison pour laquelle aucun homme n'avait voulu d'elle comme épouse. De ce fait, elle manqua de prétendant malgré son statut de princesse et bien qu'elle fût en âge de mariage. Aucun prince ba'aré ne voulait d'elle comme épouse. Aussi aucun homme du pays n'avait présenté sa candidature pour demander sa main en mariage. Or, elle avait déjà atteint l'âge du mariage. Son handicap, sciemment voulu par Dieu, n'était destiné qu'à tromper et à punir les êtres humains mâles hautains chercheurs de beauté et des meilleures choses de ce bas monde. Mais elle était prédestinée à un bel avenir que les gens ignoraient encore. Lorsque Tunkara fut informé de la décision royale de lui donner une épouse, il ne dédaigna pas cette offre connaissant bien Gingirey. Mais il refusa une offre gratuite en payant la dot, et ce, grâce à ses cauris venant de la vente de ses produits de chasse. En quittant son village de Lougou, peut-être Tunkara, savait-il déjà, grâce à son métier de chasse rituelle, quel genre d'être humain elle était ? Aurait-il découvert son grand secret métaphysique dès le jour où il l'avait vue ? Nul ne le savait, peut-être à jamais les motivations profondes et les circonstances qui l'avaient poussé à épouser cette handicapée physique. Alors le chasseur Tunkara fut pour Gingirey le mari providentiel, qu'elle l'eût accepté ou non. Après quoi, le mariage fut célébré dans la norme et la dignité qui se devaient. Le chasseur Tunkara et la princesse Gingirey devinrent ainsi des époux pour une vie ensemble, pour le meilleur et pour le pire. Après la célébration de ce mariage, le couple Tunkara-Gingirey se mit à vivre paisiblement au village de chasse de Dan Koumassa. Il est maintenant certain que le destin allait s'accomplir, car cette femme allait changer le cours de l'histoire. Cette union allait profondément bouleverser la vie politique et l'ordre établi, non seulement dans le Katarma, mais aussi dans l'ensemble sous-régional.

2.3. La divination annuelle de Sarkin-Aréwa Gagara de Nassaraoua

Chaque année, il était de coutume chez les gouvernants de soumettre leur territoire à la divination annuelle (*arwa shekara*) pour en apprécier l'avenir en ce qui concerne la santé générale (présence ou absence d'épidémies) au cours des différentes saisons, les pluies (leur insuffisance ou leur abondance, ou leur surabondance, leurs régularités ou leurs irrégularités, leur bonne ou mauvaise répartition, leur douceur ou leur violence et leurs dégâts, etc.), l'importance des vents, la vie sociopolitique (paix, troubles intérieurs, l'absence ou la présence de la famine ou de la disette), enfin, la situation du pays en général et les remèdes contre les difficultés éventuelles qui s'annonçaient. C'était ainsi que le roi de Nasarawa appela son voyant habituel pour soumettre son royaume à la divination, comme le voulait la prudence préventive. Au cours de cette pratique divinatoire générale, il fut révélé à ce roi de Nasarawa qu'un être humain prédestiné existait à l'état de grossesse, et s'il venait de naître, il bouleverserait la vie du royaume, sèmerait des troubles et l'évincerait du trône. Si on accouche de cet être-là, il rendra la vie difficile et évincera le roi du pouvoir. Apeuré, le roi ordonna de poursuivre la divination sans relâche, jusqu'à la découverte de cette grossesse dangereuse pour l'avenir politique de son royaume. Le souci, le soupçon et l'angoisse torturaient le roi au fur et à mesure que le temps de la recherche s'allongeait sans résultat. L'enfant n'était pas encore né ; mais sa naissance signifierait l'introduction des troubles dans le pays.

2.4. Le contexte mystique de la naissance troublée de deux enfants de la princesse Gingirey

Un jour, Gingirey, la femme du chasseur Tunkara qui était loin d'être soupçonnée, vint à passer, à tout hasard, devant le palais où s'asseyaient les courtisans et leur vertueux voyant agacé par le souverain qui tenait coûte que coûte à connaître et à extirper ce mal. L'infatigable voyant constata que cette princesse était enceinte. Cette femme enceinte que voici, qui vient de passer ici devant le palais et qui vit dans la maison, accouchera d'un garçon. Mais il naîtra avec ses dents. Si elle vient à le mettre au monde, il sera la source de l'éviction du trône du souverain. Alors, dès sa naissance, qu'on le prenne pour le faire disparaître. Ainsi donc, le voyant conseilla à son souverain, à la suite de cette révélation, de tuer dès sa naissance ce bébé voué à un destin politique exceptionnel. Lorsque cet infortuné petit-fils du souverain de Nassaraoua fut mis au monde, le souverain, combien attentif et préoccupé par la prédiction faite à son sujet, se pressa de demander son sexe. On lui dit que sa fille avait eu un garçon, mais que ce celui-ci était sorti avec sa denture. Ce bébé prédestiné, l'avenir brillant, mais à l'inverse, sombre pour la cour royale de Nassaraoua. Un conseil de sages a été organisé mais après délibération, il a été décidé de donner la mort au nouveau-né qui fut exécuté dans le secret. Ses parents biologiques, combien impuissants devant cet infanticide commis par le souverain, souffrirent tout seuls de la disparition dramatique de leur premier-né. Ces malheureux époux, le chasseur Tunkara et la princesse Gingirey, se résignèrent et se consolèrent. Depuis ce moment-là, toute grossesse de Gingirey devait être étroitement surveillée. Cette princesse tomba encore enceinte. Au début de l'année suivante, on recommença l'habituelle divination annuelle, toujours sur l'ordre du souverain de Nassaraoua. Au cours de celle-ci, on revit le même phénomène : une femme en grossesse dont le bébé bouleverserait l'ordre établi. L'on se mit alors en devoir de découvrir cette grossesse également dangereuse pour les gouvernants arawa, avec le même processus. C'est alors que le voyant revit passer la malheureuse Gingirey, et la soupçonnant de nouveau. Cette fois-ci encore, elle redonnera un garçon pourvu de dents. S'il naît et devient un homme mûr, il sera hors du commun et plus fort que le souverain, et même son propre père biologique ne pourra le contrôler. Au terme de sa deuxième grossesse, Gingirey mit au monde un garçon, lui aussi sorti avec des dents. Cet être voué d'avance à un destin politique particulier, parce qu'il jouissait de la faveur divine, fut également exécuté. La vie reprit son cours normal. Le couple Tunkara-Gingirey se mit à vivre une existence familiale troublée par l'assassinat de leurs premiers bébés à cause de la peur et de l'égoïsme des gouvernants arawa.

CHAPITRE 3 :

L'homme providentiel, Karhe Tunkara

3.1. La naissance de Karhe Tunkara

Pour une troisième fois, Gingirey tomba enceinte. Au terme de cette troisième grossesse, Gingirey accoucha, comme d'habitude, d'un garçon, pourvu lui aussi de ses dents. Le roi se pressa de nouveau de demander ce qu'elle avait mis au monde. On lui répondit que c'était un garçon également sorti avec ses dentures. Mais cette fois-ci, la famille royale s'émut et prit des mesures en faveur de la malheureuse mère Gingirey. En effet, les pleurs de celle-ci avaient reçu des échos favorables dans le milieu des princes et des princesses. Ses sœurs compatissantes se demandaient pourquoi on lui tuait les enfants comme des chiots. L'émotion gagna le rang des personnes humanitaires, parmi lesquelles on trouvait des princes et des princesses qui étaient ses proches parents. Ces dernières prirent alors la décision unanime, ferme, mais secrète, d'assurer la survie du bébé, puisque l'enfant de leur petite sœur, la princesse Gingirey, était aussi le leur. Une des grandes sœurs de Gingirey vint protester de façon violente auprès du roi de Nassaraoua, leur père. « *Eh, Roi ! Nous ne sommes plus d'accord avec ces agissements* ». Elle fondit soudainement en pleurs très forts ! Alors la cour royale de Nassaraoua laissa vivre ce nouveau-né. Cependant, craignant toujours la main criminelle, les personnes qui soutenaient Gingirey, prirent soin de veiller étroitement sur son enfant afin de le protéger et de le sauver de la mort qui le guettait quotidiennement. Un des frères de Gingirey, Yérima de Sakari, trouva des complices parmi les femmes de la concession. Comment avait-on pu sauver le petit Karhe de l'infanticide qui avait déjà frappé ces ainés ?

Selon Sara Goubé, « c'est à l'aide d'une échelle que deux gaillards escaladèrent le mur de la concession du souverain de Nassaraoua pour sauver Gingirey. Quant au nouveau-né, il fut transporté dans une grande calebasse (mabakatchi en hausa) jusqu'au village de Sakari »[1]. Après un court séjour à Sakari[2], Gingirey et son nouveau-né regagnèrent le village de Dan Koumassa auprès de son mari Tunkara Tukuyu. Quand l'enfant fut présenté à son père Tunkara, étonné de sa résistance, il s'exclama : « Est-il encore en vie cet enfant ? Quel fer ! » D'où ce surnom « Karhe »[3]. Son vrai nom est « Galadi » ; il fut surnommé également par ses parents maternels « dan Mahalba » (fils de chasseur) ou encore « dan mabakatchi », faisant allusion aux conditions dans lesquelles il a été transporté (dans une grande calebasse) pour le sauver de ses assassins. Plus tard, les Peuls l'appelleront aussi « dan Gingirey », celle-ci étant sa mère. Il devient ainsi l'homme aux multiples noms.

3.2. Les raisons d'État de Sarkin-Aréwa Gagara souverain de Nassaraoua

La volonté divine avait voué les enfants de la princesse Gingirey à un destin exceptionnel[4]. Mais comme la nature s'était voulue très indiscrète à leur sujet, elle les fit naître avec leur denture, offrant ainsi aux agents de la cour royale de Nassaraoua une raison pour les assassiner. Si Tunkara était un Ba'aré, prince légitime, le Sarkin-Aréwa Gagara ne se verrait point obligé d'accomplir le triste devoir politique d'assassiner ses propres petits-fils. Bien au contraire, il verrait en eux des héritiers sûrs et serait alors appelé à les protéger plus étroitement contre la jalousie et le mauvais sort des autres princes concurrents héritiers de la même royauté Sarkin-Aréwa. Mais voilà que le destin, hautement commandé par Dieu, avait décidé autrement ; car les enfants de Gingirey appartenaient non pas à un prince Ba'aré, mais à un chasseur, le Bagube Tunkara, originaire de

---

[1] Information recueillie le 24 mars 2004 auprès de Sara Goubé Moussa (86 ans) du village de Doungouzaoua (Matsahia).
[2] Village situé à 4 km environ au sud du village de Nassaraoua au pied d'une falaise..
[3] Fer en haoussa ; qui a le pouvoir de résister à tout.
En tenant compte de certaines informations, il y a lieu de placer l'année de naissance de Karhe Tunkara aux environs de 1807.
[4] Les naissances extraordinaires, qui deviennent des êtres humains surdoués et que l'on appelle des saints (*waliyay*), mais dont le pouvoir surnaturel, relevant de la grâce de Dieu, varie d'un prédestiné à un autre, et chacun est voué à un destin particulier, propre et exceptionnel. Il devient donc soit un responsable d'une importante fonction sociale, soit un homme riche, soit un brave guerrier, soit un grand savant, etc.

Lougou, en somme l'épouse d'un simple homme de passage. Le pouvoir royal allait donc changer de lignage. Alors, devant la gravité de cette situation, à cause du système de succession patrilinéaire, la raison d'État l'emporta nettement sur les sentiments du grand-père, et le Sarkin-Aréwa Gagara n'hésita pas à faire subir aux deux premiers bébés de sa fille Gingirey cette fin tragique. Ceux-ci devaient mourir puisqu'ils étaient des fils de femme n'appartenant pas au lignage des Arawa par leur père. S'ils étaient des Arawa du côté paternel, ils n'auraient vraisemblablement pas vécu ce drame. C'était donc une question de légitimité qui avait provoqué ce drame. Ce fut là un cas d'un curieux paradoxe, d'un phénomène sortant de l'ordinaire, lorsqu'on sait que les relations entre un grand-père et ses petits-enfants sont empreintes d'une intimité profonde et doublées d'une plaisanterie presque sacrée. Pour des raisons politiques et surtout pour celles du maintien de l'ordre établi et de l'avenir des princes arawa, la famille maternelle des enfants de Gingirey se retournait impitoyablement et dramatiquement contre eux.

Cependant, après l'assassinat des deux premiers bébés de Gingirey, c'était encore des membres de cette même famille maternelle de ceux-ci qui réagirent en faveur de leur mère combien affligée et qui réussirent à sauver le troisième enfant de celle-ci. Ce qui signifie bien que ce cas n'était qu'un accident de parcours, autrement dit une crise sociopolitique exceptionnelle.

3.3. L'enfance terrible de Karhe Tunkara : turbulence, commandement et ruse

Tout au long de la première enfance de Karhe, on lui fit mener une vie de cache-cache par sa famille maternelle pour lui éviter d'être assassiné par les serviteurs de son grand-père maternel Sarkin-Aréwa Gagara qui le persécutait. Après la disparition du souverain de Nassaraoua Gagara, l'on mit provisoirement fin à la persécution de Karhe Tunkara. Ce dernier échappa ainsi à l'assassinat projeté contre lui par son grand-père maternel pour éviter son futur avènement aux dépens des princes arawa. Après la mort du chasseur Tunkara, Gingirey regagna avec son fils, le village de Nassaraoua où régnait Yaji Gagara le nouveau souverain. Cet enfant prédestiné de Tunkara et Gingirey, enlevé de Nassaraoua pour le sauver des mains criminelles de son grand-père maternel n'allait pas tarder à manifester sa nature turbulente exceptionnelle, révélée d'avance par les devins. Le pouvoir surnaturel de Karhe commença dès son enfance, par le commandement et la ruse à l'égard de ses camarades d'enfance. « Sa jeunesse fut jalonnée d'exploits féroces qui en firent un compagnon impossible pour les garçons de son âge, qu'il dépassait en puissance et en intelligence ».

(É. de Latour, 1992, p. 123).

En effet, lorsqu'il partait en brousse avec ses camarades, il s'asseyait et croisait ses jambes à la manière appelée « *zaman tamakela* » que l'on qualifie de celle des rois ou des princes. Puis se prenant pour leur chef (*sarkinsu*), il s'adressait solennellement à eux en leur annonçant que celui qui voulait être nommé chef (*sarki*) par lui, devait lui amener 12 rats, 12 « *kahwadda* » (ou *kana*) et 12 « *kahuru* » ou (*babe*). Ces petites bêtes constituaient alors les formalités à remplir pour devenir chef... Ces bêtes attrapées avec grande difficulté et offertes au « *sarki* » Karhe, donnaient droit à l'obtention d'une chefferie (*sarauta*). L'enfant donneur, qui s'acquittait alors de sa charge, était nommé chef (*sarki*) de tel ou tel secteur de la brousse, ou de tel ou tel groupe d'enfants, ou de tel ou tel quartier de Nasarawa, ou bien il obtenait une direction quelconque auprès de leur « souverain » Karhe, dans le cadre de l'organisation de sa « cour ». C'était ainsi qu'il dirigeait, malmenait et faisait souffrir les enfants de la cité de Nasarawa. Et malheur à tout enfant, prince ou non, qui osait résister à ses volontés.

Quand on l'envoyait en brousse chercher du fourrage pour les chevaux, il rassemblait sa bande d'enfants qui lui étaient attachés et dévoués, et partait avec elle. Arrivé dans la brousse, il s'asseyait et commandait. Chacun des « sous-chefs » nommés par lui s'exécutait, en coupant l'herbe ou en la ramassant, ou bien, à son tour, en donnant à ses « subordonnés » l'ordre de le faire. Ainsi, à la fin de la coupe ou du ramassage de l'herbe, le « souverain » Karhe se retrouvait avec, non pas une botte de fourrage, mais plusieurs gerbes de celui-ci. Ensuite, il se mettait en tête de son convoi et faisait amener ces bottes de fourrage chez la personne qui l'avait envoyé les chercher. Mais il ne portait rien sur sa tête de « souverain », car celui-ci ne devait porter aucun bagage sur sa tête. Ou bien, pour tromper la vigilance des adultes, lorsqu'ils arrivaient au bord de la cité, il prenait le soin de prendre une botte de fourrage sur sa tête et de diriger son cortège, comme si en partant dans la brousse, il avait fourni quelque effort pour couper ou ramasser de l'herbe. Arrivés dans la concession de la personne qui l'avait envoyé, les enfants qui l'accompagnaient lui demandaient avec respect, vénération et crainte l'endroit où ils devaient lui déposer les bottes de fourrage : « Voici tes affaires, longue vie à toi, roi. Où va-t-on te les déposer ? ». C'était alors qu'il prenait le soin d'aller les déposer lui-même.

L'on s'étonnait de ses agissements ; on rapportait au souverain de Nassaraoua ce qu'il infligeait comme peine aux enfants de la cité. Mais que pourrait le *Sarki* contre lui ? Celui-ci le grondait, mais en vain. Il continuait à régner sur son empire d'enfants, qu'il commandait à sa guise.

Karhe grandit ainsi, jusqu'à l'âge d'homme mûr, dans la turbulence, le commandement et la ruse à l'égard de ses camarades de jeunesse. Dès que les enfants le voyaient, ils disaient : « *Un tel arrive, un tel arrive* ». Et ils tombaient tous par terre en signe de prosternation. Dès qu'il se rendait dans un village, il invitait les gaillards à lutter contre lui. Mais, il restait toujours invincible au cours de chaque lutte. Ce qui le rendit rapidement populaire et le présenta comme un héros. De nombreux jeunes gens se mirent alors à le suivre. Il parcourut ainsi le Katarma, le Takassaba, le Kara-Kara, le Zabori et le Zabarma. Il devint même leur chef de file. Il aimait aller faire ses promenades à cheval tout seul. Ce qui lui permit de devenir très tôt un très bon cavalier, il était encore adolescent. Le jeune Karhe tant redouté par la classe dirigeante, ce rescapé de l'infanticide se révéla bien vite très turbulent et capricieux. La bravoure immense de Karhe Tunkara, qui s'était manifestée très tôt, allait le conduire sur la voie de la grandeur prédite. (B. Soffo, 1998).

3.4. L'accession de Karhe Tunkara à la charge de Ubandawaki[1] de son oncle maternel Sarkin-Aréwa Yaji Gagara de Nassaraoua

Il semble que Tunkara, le père de Karhe, s'était déjà vaillamment distingué lors d'une guerre du Katarma contre le Takatsaba qui fut désastreuse pour son beau-père Gagara, souverain de Nasarawa. Ce dernier ne dut d'ailleurs son salut qu'à cette bravoure de son beau-fils Tunkara. Pour récompenser celui-ci, il fit de lui son messager (*manzoo*).

Peut-être que prenant en considération sa bravoure et son statut de gendre-équivalent donc ici à celui de fils de femme, le roi Gagara avait fait de Tunkara, à titre exceptionnel, son Ubandawaki afin d'assurer sa protection rapprochée. Est-ce cette vaillance de Tunkara et son titre de

---

[1] La tradition de Tibiri ne reconnait pas que Karhe ait été Ubandawaki de son oncle, le Sarkin-Aréwa Yaji Gagara de Nassaraoua. Cependant, une question se pose. Nous verrons plus loin, quand Karhe a été investi du titre de samna, il a attribué le titre d'Ubandawaki à son grand frère consanguin Doubou Tunkara.
À la cour de Maï-Aréwa, chef du village de Nassaraoua, ce titre d'Ubandawaki est actuellement attribué à un fils de femme.

messager qui avaient constitué un premier atout pour son fils Karhe ? (B. Soffo, 1998).

Ce récit de Barmou est confirmé par Éliane de Latour qui rapporte : « Le titre d'Uban-dawaki fut bien donné, comme le veulent les règles, à un yan-mace (Tunkara) mais c'était un personnage qui n'avait a priori rien pour en hériter puisque son lignage était originaire de Lugu où se trouvaient les maîtres de la terre ». (É. de Latour, 1981, p. 283).

Lorsque Karhe, l'enfant terrible, devint un jeune homme bien fort, on fit de lui un Ubandawaki de la cour de Sarkin-Aréwa Yaji Gagara, son oncle maternel. « Karhe fut chargé des affaires de la cour de Nassaraoua, dont la lourde fonction de l'Ubandawaki, permettait tout de même d'occuper le turbulent Karhe et de l'éloigner en même temps du palais royal, puisque selon la tradition, l'Ubandawaki n'avait pas accès à l'intérieur de la maison royale du vivant du souverain. À chaque fois qu'il y avait un différend entre les deux communautés, et qu'il fallait payer la rançon, Karhe partait à Binji amener la tara (amende) perçue auprès des fautifs. On avait fait de lui un dan sababi (engagé suicide). On le balançait partout, comme si l'on a un serviteur ou un esclave (bawa) et qu'on veut lui faire du mal. C'était lui qu'on envoyait dans des missions difficiles.

On ne l'aimait pas et on agissait dans le but de provoquer sa perte ». (B. Soffo 1998).

3.5. Le Sarkin-Aréwa Yaji Gagara de Nassaraoua et le Sarkin Yaki de Binji Aliyu Jedo

Binji est l'une des provinces de Sokoto où le Sarkin Yaki Aliyu Jedo, gendre d'Usman dan Fodio était installé. Aliyu Jedo était le général en chef des armées de Sokoto. « C'était en 1812 que Shehu tenta un début d'organisation du nouvel État. Il nomma des responsables pour superviser des affaires des différentes régions [...] Son gendre Aliyu Jedo reçut la supervision du Nord (en théorie) le Kuwni, l'Adar, le Gobir Tudu avec ses communautés touareg, l'Arewa et le Kurfey ». (D. Hamani, 2008, p. 255). Il exerce une influence très décisive sur les affaires de ces régions. C'était à lui que les États vassaux remettaient le tribut. « Aliyu Jedo, *était un guerrier fougueux qui avait la réputation d'une tête chaude* ». B. Hama (1967, p. 155)

Le souverain de Nassaraoua Yaji Gagara, « avait été obligé de se soumettre à la reconnaissance peule. Il a régné une trentaine d'années au cours desquelles la guerre a fait rage qui interdit en fait de considérer le Katarma de cette époque comme ensemble politiquement uni ». (M. H. Piault, 1970, p. 155).

Dans le Dallol Mawri, le joug peul battait son plein. Partout, les Peuls tentent de s'imposer : corvée et racisme de la part des souverains peuls, caprices et provocations de la part des éleveurs peuls soutenus par leurs frères de race de Binji et Gwandu. Au moment où Karhe exerce sa charge d'Ubandawaki, il eut une rixe entre les Hulani et les Anna. À cette époque, toutes les principautés du Dallol Mawri payaient tribut à Binji ou Gwandu. Un jour, dans le Katarma, des bergers peuhls qui faisaient paître leurs animaux laissèrent « des troupeaux dévaster des champs aux environs de Nassarawa au moment de la récolte. Une rixe met alors aux prises les bergers peuhls et les paysans mawri. Un berger et deux paysans sont tués. ». (M. H. Piault, 1970, p. 155). Un berger qui a réussi à s'enfuir alla prévenir le *Sarkin Yaki* de Binji. Aussitôt, un détachement fut envoyé sur les lieux pour vérifier et constater les faits. De retour à Binji, la nouvelle a été confirmée au Sarkin Yaki qui décida de sanctionner les paysans et sur-le-champ il dépêcha une troupe pour venir demander des dommages et intérêts auprès du chef de Nassaraoua Yaji Gagara qui était sous sa domination. « Le village se fit infliger par le *Sarkin Yaki* une amende de mille têtes de bétail. Le chef de Nassarawa, Yaji, rassembla un troupeau très inférieur à celui exigé ». (J. Périé et M. Sellier, 1946, p. 30).

L'amende fut difficile à collecter. On envisagea toutes les solutions possibles au problème posé. C'était quasi insoluble. Mais le délai étant arrivé à terme, il fallait convoyer le tribut même incomplet au risque de se voir infliger une correction. « Yaji préfère le compromis à la guerre avec ses dangereux voisins ». (É. de Latour, 1992, p. 113).

Un conseil des sages décida alors de l'envoi du butin tel que constitué. Alors Yaji Gagara envoya Karhe Tunkara en ambassade à Binji pour présenter l'amende perçue auprès des Anna. Karhe accepta et affirma à son oncle qu'il pouvait bien accomplir la mission. Puis ce dernier vint trouver ses camarades et leur dit : « *Moi, demain j'irai à Binji amener la rançon. J'irai même si je suis seul* ». Ses camarades, se sentant visés, s'alignèrent derrière lui en se déclarant un à un, prêts à l'accompagner. Il y eut trois volontaires. S'étant préparés pour cette mission diplomatique combien délicate, Karhe et ses trois camarades mirent le cap sur Binji avec sa caravane. Cet évènement coïncide avec la maturité d'âge et d'esprit de Karhe. Il était devenu un homme très fort.

3.6. Ubandawaki Karhe Tunkara chargé de mission auprès du Sarkin Yaki de Binji Aliyu Jedo

Karhe Tunkara et ses compagnons chargés d'amener la rançon à Binji se présentèrent devant le palais du *Sarkin Yaki* de très bon matin.

Un des hommes de la caravane s'annonça aux courtisans de la cour. On lui répondit que le *Sarkin Yaki* était à l'intérieur de son palais et qu'il dormait. Les conducteurs de la caravane déchargent la rançon et s'asseyent. De temps en temps, on envoyait quelqu'un pour informer le *Sarkin Yaki* que des gens de Nasarawa étaient venus et demandaient à le voir. Néanmoins, il ne sortit de son palais que dans l'après-midi (*azuhur*). Mais à sa sortie, il alla prier à la mosquée et retourne dans son palais. On envoya quelqu'un pour l'informer encore de la présence des étrangers, mais il ne dit mot, le messager revint s'asseoir. Karhe était toujours à cheval, depuis leur arrivée de très bon matin. Il refusait de descendre du cheval pour des raisons toutes personnelles. Le soir (la'asar), le *Sarkin Yaki* sortit de son palais. Après avoir prié, il fit mettre son fauteuil devant celui-ci et s'assit. Le *Sarkin Yaki* daigna enfin s'intéresser aux jeunes gens de la caravane ; et avec un air narquois, il demanda : « *Eh ! Ces enfants-ci, d'où viennent-ils ?* » On lui répondit que c'était des gens de Nassaraoua, en lui précisant bien que c'étaient les jeunes gens du *Sarki* (roi) qui avaient quitté ici/Binji/ tout récemment. Alors, le *Sarkin Yaki*, tout hautain qu'il était, leur lança : « *Eh ! Jeunes gens, retournez vos inutilités et retournez là-bas à Nasarawa avec. Retournez d'où vous venez* ». Karhe demanda humblement de les accepter : « *Prends-les, le Sarkin Yaki* ». Mais le Sarkin Yaki, « *refusa de l'accepter tant qu'il ne se serait pas complet* ». (J. Périé et M. Sellier, 1946, p. 30).

Le *Sarkin Yaki* aurait dit « que la vie d'un seul Peul valait celle de 10 aznas[1] ». Au coucher du soleil, à l'heure de la prière du magrib, le Sarkin yaki alla prier. Puis, il alla se rasseoir sur son fauteuil. À ce moment, ses courtisans dirent aux étrangers de trouver une solution à leur problème : « Eh bien, jeunes gens, sachez quelle décision prendre, le Sarkin yaki a refusé de prendre ces cauris. Toi aussi, jeune homme, tu as refusé de descendre du cheval. Tu n'as pas bu de l'eau. Tu n'as rien fait. De plus, tu n'as même pas fait ces ablutions que fait tout le monde pour aller prier. Tu as refusé de mettre pied à terre ». (B. Soffo, 1998).

---

[1] Compte rendu des tournées effectuées du 6 au 14 février et du 2 au 16 mars 1947, pour le recensement du canton de Tibiri par le chef de la subdivision de Dogondoutchi.

Karhe demanda de dire au *Sarkin Yaki* de les considérer, car ils reconnaissent bien l'importance du pouvoir. Mais le chef de guerre refusa même de les regarder. Alors, Karhe dit à ses compagnons de recharger la rançon sur les chameaux puisque le Sarkin Yaki avait refusé de les considérer. On rechargea la rançon sur les animaux. Ceux-ci prirent le chemin du retour et Karhe les suivit par-derrière. Mais arrivé à la sortie de la cité, Karhe revint sur ses pas et dit au chef de guerre, avec insistance : « *Sarkin Yaki, regarde-moi* ». Le chef de guerre le regarda mais il lui dit d'un air moqueur : « Jeune homme, va-t'en ». Alors Karhe frappa ses chaussures et lui lança un défi : « Regarde-moi bien. Regarde le front de ce cheval. Le jour où tu reverras ma personne et le front de ce cheval ici, ce jour-là, ce sera pour la guerre. La rançon-ci ne constitue pas tes profits. Tu n'as pas la chance de les avoir. Tu n'en bénéficieras point ». (B. Soffo, 1998).

Puis, Karhe rebroussa chemin et partit pour rattraper ses compagnons. Quelques instants après le départ de Karhe, un vieillard qui se trouvait à la cour, allongé et accoudé sur le sol, et qui avait assisté à tout cet événement, fit une observation au chef de guerre : *Sarkin Yaki*, c'est nous qui ne t'aimons pas. Et c'est toi qui ne nous aimes pas. Ce qui vient de se produire est une chose déjà prédite. On avait dit, il y a longtemps de cela, que c'est ici, à cette cour, qu'on va amener une chose qui sera une source d'ennui pour nous. C'est une chose que nous avons dédaignée, avait-on dit, qui nous causera de l'ennui et qui entraînera notre chute. Alors qu'on rattrape vite ces gens-là et qu'on reprenne la rançon [...] Mais le *Sarkin Yaki*, toujours dédaigneux, méprisant et trop sûr de lui-même et de ses forces militaires, ne voulut point prendre en considération la mise en garde du sage vieillard et le renvoya se reposer : « *Eh, va te reposer ! Ne te fatigue pas pour rien* ».

Cependant, le vieillard, inlassable parce qu'effrayé par l'incident de ce tribut, poursuivit son discours sur la mise en garde, en demandant, au nom d'Allah, que des personnes qui étaient plus âgées que lui, ou bien ceux qui étaient de sa génération et qui avaient entendu cette prédiction comme lui, fussent cherchés dans la cité pour se renseigner. Il en désigna quelques-uns. On appela trois personnes pour en témoigner. Les deux dernières personnes cherchées confirmèrent les dires du vieillard. Mais le troisième témoin appelé n'était pas au courant de cette prédiction. Alors on fit venir un quatrième témoin et on la lui demanda pour confirmation. Il répondit que c'était bien ainsi qu'on avait prédit. Ainsi, trois témoins de cette prédiction soutinrent le vieillard vigilant, révélateur des choses oubliées. On chercha un cinquième témoin, mais il était absent. Alors le vieillard, combien prudent, attira encore l'attention de *Sarkin Yaki* : « Eh bien, le Sarkin Yaki, tu as entendu ce qu'il en est. Si tu as refusé d'en croire et d'en tenir compte, tu vois, nous autres, ceux-ci/ les autres témoins/ et moi qui t'avons informé, ne sommes point responsables de tout ce qui va arriver à la cité. Aussi, si cela devait arriver, que cela ne soit pas la faute d'une seule personne. Cette responsabilité incombe à tout le monde ». (B. Soffo, 1998).

Le vieillard pria le *Sarkin Yaki*, au nom d'Allah, de se décider et de se dépêcher pour que ces jeunes gens ne repartent pas avec cette rançon, car cette affaire litigieuse avait été déjà révélée et risquait de coûter cher à Binji. Alors l'on soutint ce vieillard, on reprocha au *Sarkin Yaki* sa mauvaise conduite et on lui demanda d'agir vite, qu'on reprenne cette rançon-là. Cette chose a été prédite depuis longtemps. On nous a dit qu'on nous apportera du bien ici, mais si nous refusons ce bien-là, cela nous deviendra du danger. Eh bien ! Qu'on l'empêche de se réaliser. Alors qu'on rattrape ces jeunes gens-là pour leur reprendre cette rançon.

En ce moment, Karhe et ses compagnons étaient déjà partis loin, ils marchaient dans la nuit, à travers la brousse, en direction de Nassaraoua. À Binji après la prière de l'aube (*salla' subahi*), toute cette *jama'a* (assemblée) de musulmans se rassembla et appuya ce vieillard qui avait révélé ladite prédiction et qui ne désarmait pas, et reprocha au Sarkin Yaki sa mauvaise conduite obstinée. Le conseil des sages décida alors de faire rattraper les jeunes messagers de Nassaraoua pour leur reprendre la rançon refusée par le chef de guerre. L'on se mit en selle pour les rattraper, mais en vain. Binji avait réagi trop tard. Karhe et ses compagnons étaient déjà au pays de Nassaraoua. « En cours de route, les caravaniers rencontrent des bergers qui conduisaient les animaux au pâturage et Karhe demanda à l'un des bergers de l'eau à boire mais celui-ci lui répondit qu'il ne peut leur donner à boire puisqu'il va en brousse et qu'eux rentrent au village. "D'accord, lui répondit Karhe, viens ici, j'ai une commission à te donner". Sans méfiance le berger s'approcha de son interlocuteur qui dégaina son épée et d'un seul coup lui trancha la tête. Le deuxième berger, voyant son compagnon s'écrouler, se mit à courir à toutes jambes, il réussit à s'échapper mais laissa les animaux que Karhe conduit avec le reste de sa caravane, toutefois le berger porta la nouvelle à Binji. Le chef peul de Binji envoya un messager à Nassaraoua pour informer Yaji des derniers évènements dont son neveu a été l'auteur, et lui demanda de le livrer sans délai ». (M. Mayaki, 1986, p. 2-3).

« Sarki Yaji apprend la nouvelle avec mécontentement : l'arrogance du jeune homme est incompatible avec la politique pacifiste qu'il essaie de mener avec ses dangereux voisins ». (È. de Latour, 1992, p. 113).

Une chasse à l'homme commença mais Karhe resta introuvable car depuis son retour de Binji, il n'avait pas regagné Nassaraoua. Le chef peul, plus que jamais décidé, envoya de nouveau un messager et cette fois, il fait dire au chef de Nassaraoua que s'il ne lui livre pas Karhe, il doit lui-même se rendre à Binji[1]. *Sarki* Yaji leur a dit : « J'ai un enfant "gâté". Moi-même, j'ai peur de lui maintenant. Attendez trois jours et je vais vous remettre le bétail et les cauris ». (È. de Latour, 1981, p. 139).

Karhe fut mis au courant et le troisième jour, il s'est caché en brousse et il a attaqué le convoi, tué deux Peuls et a dit au troisième : « va dire que c'est moi qui ai fait cela ». Karhe a rapporté le butin en disant : « J'ai délayé du fura[2]. Celui qui veut boire n'a qu'à boire, celui qui ne veut pas boire n'a plus qu'à mourir de faim ». (È. de Latour, 1981, p. 139). Cette image veut dire : « Ceux qui veulent faire la guerre n'ont plus qu'à suivre et gloire s'ensuivra, tandis que les autres resteront d'éternels vaincus ».

Karhe qui a installé son campement aux environs du village de Nassaraoua vivait avec sa petite troupe, mais un jour, son oncle Yaji apprit où il se cachait et décida d'envoyer des gens le ramener mort ou vif, mais parmi les gens désignés pour sa capture, un se détacha pour venir prévenir Karhe en secret qu'une expédition sera envoyée contre lui, ce qui lui sauva la vie car plusieurs tentatives furent faites mais en vain. Karhe, voulant éviter de s'opposer directement à son oncle maternel, décida de quitter la région avec sa troupe pour s'installer ailleurs. (M. Mayaki, 1998, p. 3).

---

[1] Le village de Binji est à environ 80 km à l'est de Nassaraoua et 35 km à l'ouest de Sokoto. Le 23 août 1995, nous avons rencontré le *Serkin Yakin* Binji Elh Usmanu pour écouter leur version des faits et leurs rapports avec l'Aréwa pendant le jihad. Ce dernier nous dit que pour des raisons personnelles, il ne peut pas nous donner certaines informations. Cependant, il nous a fait la généalogie des différents *Sarkin Yaki* de Binji. Ali Djedo est le premier *Sarkin Yaki* de Binji, il est le général en chef des armées de Sokoto. Il a fait un long règne. Il serait mort pendant le règne d'Aliyu Babba dan Mahammadu Bello (1843-1855). Il fut succédé par son fils Abdul Hasanu. Le *Serkin Yakin* Binji Elh Usmanu dit qu'il reconnaît la bravoure d'un *Samna* de Tsibiri avec qui il y a eu « *caré jini, biri jini* » (littéralement corps-à-corps).
[2] Boule en farine de mil délayée dans de l'eau avec ou sans lait caillé.

3.7. L'alliance de Karhe Tunkara avec le génie femelle

B. Soffo nous relate comment Karhe Tunkara a conclu un pacte de confiance avec le génie femelle :

« C'était au cours d'une campagne de razzia que Karhe eut son *Aljana* (génie femelle) du nom générique de *Sarawniya* ou *Zakouma*. Elle sortit de l'invisibilité et se présenta à lui sous la forme d'une femme peule. Elle l'invita à aller vers elle. À ce moment, tous ses compagnons étaient en train de dormir sur le *hwako* (terrain dur, argileux et nu) où ils avaient campé pour passer la nuit. Alors il se leva et se mit à l'écart. Elle lui demanda à trois reprises : *"As-tu besoin d'une femme comme épouse ?"* À chaque question, il lui répondait lui aussi qu'il voulait une femme comme épouse. Puis elle lui demanda s'il allait l'épouser. Il lui répondit qu'il l'épouserait. Ensuite elle lui dit : *"Eh bien, suis-moi"*. Il la suivit. Ils partirent tous les deux. Il la suivait toujours, jusqu'à leur arrivée à un *zugu* (hallier) où elle s'arrêta net. Puis elle lui demanda à trois reprises : *"Peux-tu m'épouser ?"* *"Je peux te marier"*, lui répondait-il à chaque reprise. À ce moment, elle lui demanda : *"Eh bien, veux-tu de la grandeur (girma) ?"* Il lui répondit oui. Elle lui demanda aussi : *"Veux-tu de la renommée (suna) ?"* *"Oui"*, lui répondit-il. Alors elle lui demanda encore : *"Eh bien, m'offriras-tu ton premier fils ?"* *"Je te le donnerai"*, lui dit-il. *"M'offriras-tu ta première femme ?"* lui demanda-t-elle de plus. Il lui répondit qu'il la lui offrirait. Elle lui demanda aussi : *"M'offriras-tu ton propre cheval, celui sur lequel tu montes ?"* Il lui dit qu'il le lui donnerait. *"Me sacraliseras-tu un cheval noir ?"* lui demanda-t-elle. *"Je te l'élèverai"*, lui répondit-il. *"Me sacraliseras-tu un âne noir ?"*, lui redemanda-t-elle. Il lui dit qu'il le lui sacraliserait. *"Me sacraliseras-tu un chien noir ?"* lui demanda-t-elle de nouveau. Il lui promit de le lui élever. Lorsqu'il accepta de satisfaire toutes ses demandes, elle l'invita à s'approcher d'elle ; et quand il le fit, elle lui demanda ce qu'il voyait là, en lui désignant le *zugu*. Il lui répondit que c'était un hallier. Il était là, debout, les yeux bien ouverts. Alors, elle lui dit de regarder bien ce hallier. Il le regarda attentivement, mais soudain, il ne vit à sa place qu'un immense espace dénudé. Elle lui demanda où était le *zugu*. Il lui dit qu'il avait disparu. Alors elle lui dit : *"Eh bien, c'est moi le hallier. C'est moi l'espace vide. C'est moi la montagne. C'est moi le ravin. Et c'est moi le tourbillon. Maintenant, moi aussi, je t'aime, puisque tu dis que tu m'aimes. Et voici le pacte de notre amour"*.

Alors, pour sceller leur amitié et leur amour réciproques, elle étendit ses bras horizontalement avant de les lever et de saisir une gourde. Elle la lui tendit, l'invitant à la saisir. Il l'a saisie. Puis elle lui dit de la secouer pour entendre quelque chose. Il secoua cette gourde et à sa grande surprise, il y entendit le cri de détresse des *hillani* (Peuls), <u>*bani yo yo yo...*</u>, et leur appel angoissé du troupeau, <u>*jé... jaye...jé...jaye...*</u> Ensuite, elle l'autorisa à partir avec cette gourde-là. En outre, elle lui dit que puisqu'il avait noué un *alkawali* (pacte d'amitié et de confiance) avec elle, elle s'engageait de son côté à le grandir, à l'aider à accroître la grandeur qu'il incarnait en lui. Puis elle le rassura qu'elle ne tuerait pas son premier fils, qu'elle ne mangerait pas sa première femme, et qu'elle n'abattrait pas son cheval. Elle lui demanda par contre de lui sacraliser un cheval, un âne et un chien noirs. Elle lui précisa que c'était tout ce qu'elle voulait de lui ; mais elle l'exhorta à les lui fournir aussi rapidement que possible. Il lui répondit qu'il lui ferait tout ce qu'elle lui avait demandé de lui faire. Elle lui dit alors qu'au lever du jour, s'il se mettait en selle, de venir à côté de cet endroit-là où elle lui avait révélé ses mystères et sa puissance, pour y constater la véracité de ses dires.

Elle lui conseilla aussi de confier cette gourde à son ami intime, à son homme de confiance. Ce fut là le début de l'action de Karhe dans sa région »[1].

---

[1] Cette alliance avec ce génie est bien réelle. Cet esprit dangereux porte le nom générique de *Zakuma* et dont l'autel se trouve à Tibiri. Quant à la gourde, elle est actuellement conservée par une princesse.

TROISIÈME PARTIE :

LE VENT DE LA RÉVOLTE ET LES GUERRES DE LIBÉRATION

CHAPITRE 1 :

Karhe Tunkara, l'étendard de la révolte

1.1. Le soulèvement de Karhe Tunkara contre l'expansionnisme peul dans sa région

Après son infructueuse mission à Binji où il lança un défi de guerre au *Sarkin Yaki*, ainsi donc, isolé, n'ayant et ne pouvant compter sur aucun soutien politique local, le roi de Nassaroua l'ayant rejeté et remis devant ses propres responsabilités, Karhe Tunkara ne pouvait pour le moment oser attaquer le puissant fort peul de Binji. Karhe Tunkara passa à l'acte en fabriquant des armes, en achetant des chevaux et en rassemblant des jeunes gens. Alors il commença par l'élément le plus exposé, agresser les Peuls un peu partout cantonnés aux alentours de Nassaraoua. Menacé et poursuivi par ses parents maternels, sachant pertinemment ce à quoi il s'exposait en restant dans le sillage des pasteurs peuls cantonné aux alentours de Nassaraoua, Karhe Tunkara dut, de ce fait, quitter les environs de la cité de Nassaraoua pour se fixer à Kurhwa auprès de *Sarkin-Rwahi* où, par respect et par peur de celui-ci, le *Sarkin-Aréwa* et ses notables n'oseraient aller le déloger ou troubler sa quiétude. Cependant, comme Karhe continuait son action contre les Peuls, les princes *Arawa*, craignant toujours une expédition punitive peule et forts inquiets devant l'ascension de ce prédestiné, tentèrent de l'assassiner en lui tendant un piège. Mais, averti par ses habituels protecteurs qui étaient les *Arawa* de Birni n'Falla, il se sauva de Kurhwa et alla s'installer à Maïzari-Tudawa où il ne resta que quelques jours, puis continua sa route. Karhe s'était vu de nouveau obligé de s'enfuir et de se réfugier dans le Takassaba, loin de ses parents maternels qui voulaient absolument l'assassiner. Dans son lieu d'exil, il se fixa non pas parmi les *Arawa*, mais à Jabdaguiwa dans le Takassaba au milieu des *Katarmawa (Rhwahawa)* originaires de la cité de Kurhwa.

Au cours de sa vie là-bas, il commença par piller les campements peuls de la cité de Takassaba. Il chassa les Peuls de ces campements, en tua quelques-uns et enleva leur bétail. De là, dès qu'il entendait parler d'un campement, il partait le razzier, tuer certains Peuls, en disperser d'autres et en amener leur bétail. À partir de là, tous les jeunes du pays qui se sentaient capables, les intrépides, ceux qui s'adonnaient aux hardiesses, ceux qui risquaient leur vie, enfin les aventuriers de toutes sortes, partaient alors se mettre sous ses services. À chaque fois qu'un jeune homme le rejoignait et se rangeait de son côté, il cherchait un bon cheval et le lui offrait. Ainsi, Karhe Tunkara et ses partisans finirent par former un groupe dont le noyau était constitué d'un petit peuple qui devient une organisation militaire menant la guérilla qui visait à combattre la domination peule et troubla totalement l'existence des Peuls résidents dans le pays. En effet, cette troupe se mit à piller systématiquement tous les campements peuls du Takassaba et du Katarma. Karhe Tunkara et ses partisans quittaient Jabdaguiwa et revinrent s'installer à Maïzari-Tudawa après y avoir foré un puits, il forma son quartier général pour préparer la guerre qui l'opposait désormais aux Peuls de Binji. En effet, non seulement aucun gouvernement local ne le soutenait, puisque le *Sarkin-Rwahi* de Kurhwa le protégeait uniquement, de par sa grande influence contre les princes arawa ; il ne le suivait pas dans son mouvement contre les Peuls, mais aussi les princes Arawa, dans leur grande majorité ne cherchaient qu'à le tuer, au lieu de le soutenir et de rejeter la lourde sujétion peule. Seuls les *Arawa* de Birni n'Falla et ceux de Tudawa/Maïzari lui venaient en aide, seulement en s'opposant à son assassinat par les autres princes *Arawa* et le roi Yaji en lui dévoilant tous leurs complots ourdis contre sa personne.

Bien que Karhe Tunkara commandât un groupe comprenant plusieurs éléments, il ne pouvait en compagnie de ses seuls partisans affronter la toute-puissance peule de l'époque. Mais Karhe n'était pas un homme qui se laissait faire, qui se décourageait et qui cessait son mouvement, même lorsqu'il se retrouvait isolé. C'était, en effet, un homme tenace. Il lui fallait alors trouver une solution à son immense problème. C'était en ce moment-là qu'il se lança dans la recherche des alliés extérieurs contre l'assujettissement peul. Mais, où trouverait-il cet appui, dans la mesure où toute la région était sous la domination peule ?

Lorsqu'un assujettissement atteint son paroxysme, il provoque un mécontentement populaire général, les peuples ainsi dominés et opprimés n'hésitent point à s'allier, même s'ils étaient de grands ennemis, afin de parvenir à battre leur ennemi commun. C'était le processus de cette stratégie habituelle qu'avait déclenché Karhe Tunkara. Comme avec ses seuls partisans locaux, il ne pouvait affronter la puissance militaire peule de l'époque, il chercha des appuis à l'extérieur. En effet, pendant qu'il pillait les pasteurs peuls du Runkundum, il apprit les nouvelles sur le grand guerrier *zarma*, Daudu Bugaran, qui, menait lui aussi une lutte acharnée contre le joug peul du Dallol-Bosso et celles sur un prince *Bakabé*, retenu en captivité par les Peuls de Sokoto puis affranchi et installé à Gudalé au milieu des Peuls et *Kabawa*. C'était vers ces célèbres personnages que Karhe Tunkara allait se tourner pour contracter des alliances contre la domination peule.

1.2. L'alliance particulière du Bagubé Karhe Tunkara et du Zarma Daudu Bugaran

Daudu Bugaran avait été rejeté par sa famille maternelle à cause de ses intentions belliqueuses à l'égard des Peuls et parce qu'elle redoutait les représailles de ces derniers. (B. Soffo, 1998). « Le *Serkin-n-Musulmi* de Gwandu avait chargé Bubakar Lududji de le représenter chez les *Zerma*. Celui-ci exigea en plus de la dîme, la livraison des captifs et des pucelles. Ses exactions finirent par soulever contre lui des haines farouches. Les bandes rebelles se formèrent dans le pays *zerma*. La répression fut violente. Après une première bataille qui ne porta pas de fruits, les dernières bandes de *Zerma* résistants, conduites par Daoudou, se réfugièrent à Tanda et Guiwaé ». (J. Périé et M. Sellier 1946, p. 24-25).

« Daudu Bugaran, ayant lui-même appris les nouvelles sur Karhe Tunkara, il lui envoya des émissaires avec pour objectif d'avoir son support contre Tamkala [...] Karhe lui répondit en l'invitant à une rencontre dans le Takassaba. Daudu était forcé de se réfugier dans le Takassaba à (Djibdagouiwa ou Guiwayé), où il rencontra Karhe. Les deux rebelles scellèrent leur alliance contre les Peuls. Un accord était convenu apparemment entre Karhe et lui pour une révolte immédiate [...] Il y avait eu une sorte de guerre de pouvoir entre les deux leaders, mais ceci fut réglé par un certain Maï Mayukka ». (A. B. Alkali, 1969, p. 235 à 237).

Pour Mayaki Maïnassara, Karhe demanda à Daudu, le grand marabout *zarma*, de lui montrer tout ce dont il serait capable de réaliser ; « *D'accord* », dit le marabout. Il alla prendre la peau de mouton lui servant de tapis de prière, récita quelques versets du saint Coran et le tapis se leva à une hauteur où sans peine, il arriva à grimper pour faire sa prière et quand il eut terminé, il récita à nouveau d'autres versets et le tapis descendit à terre. Karhe qui n'a rien perdu de la scène, demanda à Daudu de lui expliquer un peu le miracle qu'il vient d'accomplir et le marabout lui dit : « *Ce que tu viens de voir est la preuve que tout ce que je demande à Dieu me sera accordé* ». « *Très bien*, reprit Karhe, *moi aussi, je vais te montrer quelque chose* ». Il alla prendre sa lance et revient auprès de Daudu et d'un seul coup, il enfonça la lance dans le sol ; « *Va chercher ta gourde et ton outre* », demanda Karhe, le marabout s'exécuta et revient avec les objets demandés, alors d'un geste sûr, Karhe arracha la lance et aussitôt l'eau se mit à jaillir du sol. « *Remplis tes récipients*, dit encore Karhe, *et sache que si nous devons rester ici, personne n'aura besoin d'aller chercher de l'eau ailleurs, car cette source que tu vois ne tarira point* ». Il alla encore prendre sa propre gourde, revient et tout en agitant la gourde, demanda au marabout de coller son oreille là-dessus et de lui dire ce qu'il a entendu là-dedans ; « J'entends les pleurs des Peuls », « *boné yoyo, boné yoyo* », répondit Daudu à Karhe ; « *C'est bien*, fit ce dernier, *et là aussi je veux que tu saches une chose : que je sois seul ou accompagné de mes hommes, je serai en mesure de combattre tous les Peuls que je rencontrerai et je les exterminerai jusqu'au dernier, aucune armée peule ne peut me résister* ». Le marabout, revenu de sa surprise, dit à Karhe : « *Je suis entièrement d'accord avec toi et convaincu de ta puissance* ». À partir de ce moment, les deux grands rebelles devinrent des amis décidèrent de faire chemin ensemble, et menèrent ensemble de grandes razzias contre les Peuls de la région.

1.3. Les guérillas de Karhe Tunkara et du Daudu Bugaran

« Karhe, après s'être entendu avec Daudu, se fit la main en opérant d'audacieux rezzous ». (J. Périé et M. Sellier, 1950, p. 1047).

Les deux rebelles allaient transformer le *Runkundum* en un foyer de guérilla contre la présence peule. Ils se livrèrent de plus belle aux pillages des pasteurs peuls. À cette époque-là, il y avait des Peuls partout dans le pays. Alors Karhe et Daudu se mirent à les attaquer, à arracher leurs troupeaux et à les amener pour se les partager. Ils s'attaquaient à tout ce qu'ils rencontraient sur leur chemin. Ainsi, le Peul qui les apercevait se sauvait sur ses talons pour mettre sa vie à l'abri de ce danger mortel. Il savait qu'il ne reverrait plus son troupeau qui lui serait alors enlevé. Face à cette insécurité contre leur personne et leur bien, tous les Peuls prirent peur et durent quitter le *Runkundum* pour regagner la région de Sokoto, alors qu'auparavant, ils étaient très nombreux dans le pays et faisaient comme bon leur semblait. (B. Soffo, 1998).

Karhe et Daudu « razzièrent certains villages du Kebbi : Koudourou, Gourgan, Kaykayagé et jusqu'à Amboursa ». (J. Périé et M. Sellier, 1950, p. 1047). Ils avaient été obligés d'occuper cette partie de Kabi par circonstance. Tous deux reconnurent combien ils étaient faibles pour combattre les Peuls. Alors constatant que leur action restait toujours isolée et ne donnait pas les résultats escomptés, en s'abattant systématiquement sur les pasteurs peuls, Karhe et Daudu ne pouvaient que soulever l'hostilité des souverains locaux, *Arawa* et *Zarma*, vassaux craintifs et tributaires des Peuls. Dès lors, il leur fallait trouver une autre solution pour donner un appui solide et une dimension nouvelle à leur rébellion.

La bonne volonté des *Kabawa* devient absolument nécessaire.

Karhe et Daudu se demandaient comment ils allaient faire pour convaincre les *Kabawa* à les rejoindre, surtout qu'ils étaient de dangereux rebelles activement recherchés par les souverains peuls et rejetés par les chefs *arawa* et les chefs *zarma* alliés des Peuls.

Ils décidèrent alors de se coaliser au prince *bakabé*, Yakubu Nabami, retenu en captivité par les *Sakwatawa*, puis affranchi et installé à Gudalé, au milieu des Peuls et des *Kabawa* et non loin de *Sarkin Musulmi* de Sokoto. Karhe et Daudu trouvèrent en lui l'homme qu'il leur fallait afin de renforcer leur mouvement, de le munir d'une assise forte, solide et inébranlable.

1.4. L'alliance tripartite du Bagubé Karhe Tunkara et du Zarma Daudu Bugaran avec le Bakabé Yakubu Nabami

Yakubu Nabami était un prince du *Kabi*, fils du *Serkin Kabi*, Soumaïla Karari (1826-1831) qui a été exécuté par la coalition Sokoto-Gwandu. À ce sujet, Alkali écrit : « un fils influent de Samaïla, Yakubu Nabami s'était caché à Nassaraoua dans le territoire de l'Aréwa et avait même commencé des agitations contre les Peuls dans la 7e année après la mort de son père. Ce dernier était sorti de sa cachette en 1838, il commença des agitations politiques et Khalil était au courant à ordonner sa déportation de Nassaraoua à Gwandu. Il s'échappa et se réfugia à

Wourno quand on fomenta pour l'assassiner ». (M. B. Alkali, 1969, p. 200).

Nabami s'installa à Sokoto et entra en relation amicale avec le *Sarkin Musulmi* Ahmed Abubakar Atiku. Il offrit ses services au *Calife* et participe à la défense du *Califat* contre le Gober. Nabami et son contingent *Kabawa* réussirent à repousser l'avancée des *Gobirawa*. Quelques mois après, le *Sarkin Musulmi* permit à Nabami de s'installer à Gudalé dans le *Kabi*. Quand il fut installé à Gudalé, Nabami s'autoproclama *Ubandawaki* lelaba et accepta volontairement la souveraineté de celui-ci. L'installation de Nabami à Gudalé en 1847, a renforcé la prospection d'une rébellion. Les *Kabawa*, mécontents, commencèrent à se rassembler autour de lui et Gwandu dut donner des instructions à l'administration lelaba d'arrêter cela. Pour entrer en contact avec Yakubu Nabami, les rebelles Karhe et Daudu durent user de leur subterfuge. Ils déguisèrent un de leurs hommes, brave, en ânier vendeur de condiments. Alors, le faux ânier colporteur équipé d'épices se mit en route pour sa mission, procédant étape par étape, de village en village vendant ses épices. Il procédera de la sorte jusqu'à ce qu'il parvienne là où se trouve Yakubu Nabami à Gudalé à qui il transmet le message des deux rebelles. Après avoir saisi et analysé ce message, Yakubu Nabami chargea ce même messager de transmettre à Karhe et à Daudu son approbation de leur proposition. Selon Alkali, c'est à travers un certain *Mallam Maï Sanhu* qui agit comme un intermédiaire entre Nabami et le contact *Arewa*, que Karhe informa Yakubu Nabami de son accord à une rébellion générale. Yakubu Nabami, accompagné par Baro Foga, Kaura Ibrahim, Kambe et Idi Tibbo et une cavalerie de trente hommes rencontrèrent les deux leaders rebelles établis sur les frontières du territoire de Kanguiwa et les invita de venir à Gudalé.

1.5. Le rendez-vous de Gudalé ou la naissance du mouvement de libération (1849)

Le village de Gudalé est situé à 42 km environ au nord de Gwandu et 55 km au sud-ouest de Sokoto. Une fois réunis à Gudalé, les rebelles décidèrent d'un commun accord d'éliminer le contrôle qu'exerçaient les Peuls dans toute la région et sous toutes ses formes, et dans le cas de *Kabi* de retrouver l'indépendance perdue. La renaissance du pouvoir de *Kabi* devient essentielle à tout prix pour la sécurité de *l'Aréwa* du *Zabarma* et du *Dendi*. « Dans tous les territoires qui devaient adhérer à l'alliance, il y avait un profond ressentiment au sujet du Califat, et tous les ingrédients pour déclencher une rébellion étaient réunis. Ceci arriva en 1849 [...] Le principal mobile ayant résulté de cette alliance est leur hostilité envers les Peuls qui avaient une grande influence dans le Kabi, l'Aréwa, le Zaberma et le Dendi. Dans toutes ces régions, certaines personnalités qui, précédemment, avaient le pouvoir seulement à l'intérieur de leurs petits États, avaient été élevées à une autorité absolument plus grande sur leurs sujets.

Dans l'Aréwa, Matankari, Bey-Bey, et à un niveau plus bas, Junju, ont été élevés à une position qui leur permettait d'exercer l'autorité sur les États qui les entourent. Dans le Zabarma, Dosso ressentit non pas seulement l'autorité de Tamkalla, mais aussi la priorité que les Peuls donnèrent à Kiota et N'Dounga. Dans le Dendi, Yellu contesta sérieusement le pouvoir de Junju. Dans tous les cas, il existait donc des éléments politiques que l'avènement des Peuls au pouvoir avait entraînés. L'opportunité d'une alliance surgit, et des éléments mécontents s'y adhérèrent. Les trois importants dirigeants de l'alliance étant Nabami, Karhe et Daudu, leurs subordonnés immédiats étaient Nabasuwa (Dumega), Gero (Giwaye), Zanwa dan Fannare (Yellu) et Koize Babba (Gaya). » (Cf. M. B. Alkali, 1969, p. 230-231).

« Le Kara-kara participe aussi à l'entreprise générale de résistance qui caractérise alors tout le Dallol. Manomi et son père Munkara participent aux guerres de Samna Karfey ». (M. H. Piault, 1970, 168). Ce fut dans ce contexte qu'une alliance tripartite vit le jour à Gudalé sur le sol de *Kabi*. Ainsi est né le mouvement de libération. Le fait que l'alliance ait été formée sur le sol de *Kabi* explique pourquoi elle joua un rôle déterminant bien qu'elle ne l'ait pas initié.

CHAPITRE 2 :

Les guerres de libération dans le Kabi

2.1. La fondation de la cité d'Argungu et la reconquête du territoire de Kabi

Après la formation à Gudalé du front de libération, le premier objectif des alliés fut la libération du *Kabi*, car de la réhabilitation de ce territoire dépendait leur propre sécurité. Les trois alliés et leurs compagnons se mirent à piller et à massacrer les nombreuses colonies peules des villages d'Augui, Dundayé, Illéla, Kwoydo, Gudalé, etc. Les nouvelles annonçant le pillage et les massacres étaient parvenues à Sokoto auprès de *Sarkin Musulmi* Aliyu Babba dit Darkakaou, et on se dirigea sur Méra pour écraser les rebelles. On se battit durement pendant trois jours, entre les *hullani* dirigés par le *Sarkin Musulmi* Aliyu Babba et les rebelles. Les *hullani* cherchaient à écraser les rebelles. Mais aucun camp n'arrivait à l'emporter sur l'autre. Alors, au crépuscule, les alliés abandonnèrent Méra pour la cité de Laylaba où ils réussirent à entrer grâce à la ruse de Karhe. Là, ils décapitèrent le *Laylaba*, celui-là même qui avait trahi le *Sarkin Kabi* Karari, père de Nabami, en se rangeant aux côtés des Peuls et en l'expulsant de la cité, l'obligeant à fuir vers l'ouest et précipitant ainsi sa mort. En décapitant le *Laylaba*, ils firent d'une pierre deux coups : ils vengèrent la famille de Nabami et imposèrent ce dernier à la cité de Laylaba. L'occupation de cette ville fortifiée leur permit également de repousser tous les assauts des Peuls.

Dans le but de consolider leur résistance, ainsi que de laisser la cité de Laylaba aux Laylabawa, ils partirent fonder la ville d'Argungu au milieu des marais et la munirent d'une fortification spéciale ; celle-ci se composait, en effet, de l'extérieur vers l'intérieur, d'un large fossé, d'un fort en bois (koré), d'une ligne de *gumbi* et d'un mur. Il fallait franchir ces quatre obstacles avant d'atteindre l'intérieur de la cité. Or, toute entreprise de ce genre était quasi impossible ; ce qui donna à Argungu si solidement fortifié et situé au milieu des marais une place hautement stratégique ; il devint bien vite un centre de ralliement des alliés *anna* contre les Peuls. Aussi, l'ennemi ne pouvait ni l'assoiffer ni le couper de son ravitaillement en vivres, et ceci, grâce à la présence de la nappe phréatique et à l'existence des bras navigables du Gulbin Kabi. Après avoir désigné le nouveau *Sarkin Kabi* en la personne de Yakubu Nabami et leur installation à Argungu, fortifié la cité d'Argungu, la rendant du même coup imprenable, la reconquête du territoire de *Kabi* sous contrôle des Peuls devient nécessaire pour la survie des rebelles.

Dans le cadre de cette reconquête du territoire, les résistants se sont répartis en plusieurs groupes d'intervention avec pour objectif qu'ils s'étaient assigné, la libération du territoire de *Kabi*. Karhe Tunkara et sa troupe dressent leur camp militaire au village de Zagui[1].

Après la pacification de cette zone, et pour sa stabilisation, empêcher le retour de l'ennemi, Karhe Tunkara fait de la localité de Zagui son foyer de résistance, d'où cette appellation de « *Samna Maï Zagui*[2] ».

Au sujet de cette pacification de la localité de Zagui, voici les propos de malam Mahamadou Mamane dit Na Mama, 81 ans, du village de Alléla Zagui ou Alléla Hardo : « Samna Karhe ! Samna maï Zagui ! C'est sa terre ! Ils ont chassé les Peuls. Du village de Zagui à Nassaraoua, tout l'Arewa jusqu'à Dogondoutchi, c'est lui, "Samna Karhe" qui commande. Il n'y a pas de Blanc à l'époque. On fait la guerre "kori da kori, gaba da gaba"[3] », littéralement flèche contre flèche, corps à corps.

Après avoir repoussé les Peuls hors du territoire de *Kabi*, on assistait à un nouvel épanouissement du *Kabi*. Plusieurs attaques du *Sakwato* contre Argungu se soldèrent par de cuisants échecs et les Peuls durent laisser tranquilles les redoutables alliés. L'union de ces trois redoutables rebelles[4] chefs de guerre a permis d'arracher une éclatante

---

[1] Le village de Zagui est à 35 km environ au nord de la cité d'Argungu.
[2] Littéralement, qui commande le village de Zagui.
[3] Information recueillie le 25 novembre 2011.
[4] D'après Boubou Hama, « en 1849, Nabamé, fils de Karari fut proclamé Sarkin-Kebbi par les rebelles *Zabarmawa* ». Pour A. Salifou, « Samna Karfey avait été sans conteste l'un des plus grands artisans de cette victoire sur les Peuls ». Quant à Barmou Soffo, « Karhe Tunkara est à l'origine de toute cette entreprise guerrière. Karhe avait fait des démarches auprès du *zarma* Daudu et avait réussi à contracter une alliance avec ce dernier. C'était encore lui qui proposa à son allié *zarma* d'aller s'unir tous les deux au

victoire contre les Peuls et abouti à la renaissance de l'État du Kabi avec pour capitale Argungu.

La révolte de Karhe Tunkara avait donc porté ses fruits.

2.2. Qui était Samna Bunari ?

Quand le *Sarkin Kabi* Samaïla Karari avait été tué par les Peuls en 1831, le pays fut placé sous contrôle des Peuls tel qu'en 1849 l'entière administration du territoire de Kabi était passée entre les mains des agents de Sokoto. Pour gérer un ensemble aussi hétérogène et vaste, les jihadistes ont adopté le système d'Émirats. Les Émirs ont donc la gestion des affaires quotidiennes de leurs Émirats. La partie nord de Kabi était allouée à Ahmad al-Rufa'i fils d'Usman dan Fodio.

Selon les informations tirées de quelques publications et surtout de la tradition orale, *SAMNA* (est un mot peul), c'est un titre de guerre ou de bravoure, que portait BUNARI, le chef militaire du territoire de l'Émirat de Yabo.

Samna Bunari est membre du conseil de guerre du Califat de Sokoto. « Il avait une corne au milieu de la tête. Il se trouvait du côté de Silami ». (B. Soffo, 1998). Par son pouvoir magique, il hypnotisait ses adversaires aux combats, sa tête se triplait (ou se multipliait) et son adversaire paniquait devant cet inexplicable subterfuge. D'après Alkali (1969, p. 216), « Samna Bunari de Katami (Silame), cet officiel prenait le tribut dans les zones autour de Zagui. On disait de Bunari, un officiel dur en vertu du fait qu'il soit sous le pacifique Ahmad al-Rufa'i fils d'Usman dan Fodio[1] ».

Pour Alpha Mossi, ancien traducteur d'ajami à l'IRSH, « Samna Bunari était un chef de guerre, et représentant du Sarkin Musulmi de Sokoto, de l'Ouest du royaume. Il était surtout un homme de guerre[2] ».

Au cours de multiples affrontements militaires aux environs du village de Zagui, Karhe Tunkara élimine *Samna Bunari*, le chef militaire de l'Émirat de Yabo.

---

prince bakabé Nabami, libéré de la captivité et installé à Gudalé. Pour y parvenir, ils durent user de leur bravoure et de leur grande intelligence ». Ce que M. H. Piault qualifia de « guerres de Samna Karfey ».

[1] Ahmad al-Rufa'i fut *Sarkin musulmi* de Sokoto (1867-1873).
[2] Entretien le 5 mars 1994 à Niamey.

2.3. L'investiture de Karhe Tunkara du titre Samna ou la naissance d'une Sarauta (1849)

L'union de ces trois chefs de guerre a permis d'arracher une éclatante victoire contre les Peuls et a permis l'intronisation du *Sarkin Kabi* en la personne de Yakubu Nabami et à la renaissance de l'État du *Kabi* avec pour capitale Argungu. L'œuvre de reconquête du territoire de *Kabi* restait inachevée. Mais c'était une satisfaction évidente pour les *Kabawa* qui tenaient solidement les positions acquises. Après avoir donc recréé l'État du *Kabi* à Argungu et l'avoir transformé en une grande base de résistance contre l'occupant peul, les deux principaux leaders de la rébellion, Karhe Tunkara et Daudu Bugaran prirent la décision de regagner leur pays respectif afin d'y mener des luttes contre leurs ennemis communs, les Peuls. Mais, avant de se séparer, Yakubu Nabami, le nouveau *Sarkin Kabi*, proposa à ses deux principaux alliés, qui l'avaient grandi, de leur accorder à son tour la royauté respective de leur pays d'origine. Mais, ces derniers furent confrontés à un problème de légitimité face au pouvoir royal de leur pays respectif. Alors Karhe Tunkara, n'ayant pas hérité de la chefferie *Sarkin-Arêwa* ou *May-Arêwa* et pour éviter tout autre conflit avec ses parents maternels *arawa*, déclina cette offre et se contenta du titre *Samna*. Quant à Daudu Bugaran, il refusa tout net de se laisser attribuer une chefferie et de se laisser introniser par un personnage qui l'avait grandi et placé sur un trône.

Voici comment se sont présentés les faits relatifs à l'attribution de cette « *Sarauta Samna* », selon les propos rapportés par (B. Soffo, 1998).

- Le *Sarkin Daray* Baraje Bagage de Tambon Bwiyya rapporte : « Quand *l'Ubandawaki* Karhe et Daudu installèrent confortablement Nabami sur son trône héréditaire, celui de *Sarkin Kabi*, ce dernier dit : "Ces personnes/Karhe et Daudu qui m'ont grandi, que vais-je leur donner pour les récompenser ?" Après avoir réfléchi, il dit à Daudu : "Je vais te donner une chefferie et t'introniser". Mais Daudu lui lança : "Comment ? Maintenant tu veux nous investir, nous qui t'avons intronisé ? Cela ne se fera jamais. C'est impossible". Il refusa ainsi d'être intronisé par le *Sarkin Kabi* Nabami parce que c'était lui et l'Ubandawaki Karhe qui avaient investi ce dernier de cette chefferie suprême du *Kabi*. Alors on se contenta de lui offrir une femme comme épouse. Ensuite on demanda à *l'Ubandawaki* Karhe : "Quelle chefferie veux-tu qu'on te donne ?" Karhe répond : "Celle de quelqu'un qui s'appelle *Samna Bunari* et que j'ai tué à Katami au cours d'une bataille. C'est un Peul, je veux qu'on me donne sa chefferie". C'était ce titre de *Samna* qu'avait le chef peul de Katami ».

- Selon Basharu Hami de Boutana, « Yakubu Nabami proposa à Karhe de lui donner le titre de *Sarkin-Aréwa*, mais Karhe déclina cette offre en lui disant que chez eux, dans le Katarma, c'était ses oncles maternels, les aînés de sa mère, qui héritaient de la chefferie *Sarkin-Aréwa*. Mais il demanda à Yakubu Nabami de lui accorder le titre de *Samna*, car il ne voulait pas de celui de Sarkin-Aréwa (il ne lui convenait pas). On lui attribua alors le titre de *Samna* ».

- Selon Abdu Zanke de Tullun Madi : « Karhe et Daudu consolidèrent la royauté héréditaire de Nabami, *Sarkin Kabi*, en le défendant énergiquement contre ses frères ennemis kabawa et les Peuls. Alors eu égard au service qu'ils lui avaient rendu, l'on songea à les récompenser. Et s'agissant d'abord de Karhe, on dit : "Quelle chefferie veux-tu qu'on te donne ?" Les adultes de la cité dirent : "Eh bien, celui qui a fait une *zarumta* (bravoure) comme celle de Karhe, mérite qu'on lui donne la chefferie *Samna*. Mais il va rester à Zagui." Karhe leur dit : "Eh bien, je veux bien la chefferie en question, mais je ne resterai pas à Zagui. Je retournerai à la maison. Alors on lui donna cette chefferie et il revint à la maison". Puis on se tourna vers Daudu et on lui dit : "Toi aussi, Daudu, on te donne la chefferie *Zarmakway*". Mais il lança aux gens qu'une personne qu'il avait investie, allusion au *Sarkin Kabi* Nabami, ne l'introniserait jamais, et qu'à son retour à la maison, il allait s'introniser lui-même ».

- Pour *Dangaladima* Gero Arjika de Birnin Hwala, au moment du retour de Karhe à la maison après la guerre dans le Kabi, les Kabawa lui demandèrent : « Eh bien, toi qui es à l'origine de toute cette entreprise guerrière, qui nous a grandis et libérés de la domination peule, qu'est-ce qui convient de te faire pour te récompenser ? Veux-tu qu'on te donne la chefferie de chez vous ? » Il leur dit : « Non. Je suis un fils de femme chez moi et non un héritier mâle de la chefferie *Sarkin Aréwa*. Mais qu'on me donne le titre de *Samna*, chefferie de guerre pour que je devienne le chef de guerre (*Shiggaban yaki*) de mon pays. Si on appelle les gens ici à Argungu pour la guerre, que je sois chef de file des guerriers de mon pays. Aussi, si une personne de mon pays veut voir le *Sarkin Kabi*, elle doit passer par moi d'abord ». Eh bien, voici l'origine de la chefferie *Samna* obtenue par Karhe. C'était là-bas dans le Kabi qu'on l'avait intronisé de la « *Sarauta Samna* ». Cette chefferie était originaire du Kabi.

Nabami qui ne trouva aucune objection convoqua tout le village pour assister à l'intronisation de Karhe du titre de <u>Samna</u>. « Le jeune souverain, entouré de sa cour, déchire son turban en deux et dit : "Nous avons la même tête. Maintenant et à partir de ce jour, tu porteras le titre de *Samna Mayzagi*". Karfey répond : "Oui, cette dignité, je la veux car personne ne l'a jamais eue avant moi. Elle est neuve". Par là même, il se coupe de l'héritage de son père comme de celui de sa mère : il ne suit plus le chasseur *azna* et ne briguera pas les titres qui sont dus aux fils des femmes des Arawa ». (É. de Latour, 1992, p. 114).

Nabami demanda à Karhe de venir faire bâtir sa maison à côté de la sienne, mais celui-ci refusa l'offre car il éprouvait le désir de revenir s'installer dans sa région natale. À ce moment précis, tous les instruments de musique se mettent en action, accompagnés des cris et chants. L'investiture de Karhe du titre de *Samna* a fait l'objet de louanges moqueuses des griots à l'endroit des *Kabawa* : « *Dian Kabi koun fayé saké, hal Bunari yayi kaho. In badan Samna maï Zagi ba, da Bunari yayi kaho dubu* ». Autrement dit : « Les fils de *Kabi* vous avez manqué de vigilance à telle enseigne que Bunari a poussé une corne. N'eût été *Samna Maï Zagi* (Karhe), Bunari allait pousser mille cornes ».

« Nabami, en donnant à Karfey le titre de Samna, aurait décidé que tous les gens de l'Aréwa devraient passer par l'intermédiaire de Karfey pour demander quelque chose au Sarki'n Kabi ». (M. H. Piault, 1970, p. 159).

Avant son intronisation du titre « *Samna* », Karhe Tunkara, chef d'un groupe humain, portait un bonnet et un turban de couleur rouge. C'est pourquoi, en guise de rappel, au premier jour de l'intronisation d'un *Samna* appelé « *shiga runha* », il est coiffé d'un bonnet et enroulé d'un turban rouge. Commence alors la retraite de trois à sept jours. Le turban blanc remplace le rouge pour la cérémonie finale *(Wankan sarauta en hausa).*

Karhe Tunkara fut donc investi du titre de *Sarauta Samna*. Cette chefferie était totalement inconnue dans le Dallo-Mawri. Elle est originaire du *Kabi*, née dans la guerre. Karhe se comporta ainsi avec modestie et sagesse vis-à-vis de la chefferie *Sarkin-Aréwa* du Katarma que détenaient ses parents maternels *Arawa*. Cette chefferie qui le grandit allait être à l'origine de son importance politique et à l'avènement de sa future dynastie. De plus, ce titre lui permit d'être le chef de file des guerriers de l'*Aréwa* dans le cadre de la lutte contre les

Peuls et l'intermédiaire privilégié entre ses compatriotes et le *Sarkin Kabi*. Aussi, l'investiture réciproque entre Nabami et Karhe Tunkara avait entraîné une forte entente, confiance et une profonde amitié entre les deux.

2.4. Le retour de Samna Karhe Tunkara dans son pays natal le Katarma

Après la vie de combattant menée dans le *Kabi*, et son investiture sous le titre de *Samna*, Karhe regagna son Katarma natal dans le Dallol Mawri, afin de poursuivre la lutte dans son pays. Revenu dans le *Katarma, Samna* Karhe alla s'installer, non pas à Nassaraoua où régnait son oncle maternel et son persécuteur, le *Sarkin-Aréwa* Yaji Gagara, dont il n'est plus *ubandawaki*, mais à Kurhwa, cité du *Sarkin-Rwahi*, ce chef supérieur du pays et son protecteur de toujours contre les princes *arawa* qui menaçaient son existence. Karhe s'installa avec son armée non loin de la cité de Kurhwa. Cette action de Karhe fit un grand retentissement dans la région. « Elle marqua ainsi la défaite de Sokoto dans cette région suivie de près de la suppression de tribut ». (B. Dawaki, 1982, p. 23).

Dès qu'il se fut fixé à Kurhwa, *Samna* Karhe poursuivit sa vie guerrière contre l'implantation des Peuls dans sa région. Par la suite, il amena certains restés réticents à se rallier à sa cause. Un peu partout, les populations menacées par des incursions d'envahisseurs étrangers demandaient les services de Karhe devenu une véritable machine de guerre. « Karfey n'a jamais eu le temps de fortifier sa "maison" car il partait tout le temps en guerre ». (È. de Latour, 1992, p. 124).

CHAPITRE 3 :

Les guerres de libération dans l'Aréwa

3.1. L'intervention extérieure à la succession de Sarkin-Aréwa Yaji Gagara de Nassaraoua (1855)

Le pays *Aréwa* a connu plusieurs luttes depuis le début du jihad. Le principal problème de ce pays était l'absence d'hommes fortement dévoués à la poursuite du mouvement. Il y avait la question du leadership politique interne. Le pays n'a connu aucune unité interne pendant toute la période de son histoire. (M. B. Alkaly, 1969, p. 219-253). Ils avaient continué à se plier sous le joug asservissant des Peuls de Binji et du Gwandu, jusqu'à la révolte isolée de Karhe Tunkara à la suite d'une rixe entre agriculteurs et éleveurs peuls dans le Katarma, sous le règne du *Sarkin-Aréwa* Yaji Gagara, souverain de Nassaraoua. (B. Soffo, 1998).

À la mort du *Sarkin-Aréwa* Yaji Gagara de Nassaraoua, l'on fit la traditionnelle *tarkama* pour désigner son successeur. Parmi les principaux candidats, il y avait Gawo Dubu Babari de Zumbu, Ishihu Yarima de Sakari/Kyada et le Cihwa Abarshi Gagara de Nassaraoua/Dumega. Quant aux frères Maynasara et Gamadadi de Birni, ils n'étaient pas venus à cette cérémonie. Ils étaient restés à Zazzagawa, leur cité d'exil dans le *Kabi*. Mais, lorsque la *takarma* du roi Yaji fut prête et portée par quatre hommes, elle désigna non pas un seul candidat, mais trois à la fois. En effet, elle bouscula successivement et d'un seul élan le Cihwa Gao Dubu, le Cihwa Abarchi et Ishihu, et s'arrête plus loin, tout net. Puis elle ne bougea plus malgré toutes les questions qu'on lui posait pour l'amener à départager les candidats ainsi désignés. Alors, les prétendants et leurs partisans respectifs se jetèrent dessus, car chaque candidat disait que c'était lui qui aurait été choisi. Dans ce cas, on leur dit que chacun d'eux était roi et on leur conseilla d'aller entreprendre, chacun de son côté, la cérémonie d'investiture. Et ils décidèrent de faire ainsi. Cette *tarkama* jetant la confusion au sein des trois principaux princes Arawa du Katarma et de leurs partisans respectifs, ouvrit une longue période de troubles politiques dans cette principauté. Les trois candidats confusément désignés se livrèrent à des hostilités impitoyables, chacun voulant absolument éliminer les deux autres pour devenir l'unique *Sarkin Arewa* du pays. Aveuglés par l'avidité du pouvoir, ils refusèrent obstinément de reconnaître l'un d'entre eux comme chef, et chacun regagna sa cité et se proclama roi : le Gao Dubu Babari à Zumbu, Ishihu Yarima à Kyada dont il était le chef et le Cihwa Abarchi Gagara à Nasarawa après avoir abandonné sa résidence de Dumega pour sa ville natale.

Il y eut donc trois *May-Arewa* pour le Katarma et chacun d'eux se faisait jouer de la musique royale (*taka ou yamita*). Alors, le Gawo Dubu Babari de Zumbu essaya de raisonner les deux autres pour se faire reconnaître comme seul *Sarkin Arewa*, mais en vain. Le *Sarkin Rwahi* de Kurhwa, chef supérieur du Katarma probablement dépassé par ces évènements, ne semblait pas être parvenu à régler ce grave conflit de succession ou n'a pas voulu le faire, ou encore s'était abstenu d'intervenir dans cette ténébreuse affaire. Quant à Samna Karhe Tunkara, qui vivait à Kurhwa, il prit résolument parti pour Ishihu Yarima, chef du village de Kyada, qui était à la fois son oncle maternel et son cousin par sa grand-mère maternelle (mère de Guingiray), originaire de Beshemi ; et il le soutint énergiquement. La situation devint explosive. Lorsque le Gawo Dubu Babari de Zumbu n'était pas parvenu à convaincre ses deux concurrents de lui céder le pouvoir, il n'avait pas non plus réussi à s'imposer comme seul chef du pays. Il se rendit alors à Matankari où il sollicita l'aide de son cousin, le *Sarkin Arewa* Alishina Kwana (1848-1860) contre ses deux concurrents, Ishihu Yarima et le Cihwa Abarshi Gagara. Il lui demanda de l'aider à se débarrasser d'eux, à les tuer, pour qu'il fût le roi du pays. Alors à son tour, Alishina alla à Binji où il sollicita l'intervention du *Sarkin* Yaki. Le chef militaire peul de Binji mit, lui aussi, son supérieur, le *Sarkin Musulmmi* Aliyu Babba (1842-1859) de *Sakkwato*, au courant de cette situation et demanda son intervention personnelle dans cette grande affaire, ce, d'autant plus que le redoutable rebelle du pays, *Samna Karhe Tunkara* de Kurwha, y était impliqué. Ce grand conflit de succession, intervenu et évoluant entre les princes *arawa* du Katarma, donna alors au *Sarkin Musulmi* Aliu Babba dit Darkakaou de Sokoto l'occasion et le prétexte d'attaquer Samna Karhe Tunkara, instigateur de la rébellion globale contre la présence peule et la renaissance de l'État du *Kabi* à Argungu et de la transformation de celui-ci en une base de la résistance générale contre la domination peule. Il donna l'ordre au *Sarkin Yaki* de Binji de rassembler tous les guerriers et de marcher sur Kurhwa pour combattre Karhe. Ainsi, le sultan de Sakwato, son *Sarkin Yaki* de Binji, le *Sarkin Arewa* Alshina Kwana de Matankari et le Gawo Dubu Babari, leur candidat favori, préparèrent une grande expédition et vinrent par surprise dans le Katarma pour arrêter le Cihwa Abarshi Gagara de Nasarawa, puis attaquer la cité de Kurwha où se trouvait le grand rebelle Karhe Tunkara afin de tuer ce dernier et éventuellement de mettre la main sur son candidat, le prince *ba'are* Ishihu Yarima, chef du village de Kyada.

3.2. Le siège de Kurhwa ou « yakin Kurhwa » cité de Sarkin Rhwahi, chef suprême du Katarma

Lorsque l'expédition du *Sarkin Musulmi* s'amena lourdement (*ta darkako*), elle contourna par le nord de Nassaraoua et partit camper à l'ouest de la cité, sur une dune appelée depuis *Tudun hullani* (Dune des Peuls). De Nassaraoua, on se mit à apporter de la nourriture aux *Hullani*. À ce moment, le *Sarkin Musulmi* Aliu Darkakaou dit à son hôte : « Cihwa Abarshi, ton fils (allusion à son neveu Karhe Tunkara), ses capricieuses effronteries sont inacceptables. J'ai des égards pour toi. Mais puisque je suis venu jusqu'ici, je ne retournerai chez moi qu'après avoir brûlé un village. Alors, va lui dire d'évacuer la cité et de me laisser un village vide, des cases vides pour que je les brûle sans causer trop de dommages, c'est-à-dire sans faire des victimes ». C'est là une drôle de façon de sauver l'honneur lui rétorqua son interlocuteur. Le Cihwa Abarshi était en compagnie de Gingirey, la mère de Karhe, lorsqu'il était parti saluer le *Sarkin Musulmi*. Alors il répondit à celui-ci : « *Eh bien, moi, maintenant, il ne m'écoutera pas. Il faut donc que sa mère aille le lui dire* ». Elle se rendit chez son fils et lui dit : « *Eh bien, fils. Tu vois, le Sarkin Musulmi est venu rien que pour toi. Mais maintenant, il faut quitter la cité de Kurhwa et la lui laisser pour qu'il brûle seulement la paille inutile. Après, tu pourras poursuivre ce que tu as entrepris de faire.* » Karhe répondit à sa mère : « *Eh ! Mère, repars à la maison. Moi, je n'irai nulle part. Il faut qu'il vienne et que nous nous battions* ».

Devant l'imminent danger mortel, *Samna* Karhe Tunkara fit évacuer les femmes, les enfants, les vieillards et les handicapés, dès le milieu de la nuit par la montagne, et les fit conduire à Jabdagwiwa dans le Takassaba. La colonne marcha en direction de Kurhwa et, arrivée à proximité du village, elle décida de mettre le siège devant la cité.

Le siège de la cité de Kurhwa dura trois jours au cours desquels les deux parties se sont livré une bataille sans merci ; et n'ayant pu remporter la victoire, les Peuls décidèrent de se replier, car selon leur chef, il n'y a aucune chance de vaincre Karhe. Au moment où les Peuls étaient sur le point de reprendre la route, un traître de Kurhwa se présenta au chef peul et lui dit que s'il n'a pas pu battre *Samna* Karhe, c'est parce qu'il ne connaît pas tous les coins stratégiques du village. « *Je peux vous aider à vaincre votre ennemi si vous le voulez bien et pour cela mettez une partie des guerriers à ma disposition* ».

Le chef peul qui ne demandait pas mieux, confia à Djendam une partie de ses hommes. Ils contournèrent le village de Kurhwa du côté du village de Kiada, escaladèrent la falaise et regagnèrent le village du côté sud-est par le passage dit « *Maï Sarafani ou han-yar manga* » où *Samna* Karhe n'avait pas jugé utile d'assurer un système de défense. Ils passent à l'attaque-surprise ; profitant alors de leur avantage, les Peuls incendièrent les maisons. Alors qu'on se battait férocement devant la cité, on vit le feu embraser les habitations de celle-ci. Ce feu sournois partit du côté de la montagne et gagna rapidement toute la cité. Les défenseurs de cette dernière se trouvèrent pris entre le feu qui brûlait derrière eux et l'ennemi qu'ils combattaient devant la porte de la cité.

Face à cet incendie ravageur venant de derrière et à la présence de l'ennemi devant la cité, Karhe appela le *Sarkin Rwahi*, le chef de la cité. Lorsque celui-ci lui répondit, il lui dit : « *La bataille n'est plus possible. On ne peut pas à la fois lutter contre le feu et les guerriers ennemis. Réfugions-nous sur cette montagne* ». Le Sarkin Rwahi, furieux devant une telle proposition, lui répondit violemment : « *Tu crois que moi je vais grimper sur la montagne et fuir comme une biche ? (Gada-Gada). Non. Tu ne verras pas ça et tu ne l'entendras jamais* ».

C'était là qu'on massacra tous les guerriers *rwahwawa*, car ils s'étaient entravés avec des chaînes pour qu'on ne dise pas un jour qu'ils avaient pris la fuite devant l'ennemi. Mais ils furent tous exterminés. Par contre, Karhe, qui était lui un homme averti sur les tactiques de la guérilla, préféra, face à cette hardiesse sans issue et combien tragique, se replier sur la montagne qui était pour l'heure la seule solution de salut. Il se retrouva alors sur la montagne de *Kurhwa* avec certains de ses partisans et tous ceux qui désiraient mettre leur vie à l'abri d'une mort certaine.

Une fois sur la montagne, il se tourna vers la foule qui l'avait suivi et lui demanda : « On a pris Kurhwa. Mais je vous demande : Où est Kwando ? Où est Kemu ? Où est Yunga ? » On lui répondit qu'ils avaient tous échappé à l'ennemi et qu'ils étaient là en sa compagnie. Puis, il ajouta : « *ina wuya, ga dadinta ? Ni yaki bay cini ba, tunda sun ka hita. Amman say na rama*. (Où en est la difficulté, en voici le bonheur. Moi, je n'ai pas été battu, puisque mes enfants sont tous indemnes. Mais je vais me venger). Celui qui m'a trahi mangera le fruit amer du mensonge et de la traîtrise. Je viens de subir ma première défaite, mais à présent, je puis vous dire que je suis prêt à combattre et vaincre tout ennemi qui se trouverait sur mon chemin ».

Au sujet de cette grave trahison de Djenda, B. Soffo écrit : « l'informateur Mayzama (dit Amadu) Galadima, un bakatarmé de Mayzari, rapporte l'identité de Djenda et sa grave trahison : à l'époque où on attrapait les gens, les esclavageait et les vendait, un bakatarmé de Kurhwa captura une bahillata (Peule), la garda pour lui puis l'épousa. Cette captive peule lui donna un fils nommé Djenda (fils rouge). Eh bien, c'était ce dernier qui fut à l'origine de cette catastrophe guerrière au cours de laquelle les Katarmawa de Kurhwa furent taillés en pièces. Il provoqua le grand malheur de ses parents paternels katarmawa en faveur de ses parents maternels peuls[1] ».

3.3. L'exil de Samna Karhe Tunkara et le sacre de Sarkin-Aréwa Gao Dubu de Zumbu (1855)

Au cours de cette grande bataille de *Kurhwa*, *Samna Karhe* déjà préparé dès son jeune âge aux dures épreuves de la vie, et son expérience de la fuite aidant, refusa de se laisser prendre aussi facilement, de se laisser inutilement massacrer. Il avait surtout appris

---

[1] Pendant cette grande bataille de Kurhwa, une des femmes de Kémou *Samna* Karhe, a mis au monde un garçon. Cet enfant fut appelé Oukay, nom du guerrier peul qui a dirigé les opérations de cette bataille de Kurhwa.
Un autre fait, au cours de cette bataille de Kurhwa, plusieurs personnes hommes et femmes ont été faits prisonniers par les Peuls et amenés en captivité. Parmi lesquelles figure SAKO la propre fille de *Samna* Karhe qui fut déportée à Illéla Imani (région actuelle de Tahoua). Quelques années plus tard, sur la base des informations reçues, une famille de Tibiri s'était rendue à Illéla pour négocier son affranchissement contre une rançon. La famille princière d'Illéla s'était opposée en signifiant que la femme SAKO n'est pas retenue en captive, mais en femme mariée. Un de ces fils appelé BOUBE N'SAKO fut chef de canton d'Illéla de 1921 à 1934.

que la fuite était un moyen nécessaire dans certaines situations difficiles et insurmontables, quitte à revenir sous des conditions favorables pour prendre sa revanche sur l'ennemi. Quant aux guerriers *rwahwawa*, ils furent victimes d'un courage téméraire, inouï, voire aveugle, pour résister à l'ennemi. Ils furent aussi victimes de la folle témérité de leur chef, le *Sarkin Rhwahi*, qui voulait se montrer digne de son rang de souverain du *Katarma*.

Samna Karhe Tunkara, dont l'intelligence, la ruse et la bravoure n'étaient point discutables, fut qualifié de fuyard comme une biche par les *Katarmawa*. Cette fuite par la montagne avait permis à Karhe de mettre sa vie et celle des siens et de ses partisans hors du danger mortel qu'était l'écrasante attaque des Peuls sur la cité de *Kurhwa*. Chagriné par sa première défaite devant l'armée peule, et la destruction matérielle et humaine de *Kurhwa*, *Samna* Karhe et sa suite prirent le chemin de l'exil. Il s'arrêta quelques jours à Maïzari. Puis, ils partirent s'installer à Jabdaguiwa dans le Takassaba où Karhe passa son deuxième séjour.

Les *Rwahwawa* de *Kurhwa* rescapés du grand massacre se dispersèrent ; certains partirent se fixer à Jabdaguiwa dans le Takassaba et d'autres à Kukoki (situé aujourd'hui à l'ouest de Koré-Mayrouwa), à Jela (au nord de Nassaraoua), à Kalgo (à l'ouest de Tibiri), à Katarma (à l'Est de Fadama) et à Mayzari (au Sud de Duméga). D'autres encore, joignirent leurs parents de Madé, de Madawa, de Bawada à l'est de Hwala-karé (Birni Hwala) et de Zumbu. Le Gao Dubu Babari de Zumbu eut ainsi raison de ses deux grands adversaires, physiquement éliminés par les Peuls et leurs alliés locaux. De ce fait, il fut déclaré comme seul roi du Katarma et fut alors intronisé par les souverains peuls du Sokoto et leur grand allié et vassal, le *Sarkin-Aréwa* Alishina Kwana de Matankari. Il sortit ainsi victorieux de ce sanglant conflit de succession. Il établit sa résidence à la fois à Zumbu et à Beshémi.

Samna Karhe Tunkara avait juré de se venger de Gawo Dubu Babari à qui il reprochait d'avoir commis l'hypocrisie d'aller chercher le roi Alishina Kwana de Matankari et les souverains peuls de Binji et de Sokoto pour éliminer ses concurrents arawa et pour le combattre, lui, Karhe ; ainsi qu'à brûler la cité de *Kurhwa* des *Katarmawa*, à massacrer la majorité des adultes *rwahwawa* et le *Sarkin Rwahi* Magawata, chef suprême du *Katarma* et à amener les prisonniers en captivité.

3.4. L'expédition de Samna Karhe Tunkara contre le Sarkin-Aréwa Gao Dubu de Zumbu ou la bataille du village de Béshémi (1857)

Le *Sarkin-Aréwa* Gao Dubu Babari gouvernait le *Katarma* depuis 1855, en tant que vassal des chefs peuls de Binji et de Sokoto qui l'avaient porté au pouvoir après le massacre de la cité de *Kurhwa* et l'élimination physique de ses deux concurrents, Ishihu Yarima de Kyada et le Cihwa Abarshi Gagara de Nasarauwa. *Samna Karhe* aurait passé deux ans en exil. Pour entreprendre sa vengeance contre Gawo Dubu, il se tourna vers ses fidèles alliés, le *Zarma* Daudu Bugaram, le *Sarkin Kabi* d'Argungu qui était à l'époque Yusufu Maynasara

(1854-1859) et un de ses alliés du Takatsaba, le prince *ba'aré* Gero Bawa Raha. *Samna* Karhe qui se trouvait momentanément dans le *Kabi*, dans sa lutte contre les Peuls, du Sokoto et Gwandu demanda au *Sarkin Kabi* Yusufu Maynasara de venir dans le Katarma pour l'aider à tuer le roi Dubu Babari. « *Sarkin Kabi*, je suis à l'origine de votre grandeur actuelle. Alors vous aussi, aidez-moi à aller tuer le Gawo Dubu pour me venger de ce qu'il m'a fait. Il a fait massacrer mes gens et m'a chassé du pays. Et je vais me venger, je vais trancher sa tête. Il habite tantôt à Zumbu, tantôt à Beshemi. Un nommé Alishina originaire de Matankari a été le complice de celui qui m'a trahi ». (M. Maiyaki, 1986, p. 9).

Le *Sarkin Kabi* Maynasara accepta de l'aider et ils formèrent une grande expédition et vinrent dans le Katarma en passant par Layma et Birni. Ils surprirent le roi Dubu à Zumbu. Mais comme ce dernier se trouvait en difficulté dans sa résidence principale parce que les princes arawa et les Katarmawa l'avaient lâché à cause de sa mauvaise conduite antérieure, il se sauva et se rendit à Beshemi où se trouvait sa résidence secondaire et, surtout, ses parents maternels qui étaient ses protecteurs naturels. Rappelons que la cité de Zumbu était celle des *Rwahwawa* (*Katarmawa*). Or, la discorde semée par Gawo Dubu Babari avait entraîné la destruction de Kurhwa, le massacre de ses habitants, les *Rwahwawa*, et la mort du *Sarkin Rwahi*, le chef lignager de tous les *Rwahwawa* du Katarma et le chef politique supérieur de cette principauté. Dès lors, les Katarmawa de Zumbu, ainsi que ceux du reste du pays ne pourraient en aucun cas soutenir le *Sarkin-Aréwa* Dubu Babari contre *Samna Karhe* qui voulait venger la mort de leur chef et de leurs parents massacrés à Kurhwa. Par ailleurs, Gao Dubu Babari étant le grand responsable de l'assassinat du Tchihwa Abarshi et du Maygari Ishihu Yarima. Les *Arawa* de Nasarawa, de Dumega, de Kyada et de Sakari, qui gardaient alors une rancune contre lui et qui souhaitaient être vengés, n'étaient pas eux non plus disposés à l'aider contre *Samna Karhe* fermement engagé à se venger et par là même à les venger tous. Aussi, les *Arawa* de Birni et ceux de Beshemi se tinrent sagement à l'écart de cette grande affaire, de cette terrible et meurtrière guerre des chefs. Toutes ces circonstances firent que le *Sarki* Dubu Babari se retrouva abandonné à la fois par les *Katarmawa* ou *Rwahwawa* et par les *Arawa*. Il ne lui restait plus que la fuite pour trouver un meilleur refuge. Les habitants de Beshemi, parents maternels du roi Dubu Babari, le cachèrent lorsqu'il vint chercher leur secours. Mais *Samna* Karhe et son grand allié, le *Sarkin Kabi* Maynasara, le poursuivirent jusque-là. Le *Sarkin Kabi* vint camper au sud-est de cette cité, sur la dune où se trouve actuellement le campement (*rugga*) des Peuls, et demanda à ses habitants de lui livrer le *Sarki* Dubu. Comme prévu, les parents maternels de celui-ci refusèrent de le livrer. *Sarkin Kabi* insista, les somma à plusieurs reprises de le lui livrer, mais en vain, car ils étaient déterminés, comme tous bons parents maternels, à défendre leur neveu et leur protégé. Il leur dit alors de se préparer à une attaque de sa part qui allait avoir lieu le lendemain matin. Malheureusement pour le *Sarkin-Aréwa* Dubu Babari, au cours de la nuit précédant cette bataille, nous dit Malam Musa Mayaki Jada, la majorité de ses guerriers arawa qui l'accompagnaient encore se sauvèrent par complot, mais aussi par peur de la nombreuse armée du *Sarkin Kabi*. Il se retrouva uniquement entouré de ses fils et des membres de sa famille maternelle. Quant à ses assaillants, ils l'attaquèrent dès cette nuit-là et les accrochages durèrent jusqu'à l'aube. La bataille fut très rude, car le roi Gao Dubu Babari resta invincible parce qu'il était invulnérable à toute arme. Mais pour éviter l'extermination des siens, dont ses propres enfants, qui combattaient à ses côtés, il les renvoya en menaçant de leur donner une malédiction s'ils refusaient de lui obéir. Ils durent alors – bien malgré eux – partir et le laisser là, entouré par de très nombreux ennemis. Après leur départ, il planta ses armes au sol, déposa son bouclier, s'assit dessus et attendit la mort. Cependant, son grand pouvoir magique empêchait toujours de le tuer. Il restait invulnérable à toute arme utilisée par l'ennemi. Faisant montre d'un grand courage, il dévoila son secret magique protecteur à ses ennemis, puisque le destin l'avait offert à eux. En effet, ne sachant quoi faire, n'ayant plus aucune stratégie à même de le tirer de tels ennuis mortels, il dit à ses ennemis de prendre une « *hwatala* » (bande de cotonnade) blanche et de lui serrer le cou avec ; c'était, leur confia-t-il, le seul moyen de le tuer. On le fit et il mourut aussitôt. En ce qui concerne les habitants de Beshemi qui avaient activement soutenu le roi Dubu Babari, leur neveu utérin, après sa mort, *Sarkin Kabi* Maynasara et *Samna*

Karhe leur dirent de garder leur calme et de rester tranquillement chez eux, puisqu'ils ne visaient, eux, que la seule personne du *Sarkin Arewa* Dubu. *Sarkin Kabi*, qui commençait à placer l'*Arewa* sud sous sa souveraineté, rassura également cette population en lui disant qu'il ne pouvait ni combattre son propre pays, ni réduire ses propres sujets en esclavage, ni les capturer pour les vendre ailleurs. Ainsi, aucune personne de Beshemi ne fut emmenée en captivité dans le *Kabi* ni ailleurs. Alishina, l'homme de Matankari qui avait un bon cheval réussit à s'enfuir, il arriva le même jour à Matankari.

Ainsi s'acheva cette grande bataille de Beshemi opposant le *Sarkin Arewa* Dubu Babari au *Samna* Karhe Tunkara soutenu par ses alliés. *Samna* Karhe s'était vengé du roi Dubu Babari qui avait eu, à ses yeux, le grand tort de faire tuer ses parents maternels et de faire prendre et saccager la cité de Kurhwa par les Peuls et leurs alliés, dans le seul but d'éliminer ses concurrents et d'accéder au pouvoir. *Samna* Karhe et ses alliés s'attaquèrent également aux autochtones qui avaient aidé Gao Dubu lors de la bataille de Kurhwa, aux côtés des Peuls. Ainsi, la ville de Guéchémé qui avait soutenu ces derniers fut brûlée. Djenda, le grand traître qui avait demandé la piétaille au *Sarkin Musulmi* Aliyu Babba, qui avait mis le feu à Kurhwa et qui, de surcroît, avait eu la grosse idiotie de rester dans le pays après ses sinistres méfaits, fut pris et tué.

3.5. La reconquête de la cité de Kurhwa et la fondation de la principauté Tibiri Samna (1857)

À la fin de cette expédition punitive contre Gao Dubu Babari, *Samna Karhe* désirait punir aussi le *Sarkin-Aréwa* Alishina Kwana de Matankari, cousin et partisan du Gawo Dubu Babari, et allié et vassal des Peuls de *Sakwato*. Mais avant de se lancer dans cette entreprise guerrière vengeresse dans le Nord-Aréwa, *Samna* Karhe est resté longtemps sans entreprendre une activité militaire, le temps de réorganiser son armée et d'organiser sa principauté pour éviter d'être facilement pris puisqu'il savait que la réaction des souverains peuls à son égard serait immédiate et violente. Avant la prise et le saccage de la cité de Kurhwa par les Peuls et leurs alliés en 1855, *Samna* Karhe et ses guerriers vivaient à l'extérieur de celle-ci. Comme cette cité avait été entièrement détruite par les Peuls, et que ses habitants rescapés du grand massacre de 1855 s'étaient dispersés, *Samna* Karhe partit s'implanter à quelques mètres au nord des ruines de l'ancienne cité de

Kurhwa, sur une dune comprise entre la vallée du *Dallol Mawri* et le contrefort rocheux bordant cette vallée Nord-Sud. *Samna* Karhe situe lui-même l'emplacement de sa future capitale en disant : « *Bari in zamnaa bisa cibiri-cibiringa* ». Autrement dit : « *Je vais m'installer sur cette dune-là* ». Cette expression fortuite fut à l'origine du nom de « *Cibiri* » (*île, dune*). La situation géographique de Cibiri permet à Karhe de contrôler tous les dangers ou obstacles. Il disait qu'il agissait ainsi pour une question de stratégie et en prévision de tout danger.

Pour mieux garantir la sécurité de sa cité, il fait bâtir autour de cette cité un puissant mur d'enceinte. C'est ainsi que Cibiri *(Birni)* fut munie d'une fortification particulière, avec une haute muraille en terre battue, protégée en partie par le contrefort rocheux bordant la cité côté Nord-Sud. Tout autour de cette fortification, on creuse un fossé, ces tranchées sont bourrées de plantes épineuses rendant l'accès du village difficile. C'était là le *Birni* (mur d'enceinte). Alors il était très difficile à tout ennemi de franchir l'obstacle et d'atteindre les habitants qu'encadrait le mur. À sa construction, deux portes d'accès à la cité :

- Porte d'accès pour la population dite « *Kofa yamma* » entrée du Sud appelée aussi « *gagarabadaou* »
- Porte d'accès au parc où s'entassent les animaux (enclos) dite « *kofa chanou* », côté ouest.

Selon *Maidogarey* Boukari Manou « pour garantir la cité de toute surprise nocturne, chaque soir, les deux lourdes portes sont fermées. Et pour ouvrir ou refermer ces portes, il faut un minimum de 40 gaillards[1] ». La force guerrière de *Samna* Karhe lui avait permis ainsi de fonder vers 1857 dans le *Runkundum* une principauté indépendante. « *Tsibiri'n Samna* ». En créant sa principauté, *Samna* Karhe jouit de sa pleine autonomie par rapport aux souverains peuls et aux souverains *arewa*, ses parents maternels. Quelques-uns des rescapés de Kurhwa, en majorité des jeunes, revinrent s'installer à côté de *Samna* Karhe, à sa demande d'ailleurs, afin de contribuer à la reconstitution de la population de l'ancien Kurhwa, pour ne pas, disait-on, laisser cet espace vide. *Samna* Karhe se chargea dès lors de les protéger. À partir de ce moment, on peut constater que le nom de Katarma est éclipsé au profit de la principauté de Tibiri à laquelle on s'identifie. Son rayonnement fut si grand qu'elle connut de très grandes immigrations.

Samna Karhe reconstitua son armée et organisa sa cour.

---

[1] L'intérieur de cette cité est appelé « *Tchik'in birni où Al lougou* ». Un coin où on peut se mettre à l'abri de tout danger.

La Mission Voulet et Chanoine qui a séjourné à Tibiri le 21 mars 1899, fait la description suivante du village de Tibiri :

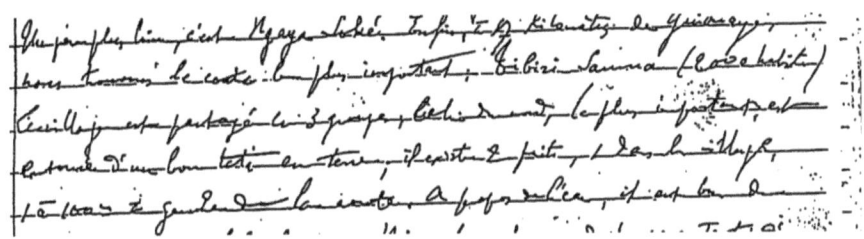

Source : ANN 1.7.35. journal des marches de la Mission Afrique Centrale depuis Tombouctou 1899.

Transcription : « Un peu plus loin, c'est Agaya Soké. Enfin à 17 kilomètres de Guiwayé, nous trouvons le centre le plus important ; Tibiri Samna (2 000 habitants). Le village est partagé en 3 groupes, côté Nord-Est, le plus important est entouré d'un bon tata en terre. Il existe 2 puits, 1 dans le village, 1 à 100 m à gauche de la route ».

Dans un document intitulé *« Notes recueillies sur Nassaraoua et Tibiri »* en 1947, le chef de subdivision de Dogondoutchi écrit :

> Ce village de Tibiri aurait été fondé par Karfé à côté même du village déjà existant de Kourfa qui est resté hors les murs-un peu à l'ouest de Birni, le village de Kourfa était habité par des gens de Serkin Rouafi. Ils se refugeaient dans le Birni quand il y avait la guerre- Il y a d'ailleurs encore à Tibiri un quartier Serkin Rouafi dont le Chef est apparenté au Chef de Kou koki qui porte également ce titre-

Source : archives sous-préfecture de Dogondoutchi

L'organisation administrative de la cour de Samna Karhe

Pour répondre aux exigences de la situation, Samna s'est entouré de hauts dignitaires d'une cour hiérarchisée. À l'époque, c'était la prééminence des critères guerriers qui ne favorisent pas l'instauration d'État. Nous notons les plus importants collaborateurs qui constituaient la cour :

Samna Karhe : est le souverain, il incarne l'autorité politique et militaire. Il symbolise l'unité et est garant de l'ordre et de l'intégrité territoriale de sa principauté.

Oubandawaki : la plus grande charge politico-militaire destinée principalement à la protection rapprochée de *Samna*. Il s'occupait de tout ce qui concernait les stratégies de la guerre.

Il est l'un des membres les plus importants du conseil de la cour de *Samna*. Prenant en considération sa bravoure, *Samna* Karhe avait nommé à ce poste son grand frère consanguin Doubou Tunkara, grand guerrier qui s'était vaillamment distingué à ses côtés. Surnommé « *Mai Tabaria yaki* » (l'homme à la lance aussi grosse qu'un pilon).

Sarkin Rhwahi : c'est le chef suprême des *Rhwahuwa*. Il a existé bien avant le règne de *Samna* Karhe. Ce dernier n'a fait que le confirmer en nommant Baro comme le premier *Sarkin Rhwahi* de son règne. Personnage très écouté, il est également l'un des principaux conseillers et proche collaborateur de *Samna*.

Dangaladima : Compte tenu de la physionomie que *Samna* Karhe donnait au pouvoir, il désigna son fils aîné Kondo comme héritier. Ce dernier devint ainsi souverain à la mort de Karhe dont il perpétua le titre de *Samna*.

Mayaki ou Sarkin-Yaki : c'est le Maître de la guerre. Il assure les fonctions de chef d'état-major. C'est lui qui dirige les opérations de guerre sur le terrain. *Samna* Karhe nomma à la tête de ce poste stratégique son fils Kémou.

Les chefs de Tibiri, *Samna*, recevaient leur investiture des sultans d'Argungu, simple allégeance, sans versement de tribut.

3.6. L'expédition de Samna Karhe contre le Sarkin-Aréwa Alishina de Matankari et l'investiture de Lehida Guimba (1860)

Après donc l'expédition punitive contre Gao Dubu de Zumbu et la fondation de la principauté de Tibiri, *Samna* Karhe s'était juré de se venger d'Alishina Kwana de Matankari pour le soutien actif qu'il avait apporté à Gawo Dubu et pour avoir attiré sur les concurrents de ce dernier l'intervention mortelle des Peuls ; de plus, c'est en visant plus particulièrement Karhe que ceux-ci avaient détruit Kurhwa, massacré ses vaillants guerriers et l'ont contraint à l'exil. D'autre part, profitant de leur grande victoire sur Karhe, le roi Alishina s'était emparé des troupeaux de *Samna* Karhe. Il se trouvait que le prince *ba'are* Lihida Gimba de Matankari, dont le père avait été cruellement assassiné à Binji par le *Sarkin Yaki* avec la complicité du roi Gagara Dakaw, beau-père du roi Alishina Kwana et promoteur de l'investiture de ce dernier, avait juré de venger le meurtre de son père ; et pour ce faire, il s'était lié à *Samna* Karhe et à ses alliés *kabawa*. Toutes ces circonstances accentuèrent finalement la détermination de *Samna* Karhe et de ses alliés à aller combattre le roi Alishina à Matankari. « La lutte entre Samna Karhe et le Sarkin Aréwa Alishina se poursuit sans merci. En 1860, au cours d'une grande bataille qui oppose les deux personnages, entre Matankardi et Birnin-Lokoyo, Alishina trouva la mort ainsi que de nombreux Touareg de Bankoukou ses alliés ». (A. Salifou, 1977, p. 72).

Samna Karhe s'était ainsi vengé du Sarki Alishina Kwana et Lihida Gimba avait pour sa part vengé la mort de son père. L'*Arewa* du Nord échappa donc au contrôle des souverains peuls de Binji et de Sokoto, puisque son nouveau *Sarkin Arewa*, en la personne de Lihida Gimba, était, lui, l'allié de *Samna* Karhe Tunkara de Cibiri et de *Sarkin Kabi* d'Argungu qui l'avaient porté au pouvoir. *Samna* Karhe regagna Tibiri, où il s'installa définitivement et qui devint le foyer de la résistance contre la domination peule.

3.7. Les vacances du pouvoir à la chefferie *Sarkin-Aréwa* du Katarma et l'investiture de Maynasara Hodi de Birni Hwala

En effet, après l'assassinat du roi Dubu Babari et de Alishina Kwana par *Samna* Karhe et ses alliés *Kabawa* et *Zarma*, les princes *arawa* du Katarma prirent peur devant le grand drame qui se déroulait sous leurs yeux, entre les alliés des *Kabawa* et ceux des Peuls. Par crainte du dangereux *Samna* Karhe de Cibiri et de ses Kabawa, les jeunes princes arawa du Katarma s'abstinrent de briguer la succession relative à leur chefferie héréditaire *Sarkin-Aréwa*. Aucun d'entre eux n'osa lever la tête pour présenter sa candidature en vue de la succession du *Sarki* Dubu Babari. Il y eut alors deux années sans roi ba'aré pour gouverner la principauté du Katarma. Quant aux *Katarmawa*, maîtres de la terre supérieurs du pays, ils étaient si troublés et si dispersés par ces guerres.

Mais, pendant la vacance du pouvoir, le pays était soumis à la loi militaire de *Samna* Karhe de Cibiri, l'homme fort du moment ; ce qui plaçait déjà le Katarma dans la sphère d'influence du *Sarkin Kabi* d'Argungu, le pays fut du même coup débarrassé de la souveraineté peule et retrouvera son indépendance par rapport aux Peuls. Il aurait fallu l'intervention pacifique du souverain d'Argungu de l'époque, Abdullahi Toga (1860-1883) pour que *Samna* Karhe se décidât à collaborer pour pourvoir le pays d'un *Sarkin-Aréwa*, et mettre fin à cette vacance de pouvoir. À la mort du *Sarkin-Aréwa*, Yaji Gagara de Nassaraoua, Maynasara Hodi et son cadet Gamadadi de Birni, n'étaient pas venus à la cérémonie. Ils étaient restés à Zazzagawa, leur cité d'exil dans le Kabi. *Samna* Karhe se rendit à Zazzagawa pour chercher les deux héritiers Maynasara Hodi et son cadet Gamadadi qui avaient sagement quitté le Katarma. Et tous les trois se rendirent à Argungu où Maynasara fut intronisé *Sarkin-Aréwa* du Katarma. *Samna* Karhe et ses guerriers escortèrent le nouveau souverain jusqu'à Birni. Maynasara Dan Hodi fut ainsi solennellement installé sur leur trône héréditaire, pacifiquement. La vie politique au Katarma connut enfin une tranquillité intérieure relative. Le cycle de vengeance interne de Samna Karhe était terminé puisqu'il avait successivement tué tous ses ennemis arawa et leurs alliés. Aucun prince ba'aré n'osa troubler la quiétude du nouveau *Sarkin Arewa* Maynasara Hodi, d'une part, intronisé par le puissant *Sarkin Kabi* qui faisait déjà figure de souverain de la région, d'autre part, soutenu par le redoutable et redouté *Samna* Karhe de Cibiri. Par ailleurs, c'était à partir de cette intronisation de Maynasara Hodi à Argungu en 1861 que le Katarma avait résolument basculé dans le camp du *Sarkin Kabi*, autrement dit dans celui des alliés ennemis des Peuls contre lesquels ils luttaient farouchement pour sauvegarder leur indépendance. En effet, jusqu'au roi Dubu Babari, le Katarma était encore resté tributaire de Sokoto par l'intermédiaire du fort de Binji.

Désormais, le Katarma dépendait presque entièrement du Kabi, toutes les grandes affaires politico-militaires générales se décidaient là-bas. Ainsi donc, *Samna* Karhe et ses alliés kabawa avaient vaillamment triomphé des Peuls de Sokoto sur le terrain militaire et politique du Katarma. Le prince Gamadadi Hodi succéda à son aîné germain Maynasara. Tout comme son grand frère, le *Sarkin Arewa* Gamadadi Hodi n'a connu aucune agitation militaire jouissant du soutien du *Sarkin Kabi* d'Argungu et de *Samna* Kondo de Tibiri. Mais au cours de son règne, il fut victime d'un empoisonnement mortel tramé par les princes *arawa* avec la complicité de son *Ubandawaki* qui était pourtant son cousin à plaisanterie. Un fait historique important s'attache à cette succession. En effet, après l'accession au pouvoir de Kaka Dawra de Dumega, une princesse ba'are de la famille Hodi Na'alla de Birni, très furieuse contre le comportement de ce conspirateur, jura de ne pas lui remettre les tambours royaux ancestraux qui devraient normalement circuler d'une famille royale régnante à l'autre, d'une cour à l'autre, et d'un village héritier à l'autre ; alors, elle les prit et alla les cacher dans la grotte d'une colline qui se trouve aujourd'hui au nord immédiat du village de Matsahiya. Les esprits qui habitent l'intérieur de cette colline en profitèrent pour s'en emparer et refusèrent de les restituer au moment où l'on voulut les récupérer. Ils empêchèrent de les faire sortir et les rendirent du même coup invisibles aux humains. Dès lors, nul être humain n'avait pu les retirer de cette grotte. Ainsi, le nouveau *Sarki Arewa* Kaka Dawra régna sans leurs tambours royaux héréditaires. De plus, à partir de lui, tout prince ba'are qui accédait au trône de *may arewa* du Katarma était non seulement privé de ces derniers, mais encore tenu de sacrifier un bœuf devant cette grotte pour à la fois introduire son régime, honorer ces tambours royaux, satisfaire les esprits qui les retiennent et les gardent en quelque sorte, et bénéficier de leur bienveillance.

3.8. Le fief de Samna Karhe

Plusieurs auteurs, administrateurs coloniaux, ethnologues, historiens ont diversement apprécié la naissance de cette nouvelle principauté et l'émergence de son fondateur *Samna* Karhe. Nous exposons ici quelques extraits de leurs analyses.

Selon l'administrateur commandant le cercle de Dosso, « Samna Karfé résolut de se créer un commandement autonome, suivi de ses partisans, il s'installa à Tibiri et proclama son indépendance. Le Sarkin Kebbi comme récompense lui donna le commandement des villages de Tibiri, Kiada, Madé, Angoual Mazouga[1] ».

Cette version a été reprise et revue par B. Soffo qui écrit : « Samna Karhe avait sollicité et obtenu du Sarkin Kabi l'octroi d'un fief dans le Katarma, autour de Tibiri qui est devenue sa capitale. En effet, il demanda au souverain d'Argungu de l'attribuer le commandement des villages de :
– Beesheemi, cité de sa grand-mère maternelle et là où il avait combattu et tué le roi Doubou Babari, son oncle et son cousin maternel ;
– Madé appartenant aux Katarmawa, parents de l'ex-Kurhwa détruite par les Peuls vers 1855 ;
– Kiada/Sakari appartenant aux descendants de Yarima Tukuyu et qu'avait dirigé Ishihu Yarima, oncle et cousin maternel de Karhe, et de

---

[1] ANN. 6.1.5. « Aperçu historique sur la formation des cantons du Sud ou Rounkoundoum », 1926.

plus son allié et son candidat, tué en 1855 lors de la bataille de Kurhwa consécutive à la troublante succession du roi Yaji ;

– Anguwa Mazuga créé par Mazuga Maychabara refoulé de Douméga par Yaji Gagara ;

– Et Kurhwa, ancienne ville des Rwahwawa ou Katarmawa, ancienne capitale du Sarkin Rwahi, saccagée par les Peuls en 1855.

Il précisa au Sarkin Kabi que ces cinq (5) villages lui suffisaient largement, et c'était tout ce qu'il souhaitait avoir et qu'il ne voulait pas du tout posséder un quelconque pays. C'était là la limite forte de son fief avec Cibiri comme capitale ».

Pour J. Périé et M. Sellier : « Karfé et Daoudou réunirent leurs forces... Après une bataille indécise à Méra, les conjurés s'installèrent en maîtres à Argungu et décidèrent d'élire un chef parmi eux. Nabame fut choisi et prit en même temps le titre de Kanta de Kebbi. Karhe reçut le titre de Samna, c'est-à-dire chef de guerre. Puis les conjurés se séparèrent. Karhe s'installa à Tibiri ». (1946, p. 30).

Pour B. Hama, « Au moment où le Kebbi se libérait... Karfey se taillait à Tibiri un État indépendant des Peuls ». (1967. p. 164).

Pour S. SÉRÉ de Rivières, « Nous y voyons un exemple caractéristique du processus de création d'une chefferie... un royaume était né, avec un prince et une dynastie[1] ».

Pour M. B. Alkali, « La crise de 1849 avait donné lieu à l'émergence de Karfey comme le chef militaire de tous les différents groupes arawa. Puis déclaré le chef de tous les chefs arawa ». (1969, p. 253).

Pour M. H. Piault, « Samna Karfey, profitant des divisions qui séparaient alors les Arawa dont l'organisation politique avait éclaté en plusieurs principautés rivales, soulevant les populations du sud du Dallol Mawri contre la souveraineté que le chef peul de Binji imposait au nom du Sarki'n musulmi de Sokoto, Samna Karfey réussissait, en s'alliant au Sarki'n Kabi en lutte contre l'impérialisme peul, à constituer un fief assez puissant [...] Après que Karhe eut aidé Nabami dans sa reconquête du pouvoir à Argungu, Nabami en donnant à Karhe le titre de Samna, aurait décidé que tous les gens de l'Aréwa devraient passer par l'intermédiaire de Karhe pour demander quelque chose au Sarkin Kabi. » (1970, p. 59-60).

Pour A. Salifou, « Samna Karfey avait été sans conteste l'un des plus grands artisans de cette victoire sur les Peuls ». (1977, p. 73).

---

[1] In *PENANT*, revue de droit des pays d'Afrique, N° 718, p. 476, 1967.

Pour É. de Latour, « De façon plus radicale encore, Karfey est arrivé à se constituer une principauté totalement autonome au détriment de l'organisation politique <u>arauci</u> [...] Toutes les autres fractions de l'aristocratie <u>arauci</u>, qu'il s'agisse du Katarma, du Takassaba et encore plus de l'Aréwa, eurent des positions sujettes à des renversements nombreux et radicaux, tantôt violemment agressives, tantôt soumises aux alliés. À l'inverse, la vigueur de l'aristocratie <u>gubance</u> et sa ténacité contre les Peuls lui permirent de s'affirmer aux dépens des Arawa du Katarma ». (1981, p. 347).

3.9. Conclusion

Les actions guerrières de *Samna* Karhe avaient considérablement remodelé l'histoire de la région et avaient laissé une empreinte qui ne peut être effacée sur la nature des rapports sociaux et politiques.

Samna Karhe n'était pas seulement un grand et redoutable guerrier, il était également un grand et fin politique. Pour une question de conscience morale, *Samna* Karhe se comporta avec modestie et sagesse vis-à-vis de la chefferie *Sarkin-Aréwa* de ses parents maternels et vis-à-vis de la chefferie *Sarkin Rhwahi* des Rhwahwawa, ses protecteurs et vaillants guerriers. *Samna* Karhe a facilité la nomination d'un nouveau *Sarkin-Aréwa* du Katarma. Il a reconstitué la population de l'ancien Kurhwa en procédant au retour des rescapés et à la nomination d'un nouveau *Sarkin Rhwahi*. Il s'est contenté d'un minuscule fief, mais ce n'était pas suffisant pour cet artisan du soulèvement général contre la domination des Peuls et de la libération nationale.

Quelle était alors sa profonde raison ? Il avait sans doute évité, après sa mort, le soulèvement de graves crises politico-militaires dans le Katarma. Ainsi, le Katarma vécut en paix mais effacé de la scène politique au profit de la principauté de Tibiri qui s'affirme.

CHAPITRE 4 :

Les guerres de libération dans le Zabarma et le Dendi

4.1. La libération du Zabarma

L'avènement d'Usman dan Fodio dans le pays *hawsa* en 1804 permit à Bubakar Luddudji d'ouvrir les hostilités contre les *Zarma* parmi lesquels il vivait jusqu'à présent pacifiquement et jouissait de l'image de sainteté dont avaient fait figure son grand-père Ali Anna et son père Sambo. À partir de ce moment, il multiplia frénétiquement les exactions contre ses voisins *zarma*, qui étaient pourtant ses adeptes. (B. Gado, 1980, p. 198).

Les dernières bandes de *Zarma* résistants, conduites par Daudu Bugaraan se réfugièrent à Tanda et Guiwaé et particulièrement à la révolte victorieuse du Kebbi contre les Peuls en 1849. (J. Périé et M. Sellier, 1946, p. 25).

Durant leur exil au Kebbi, les résistants zarma ne rêvèrent que de prendre d'abord leur revanche sur Abul-Hassan, le « *Lamido Zarma* » de Tamkalla, qui les avait écrasés à Zagoré avec l'aide impressionnante apportée par l'Émir du Gwandu [...] Le guerrier *zarma* Daudu Bugaraan et ses lieutenants regagnèrent leur patrie et menèrent des luttes terribles contre les Peuls du Dallol-Bosso. Le premier fait d'armes de Dawda Bugaraan, Issa Korombé et de Hamma Fandu, à leur retour dans le *Zarmatarey*, eut lieu à Gorubankassam [...] Forts de l'appui du Kebbi et de Tsibiri, ils repoussèrent victorieusement une attaque des Peuls à Gorubankassam au Nord-Est de Dosso. Les Peuls surpris et vaincus s'enfuirent en désordre. Cette petite victoire militaire rendit courage aux *zarma* de Dosso et de nombreux chefs de guerre se joignirent enfin aux exilés de 1831. (B. Gado, 1978, p. 169).

Après l'engagement de Gorubankassam qui redonna confiance aux *Zarma*, Issa Korombé entreprit alors d'organiser des troupes pour porter un coup d'arrêt aux razzias Twareg [...] L'affrontement eut lieu à Loki dans l'Imannan mais comme les alliés d'Issa Korombé avaient tardé à se réunir, il ne fut pas décisif. Si les Twareg furent quelque peu dispersés, leur puissance était encore presque intacte. Il fallait à Issa Korombé d'autres troupes *zarma* et surtout des alliés puissants et aguerris au combat. Issa Korombé fit appel alors à ses compagnons d'armes connus pendant les dures années d'exil : le *Sarkin Kabi* Meynassara et *Samna* Karhe de Tsibiri. (B. Gado, 1978, p. 388).

Mais malgré la libération partielle du *Kabi*, du *Fogha*, et l'*Aréwa* et les luttes qui continuaient toujours dans ces régions, malgré le combat heureux de Gorubankassam qui vit fuir Abul-Hassan sur le « grand étalon », les résistants zarma se devaient encore de rassembler des troupes supplémentaires et solliciter l'aide du *Sarkin Kabi* et du *Samna* Karfey de Tsibiri à un moment opportun, pour attaquer en pleine campagne, les Peuls de Tamkala, qui étaient très puissants jusqu'en 1853-1854, lors du passage de Barth. (B. Gado, 1978, p. 379).

En 1854, quand il se fut installé à Dosso, le vétéran Dawda Bugaraan, fils de Hamma Bugaraan, lui-même marabout et chef de guerre heureux de 1808, qui était alors au moins âgé d'une cinquantaine d'années, voyait enfin pointer à l'horizon de sa prise de conscience « nationale », l'évènement qu'il couvait depuis plus de 20 ans, c'est-à-dire la libération de son pays du joug tamkalla, événement qui calmerait enfin la fièvre de son âme, effacerait enfin tant de rancœur et d'amertume supportées pendant plus de 20 ans d'exil et lui ferait connaître la fin qu'aurait souhaitée un homme pieux et combatif, un homme lucide, généreux et impitoyable, aux prises avec les soubresauts de son époque cruelle, et qui est « revenu enfin vivre parmi les siens le reste de son âge ! » [...]

Il céda sa place à Issa Korombé[1] pour ne garder qu'un rôle spirituel et moral [...] L'armée d'Abul Hassan fut définitivement battue vers

---

[1] Dans un article paru dans le *NIGERAMA* spécial DOSSO n° 3 oct. nov. déc. 1988, p. 15, Idimama Kotoudi écrit : « un guerrier nommé Issa Korombé, ayant battu les Peuls et les Touareg, et reconstitué Koygolo, Issa Korombé imposa sa loi sur les chefferies de Filingué, Matankari, Tsibiri, Guiwayé, Kara Kara, Dosso, Dan-tiandou et Kiota ». Cette version est erronée.
Voici un extrait de la version donnée par Boubé Gado sur Issa Korombé : « Né vers les années 1810, il aurait vite fait d'être qualifié de jeune présomptueux qui n'avait pas encore fait ses preuves et qui croyait que la guerre était un enfantillage ! Issa Korombé

1865 par la grande offensive des coalisés zarma, arawa et kabawa pour venir à bout et définitivement des Peuls de Tamkala. (B. Gado, 1980, p. 169, 225, 227).

4.2. La libération du Dendi

Il y eut dans le Dendi une poussée peule et un rassemblement qui aurait pu devenir le noyau d'un royaume. Mais la résurrection du Kebbi, en 1849, amena l'écrasement de ce noyau. (Y. Urvoy, 1936, p. 108).

Afin de préciser sa domination sur Yélou et aussi pour éviter le retour offensif des Peuls, le Kanta d'Argungu installa à Kaora-Kaïna, sur les ruines du village peul, une petite colonie comprenant des membres de sa famille. D'autres Kabawa fondèrent Dolé sur les bords du Niger, puis plus tard Albarkaïzé. (J. Périé et M. Sellier, 1950, p. 1056). La suprématie du Kabi ne prit fin qu'avec la colonisation européenne. L'hégémonie d'Argungu sur le Bas-Dallol Mawri ne réussit pas à assurer la paix aux populations. L'état de guerre était continuel. La petite principauté de Diundiu seule resta longtemps fidèle à l'amitié du Sarki Musulmi [...] Le Kanta Toga résolut de réduire ces dissidents, sept fois, il mit le siège devant Diundiu, sept fois il fut repoussé. À la huitième, il se résolut à employer la ruse [...] il tendit une embuscade aux notables de Diundiu qui revenaient de Sokoto.

En possession de ces otages, Toga dicta ses conditions au chef Aboubacar qui s'inclina. Dès lors, Diundiu paya tribut à la fois au Sarkin N'Kebbi et au sultan de Sokoto. L'hégémonie d'Argungu sur le Bas-Dallol-Mauri était donc complète mais elle ne réussit pas à assurer une paix véritable aux populations. Des rezzous incessants eurent lieu jusqu'à la fin du siècle. (J. Périé et M. Sellier, 1946, p. 33-38-39).

---

dut donc être conscient de sa position et puisque son but était la reconquête du Dallol-Bosso, il s'arma de tact et de patience et appliqua ce vieil adage universel "savoir obéir pour se faire obéir" que les vieilles personnes de l'époque aimaient dire aux jeunes. Il s'intégra à la troupe de Dawda Bugaraan dont il suivit strictement les directives et qu'il entoura de respect et d'admiration et peu à peu, il se fit la main au cours des différents affrontements qui eurent lieu dans le Kabi, le Fogha et l'Aréwa. Il noua des amitiés précieuses parmi les Kabawa et les Arawa et notamment leurs chefs Yakubu Nabami et Samna Karfé, en même temps, il acquérait la confiance des partisans Zarma ». (B. Gado, 1978, p. 369). « Issa Korombé, qui devait participer aux combats, était encore un lieutenant dont le nom n'était pas sorti de l'ombre prestigieuse des vétérans » ! (B. Gado 1980, p. 224).

CHAPITRE 5 :

La fin des guerres de libération

5.1. La formation de l'État fédéral

Après la révolte de 1849, l'État de Kabi s'est reconstitué. Son prestige est agrandi par la victoire. Grâce à leur soulèvement général et aux stratégies qu'ils avaient adoptées, les coalisés réussirent à arracher leur indépendance des mains des Peuls, à menacer dangereusement, et à affaiblir considérablement les États de Gwandu et de Sokoto. La physionomie de la région changea alors. Les jihadistes ne menèrent plus la scène politique mais les rebelles, les nouveaux maîtres. Les pays libérés par les coalisés grâce à cette action de reconquête comprenaient une partie du Kabi nord autour d'Argungu, le Gubay-Arewa, une bonne partie du Zarmatarey *(*Zabarma, secteur oriental), le Kurhway, le Hooga et le Dendi. Le *Sarkin Kabi* d'Argungu étant au voisinage des Peuls devenait de ce fait le leader de la résistance générale. Selon Akali, un arrangement politique se créa dans les territoires respectifs des leaders de la résistance. Le Kabi et les pays alliés formaient alors une sorte d'État fédéral ayant pour capitale Argungu. Alkali dresse une carte du territoire de l'État fédéral, qui se divise en deux zones[1] :
1) Zone partiellement contrôlée ;
2) Zone entièrement contrôlée à la fin du XIXe siècle. Cette zone est divisée en cinq espaces communautaires :
- Communauté kabbawa avec pour base Argungu capitale du territoire ;
- Communauté Arawa avec pour base Tsibiri et Bei-Bei ;
- Communauté Zabarmawa, avec pour base Dosso ;

---

[1] Cf. Carte du territoire contrôlé par les alliés vers la fin du XIXe siècle. Map V. Bello Alkali M. A. thesis, 1969.

- Communauté Konnawa, Kengawa, Tulmawa avec pour base Yélou et Junju ;
- Communauté Kengawa et Dandawa, avec pour base Kengakai.

Cette guerre de libération aurait aussi entraîné l'intervention d'Argungu dans les affaires intérieures des régions libérées.

Le leadership militaire régional du *Sarkin Kabi* d'Argungu qui lui avait offert une place dominante, se transforma peu à peu en une forte influence politique.

Ce glissement d'une alliance militaire à une prééminence politique était dû d'abord à la direction des opérations militaires puis à des rôles politiques internes et aux relations matrimoniales. La suprématie des *Kabawa* sur leurs alliés n'était pas une domination militaire due à une défaite à la suite de la guerre. C'était une simple supériorité acquise pacifiquement à travers l'alliance militaire et l'amitié. Mais le fait de cohabiter à partir de cette alliance pour la guerre contre les Peuls, les amena à se marier entre eux devenant ainsi, par la suite, des parents. Ainsi donc, à l'alliance militaire pour la lutte contre leurs ennemis communs vinrent s'ajouter des relations matrimoniales, ce qui renforce tout naturellement la cohésion des alliés contre les Peuls, mais aussi et surtout la position supérieure du *Sarkin Kabi* sur ses alliés. Cette suprématie ne prit fin qu'avec la colonisation européenne.

5.2. Carte du territoire contrôlé par les alliés vers la fin du XIXe siècle

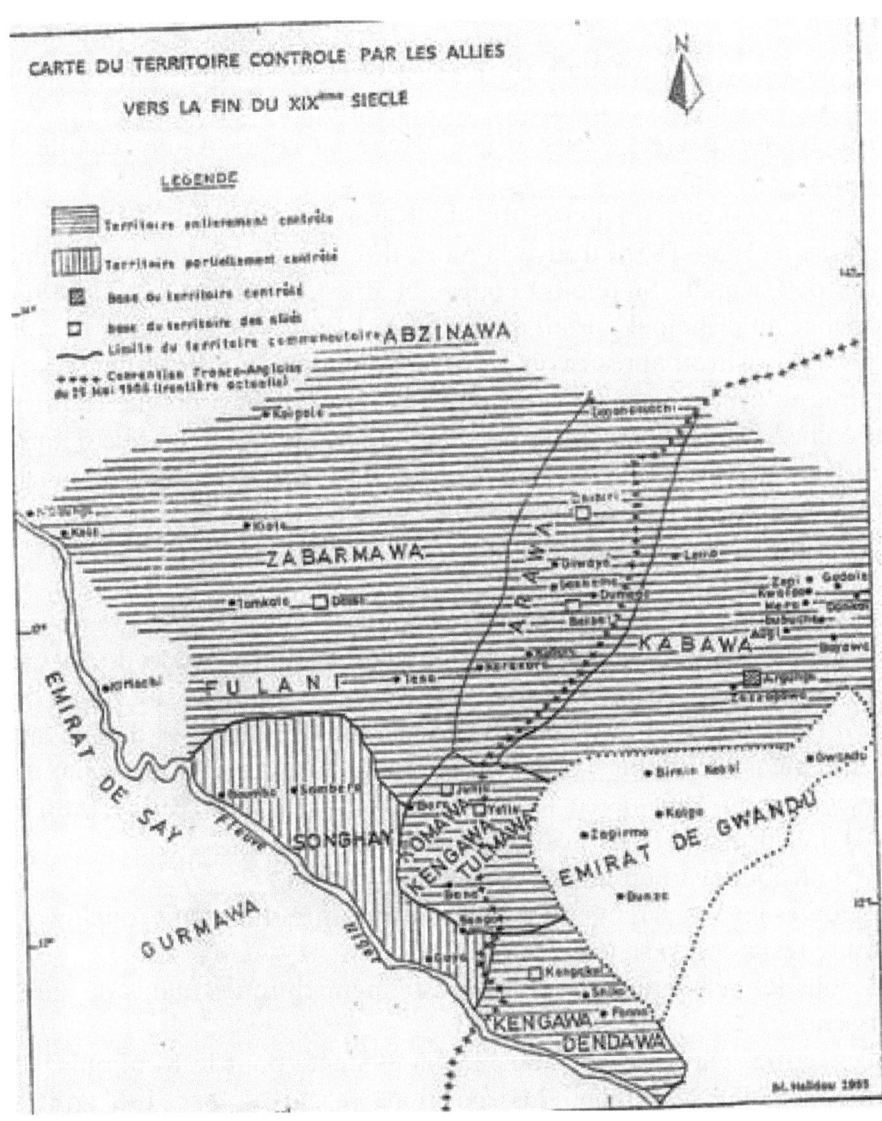

Source : Map V. B. Alkali M. A. thesis, 1969.

5.3. Le traité de paix ou (lahiya Toga) conclu en 1867 entre le *Sarkin Kabi* Abdullahi Toga (1860-1883) et le *Sarkin Musulmi* Ahmadu Rufay (1867-1873)

Le *Sarkin Kabi*, Samaïla Karari, 1826-1831, Kanta de Kabi, fut battu et tué à Galéwa par les Peuls. Le *Sarkin Kabi* Yakubu Nabami (1849-1854), fut tué par les Peuls, d'une flèche au cours d'une bataille à Kibiyari.

Son successeur, un autre fils de Karari le Sarkin Kabi Yusufu Maynasara (1854-1858) trouva la mort, il fut tué par Haliru Abdullahi, l'Émir de Gwandu. Sa tête fut coupée et amenée à Gwandu où elle fut accrochée au principal portail de la cité de l'Émirat. Vers 1860, l'Émir de Gwandu Alirou après avoir vainement attaqué le village de Zabori se retourne contre Kara-Kara qu'il razzia férocement. Lorsque Halirou rentre chez lui, l'armée peule fut attaquée par les guerriers de Tibiri, Kara-Kara, Zabori et Argungu. « L'Émir fut tué dans la bataille qui se livra à Koara-Saré ou, selon certaines autres traditions, assassiné par surprise pendant qu'il faisait sa prière ». (J. Périé et H. Sellier, 1946, p. 33).

Sa tête tranchée est ramenée à Argungu. Le mausolée de cette tête se trouve actuellement au musée d'Argungu (Nigeria). La mort de *Sarkin Kabi* Yusufu Maynasara est ainsi vengée par la coalition. Le règne de *Sarkin Kabi* Abdullahi Toga (1860-1883), fils de Karari, se distinguait par la fameuse « lafiyar Toga » ou paix de Toga qui était un traité de paix conclu en 1867 avec le *Sarkin Musulmi* Amadu Rufay (1867-1873). Les principaux termes du traité furent :

1er le Kabi devait être indépendant du Gwandu ;

2e toutes les villes tenues par le Kabi jusqu'à la date de la conclusion du traité restaient en sa possession ;

3e tous les prisonniers de guerre resteraient entre les mains de leurs ravisseurs ;

Ces termes étaient d'une satisfaction évidente pour le Kabi puisque celui-ci tenait solidement les positions acquises par les armes. Cependant, la majeure partie de l'ancien Kabi restait occupée par les Peuls. L'œuvre de reconquête du Kabi restait donc inachevée. Cette paix parait avoir duré 8 ans, de 1867 à 1875, au bout desquels la guerre éclata de nouveau. « La rupture de *Lafiyar Toga* intervint quand l'Émir du Gwando accepta l'allégeance de la ville de Fanna bien qu'elle fût sous la suzeraineté du *Sarkin Kabi* ; ce fut alors que le Kabi fit appel à ses alliés arawa et zarma du Dallol » (B. Gado, 1980, p. 247).

5.4. L'expédition de Samna Karhe contre les Twareg de l'Imannan ou l'étrange destin du combattant libérateur (1872)

Il existe une controverse sur le lieu et la mort de *Samna* Karhe. « Jamais sa mort n'est mentionnée et aucune tombe ne marque sa fin ; un fondateur héroïque ne peut avoir une mort ordinaire ». (É. de Latour, 1992, p. 114-115)

Selon Mayaki, un matin, le marabout et confident de Karhe demanda à le voir. Il fut aussitôt reçu et exposa les motifs de sa visite matinale. *« Chef, la nuit dernière j'ai fait un rêve, qui te concerne mais ne dit rien de réjouissant »*. Karhe interrompit le marabout et dit à ce dernier qu'il sait déjà de quoi il va lui parler ; car, dit-il, *« c'est ma mort que tu as vue dans ton rêve, mais rassure-toi, j'ai fait le même rêve que toi »*. Le marabout poursuit en disant : *« Le seul conseil que je vous donne c'est de ne pas rester mourir ici à Tibiri »*. Karhe répondit : *« D'accord, je sais où j'irai mourir »*. Plus tard, *Samna* Karhe, sentant venir sa mort par un signe de maux de ventre, fit rassembler ses hommes et leur dit : « Je voudrais partir rendre visite à nos cousins de Bonkoukou, ceux-là mêmes qui avaient voulu donner un coup de main à Alishina pour me combattre, mais ils n'ont pu faire le déplacement, moi, je les trouverai chez *eux* ». (M. Mayaki, 1986, p. 11).

Samna Karhe arriva à Bonkoukou à la tête de ses hommes et engagea la bataille qui dura trois jours sans aucune victoire par les deux parties, après quoi, il dit à ses hommes : « Nous nous battons depuis trois jours et il n'y a toujours pas de décision ; j'ai remarqué que plusieurs troupeaux ont pris la direction de notre village, aussi je veux que vous partiez les prendre au moins, nous ne serons pas retournés bredouille, partez tous, je vous attendrais ici et quand vous entrerez en possession des animaux, envoyez-moi un d'entre vous pour me prévenir et je rentrerai avec lui ». Ses hommes partis, Karfey dit à l'adresse de ses adversaires : « Vous autres, écoutez-moi, approchez-vous, je vous dirai comment faire pour me tuer ». À ces mots, il sortit une bande de cotonnade qui lui servait de ceinture, l'enroula à son cou et invita ses adversaires à tirer sur chaque bout. Ceux-ci obéirent et se mirent à tirer, à tirer de toutes leurs forces jusqu'à l'étrangler et son corps sans vie tomba à terre. Ne le voyant plus bouger, ils s'approchèrent pour identifier leur victime et c'est en dénouant le turban qu'il portait qu'ils aperçurent les cicatrices faciales que Karhe portait aux joues, et regrettèrent tous leur acte car, disent-ils, nous venons de commettre une grande erreur en tuant cet homme qui est un *bagoubé*, donc notre cousin. Après, ils ramassèrent le corps et allèrent lui donner une sépulture. Les hommes de Karhe, partis pour s'emparer des animaux indiqués, revinrent à l'endroit où ils avaient laissé ce dernier mais ne le voyant pas, demandèrent puis apprirent qu'il a été tué ; ils cherchèrent donc l'endroit où il a été enterré mais en vain, après quoi, ils décidèrent de rentrer à Tibiri et la nouvelle fut vite répandue dans le pays. (M. Mayaki, 1986, p. 11-12).

« Samna Karfé fut tué en pleine victoire dans une expédition contre les Touaregs de Bonkoukou ». (J. Périé et M. Sellier, 1946, p. 34).

« Karfé eut une mort digne d'un guerrier, en combattant les Touaregs dans la région de Bonkoukou et Kochilan[1] ». « Il fut tué dans une expédition contre les Touaregs de l'Imanan ». (A. Salifou, 1977, p. 73) « Aucune tombe ne marque sa fin ; un fondateur héroïque ne peut avoir une mort ordinaire ». (Éliane de Latour, 1992, p. 115).

Selon Soumana Doubou dit *Samna*, résident à Tillabéri, « plusieurs années après la mort de *Samna* Karhe un groupe de jeunes de Tibiri accompagné d'un joueur de molo (guitare) était parti dans la région de Bonkoukou à la recherche de l'information sur cette mort. Pendant des mois ces jeunes gens ont sillonné cette région. Mais en vain, certains d'entre eux ne sont jamais retournés au village[2] ».

5.5. Samna Karhe le Héros

La guerre, on l'a vu, fabrique des héros. « Karfey a la guerre dans le sang et ne peut rester longtemps chez lui. Il est destiné au triomphe par la violence ». (Éliane de Latour, 1992, p. 114). Il a relevé le défi lancé au *Sarkin Yaki* de Binji : « *Mon pied ne foulera votre sol que pour la guerre* ». Ainsi qu'il l'avait juré, son pied ne retourne à Binji que pour la guerre ; et il avait gagné celle-ci en libérant sa patrie de l'écrasante domination peule. De son enfance à sa vie guerrière, il avait échappé à toutes les tentatives d'assassinat ourdies contre sa personne. Il avait surmonté tous les obstacles et était resté pratiquement invincible. Ni ses parents maternels, ni les Peuls n'avaient réussi à le détruire, à briser sa

---

[1] ANN : « Compte rendu des tournées effectuées du 6 au 14 février et du 2 au 16 mars 1947, pour le recensement du canton de Tibiri, par le chef de la subdivision de Dogondoutchi. »
[2] Information recueillie en 1995 à Tillabéri auprès de Soumana Doubou dit Samna infirmier de santé à la retraite.
D'après les informations que nous avons recueillies auprès de certains intellectuels de la région de Filingué, notamment Zodi Ikhia, ancien ministre de la Ire République (1958 à 1963), dit : « qu'ils ne reconnaissent pas dans leur histoire avoir tué Samna Karhe ».

destinée extraordinaire, à arrêter son ascension. D'autre part, soutenu, dit-on, par Dieu qui l'avait prédestiné à la grandeur, et par une redoutable déesse noire appelée *Zakuma*, du groupe des terribles esprits noirs, l'envoi des démons (génies malfaiteurs) et des sortilèges *(sammo ou kwarce)* contre sa personne ne servait à rien, car il restait inefficace. C'est pourquoi, jouant sur son nom, on lui adressait les louanges : « *le fer, on ne peut te lécher (c'est-à-dire te sucer), on ne peut te croquer, on se contente de t'observer, sortilège toi-même, on ne peut te jeter un sort* ».

Resté pratiquement invincible, il avait de lui-même provoqué sa disparition physique, il s'était en quelque sorte détruit, en se servant des Twareg de l'Imannan qui étaient à la fois ses ennemis et ses alliés à plaisanterie, et tout ceci en un grand sacrifice pour assurer l'avènement futur de sa descendance. Il était mort vers 1872, après 65 ans d'une existence fort agitée, de 1807, date probable de sa naissance à sa disparition. Il avait exercé sa chefferie Samna de 1849 à 1872, soit pendant 23 ans. Ainsi succomba ce principal artisan du soulèvement général contre la domination peule, de la renaissance de l'État du Kabi à Argungu, et de la grande victoire des coalisés contre les Peuls, ce héros de la libération des peuples de l'Ouest du joug des Peuls du Sokoto et du Gwandu, mais aussi ce grand agitateur de la vie sociopolitique du Dallol Mawri. Jusque-là, aucun de ses grands ennemis, ni ses parents maternels du Katarma, ni les Peuls du Sokoto et du Gwandu, ni personne d'autre, n'avaient pu le massacrer. Enfin, sa fin était bien digne d'un héros, d'un grand guerrier et du grand prédestiné qu'il était. « Il semblerait que *Samna* Karfey se soit converti à l'islam », selon Marc Henri Piault. Mais il est évidemment bien difficile de savoir s'il avait subi l'influence de cette hypothétique prière de l'assemblée du *Sarkin Musulmi* de Sokoto ou celle de son marabout qui l'accompagnait toujours et avec lequel il avait trouvé la mort.

5.5.1. Les propos de Samna Karhe

- Blessé dans son amour-propre à la cour de *Sarkin Yaki* de Binji, le jeune Karhe Tunkara dit : « Écoutez-moi bien tous, je retourne avec mes compagnons et tout ce qu'on a apporté à votre chef. Je rentre chez moi avec, et si vous me revoyez une seconde fois ici, ce sera pour faire la guerre ». (B. Soffo, 1998).
- À son retour de sa difficile mission de Binji, Karhe Tunkara dit : « J'ai délayé du "fura", celui qui veut boire n'a qu'à boire, celui qui ne veut pas boire n'a plus qu'à mourir de faim. Ceux qui veulent faire la

guerre n'ont plus qu'à me suivre et gloire s'ensuivra ; tandis que les autres resteront d'éternels vaincus ». (É. de Latour, 1981, p. 139).

- Suite à sa rencontre avec Daudu Bugaran du *Zabarma*, Karhe Tunkara dit : « Je veux que tu saches une chose : que je sois seul ou accompagné de mes hommes, je serai en mesure de combattre tous les Peuls que je rencontrerai et de les exterminer jusqu'au dernier, aucune armée peule ne peut me résister ». (M. Mayaki, 1986, p. 4).

- Avant son sacre du titre de « *Samna* », Karhe Tunkara dit à son allié *Sarkin Kabi* Yakubu Nabami : « Je suis un fils de femme (chez moi et non un héritier mâle de la chefferie Sarkin Arewa). Mais qu'on me donne Samna, chefferie de guerre ». (B. Soffo, 1998).

- Après la destruction par les Peuls de Kurhwa, cité de *Sarkin Rhwahi* chef suprême du Katarma, *Samna* Karhe dit : « On a pris Kurhwa. Mais je vais me venger. Celui qui m'a trahi mangera le fruit amer du mensonge et de la traitrise ». (B. Soffo, 1998).

- *Samna* Karhe qui se trouvait momentanément en exil suite à la destruction matérielle et humaine de la cité de Kurhwa, envoie au nouveau *Sarkin Kabi* Yusufu Maynassara (1854-1858) le massage suivant : « Sarkin Kabi, je suis à l'origine de votre grandeur actuelle. Alors, vous aussi, aidez-moi à aller tuer Gawo Dubu pour me venger de ce qu'il m'a fait. Il a fait massacrer mes gens et m'a chassé du pays. Et je vais me venger, je vais trancher sa tête. Il habite tantôt à Zumbu, tantôt à Béschemi ». (B. Soffo, 1998).

- Après sa vengeance contre le *Sarkin Arewa* Gao Dubu, *Samna* Karhe dit aux habitants de Béshémi : « Gardez votre calme et restez tranquillement chez vous, je ne visais que la seule personne du Sarkin Aréwa Gao Dubu ». (M. Mayaki, 1986, p. 7).

- Karhe Tunkara envoie à Matankari une vieille femme volontaire avec le message suivant : « Va dire aux gens de Matankari que je suis là non pas pour eux, mais pour un seul homme, le nommé Alishina ; il faudra lui dire que s'il ne se livre pas, je viendrai le chercher et il sera responsable des conséquences que subiraient les habitants ». Après sa vengeance contre le *Sarkin-Aréwa* Alishina de Matankari, et l'investiture de Léhida, *Samna* Karhe dit à l'adresse des habitants : « À partir d'aujourd'hui voici le chef de l'Aréwa, votre chef, et si quelqu'un n'est pas d'accord ou qu'il a autre chose à dire qu'il le fasse connaître ». (M. Mayaki, 1986, p. 11).

- Avant l'investiture de *Sarkin-Aréwa* Maïnassara de Birni N'Fala, *Samna* Karhe dit : « Eh bien, aujourd'hui, il n'y a pas de Sarkin-

Aréwa autre que toi. À partir de maintenant, c'est toi le Sarkin-Aréwa du Katarma ». (B. Soffo, 1998).

- Un jour, le marabout de Karhe lui dit qu'il voyait l'obscurité s'avancer sur sa vie. Samna Karhe répond au marabout : « C'est ma mort que tu as vue dans ton rêve ; mais rassure-toi, j'ai fait le même rêve que toi ». Sentant venir sa mort, Samna Karhe dit : « Je sais où j'irai mourir. Je voudrais partir rendre visite à mes cousins de Bonkoukou qui n'ont pas eu le courage de venir me combattre ». (M. Mayaki, 1986, p. 11).

- Après trois jours de combat sans vainqueur ni vaincu avec les Twareg de l'Imannan, Samna Karhe dit à ses hommes : « J'ai remarqué que plusieurs troupeaux ont pris la direction de notre village, je veux que vous partiez les prendre, au moins nous ne serons pas retournés bredouilles, partez tous ». Puis, à l'adresse de ses adversaires Twareg, il dit : « Écoutez-moi, si nous restons à nous battre pendant un an, vous ne pouvez rien faire contre moi. Approchez, je vous dirais comment faire pour me tuer ». (M. Mayaki, 1986, p. 11).

5.5.2. Les louanges de Samna Karhe

Ces hauts faits sont commentés, loués par des griots au moment du sacre de *Samna* Karhe à Argungu en 1849. Elles ont été reprises et chantées de nos jours par les griots de la cour de *SAMNA*, chaque jeudi soir et vendredi à l'aube, ou à l'occasion des fêtes de Ramadan et de Tabaski ou encore à l'occasion des grands évènements.

<u>Hausa</u>
– *Saï-Allah,*
– *Saï-Allah,*
– *Saï-Allah,*
Samna Maï-zagi ;
Arné Na Kanta Maï-tawayé Massu ; ga garkoua, ga takobi ;
Arné Na Kanta Aboquin Tahiya Kanta ;
Arné ko tchikin Massalatchi Ana yin yaki ;
Dian Kabi koun fayé saké, hal Bunari yayi kaho.
In Badan Samna Maï-zagi ba, da Bunari yayi kafo dubu.
<u>Traduction</u>
Il n'y a que Dieu ;
Il n'y a que Dieu ;
Il n'y a que Dieu ;

Samna qui commande le village de Zagui. L'ami de Kanta qui possède les lances jumelles, voici ton bouclier, voici ton sabre. L'ami de Kanta, compagnon de route de Kanta. Même dans la mosquée on peut faire la guerre. Les fils de Kabi, vous aviez été indolents jusqu'à ce que Bunari ait poussé une corne. N'eût été Samna qui commande le village de Zagui, Bunari allait pousser mille cornes.

<u>Hausa</u>
Saï-Allah ;
Saï-Allah ;
Sai-Allah ;
Algubari, Algubari Alkalin yaki ;
Kadan kitari bunsurun yaki ;
Bunsurun Zagui Wanda ya hi guiwa Nama ;
Maso Samna ga Samna Maki Samna ga Samna ;
Zaré ya rikita, yara ina mayan kou ?
Karhe, ba ka lasuwa, ba ka tamnuwa, say kallo.
Sammo, ba a kay maka sammo.

<u>Traduction</u>
Il n'y a que Dieu ;
Il n'y a que Dieu ;
Il n'y a que Dieu ;

Maître de la guerre, le bouc de Zagui qui a plus de viande qu'un éléphant. Ceux qui aiment *Samna* le voilà ; ceux qui n'aiment pas *Samna* le voilà. Le fil est emmêlé, les enfants, où sont vos supérieurs ?

Karhe, le fer, on ne peut te lécher (c'est-à-dire te sucer), ni te croquer, on ne peut que t'observer. Sortilège toi-même, on ne peut pas te jeter un sort.

Karhe, tu es un *gouallo* (moitié d'une sorte de botte de mil) ou (petite gerbe de mil), mais si on te détache, tu rempliras la *mabuga* (air de battage). C'est-à-dire qu'on n'avait pas confiance en lui. Il était très dangereux et extensif.

5.5.3. Les défis (kirari) de Samna Karhe

Les vents soufflent mais les autels qui lui sont consacrés ne sont jamais recouverts par les sables [...] Avec le noir, le noir du cheval noir et le noir de l'âne, j'ai conquis les terres à l'Ouest et à l'Est. J'étais la puissance même, j'étais invincible, on a chanté mon ardeur, ma force, partout. La vérité anéantit le mensonge. J'ai vaincu tous les éléments

[...] C'est avec la pointe de ma lance, avec mon sabre que j'ai arraché les tambours de guerre. (È. de Latour, 1992, p. 112).

5.5.4. L'armement et équipement de Samna Karhe

1. Longues lances (jumelles)
2. Sabre à poignée en croix
3. Grand bouclier en cuir

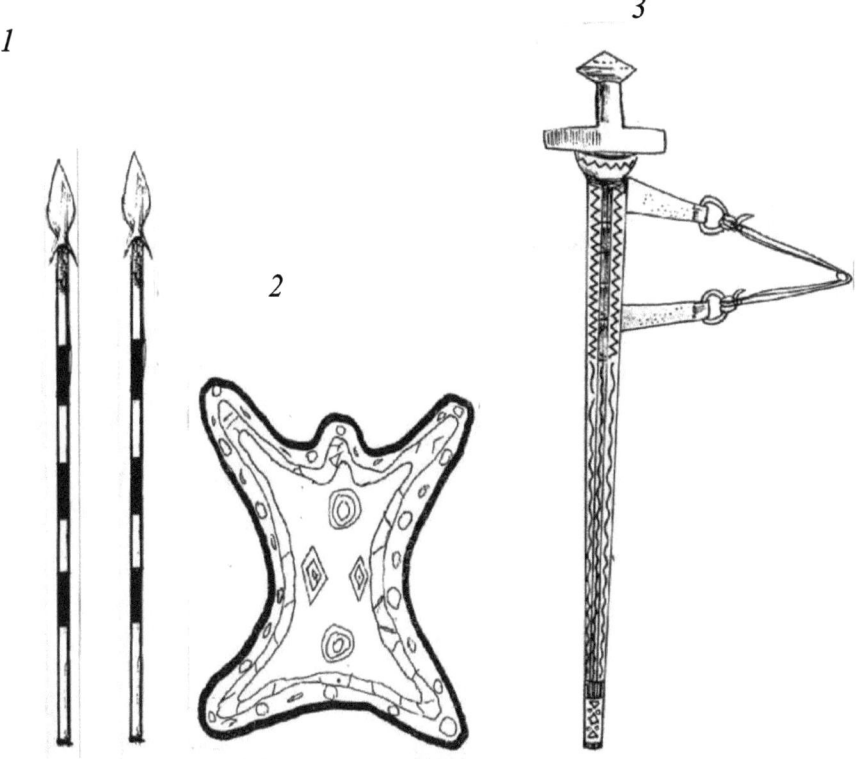

Aucun de cet armement et équipement n'a été retrouvé après sa mort.

CHAPITRE 6 :

L'émergence de la Dynastie Samna de Tibiri

6.1. Le mode de succession

Fondateur de la Principauté de Tibiri, avant sa mort, Samna Karhe régla le mode de succession afin de mettre fin aux luttes fratricides par lesquelles les princes se valorisent. *Samna* Karhe demande à ses fils de régner chacun à son tour sans jamais se disputer, d'attendre la mort de leur aîné. Ainsi devront faire leurs propres fils. De son vivant même, *Samna* désignait son propre successeur (Dangaladima) qui par la suite est intronisé par le souverain d'Argungu. Cette intronisation de Samna de Tibiri par le souverain d'Argungu n'explique nullement une dépendance, *« c'était une simple allégeance, sans versement de tribut annuel*[1] *»*. L'investiture réciproque entre Karhe et Nabami avait entraîné une forte bonne entente, confiance et une profonde amitié entre Argungu et Tibiri. Désormais profondément unis, ils allaient mener une existence sans faille.

« Les successeurs de *Samna* Karhe réussirent à étendre leur influence grâce à une série d'alliances qui les mire assez rapidement en position d'arbitrage non seulement dans le Sud du Dallol, mais aussi à l'égard du Nord. En outre, l'alliance étroite qui avait uni *Samna* Karhe aux *Sarki'n Kabi* Nabami et Mainasara, entraînait une relation privilégiée entre Argungu et Tibiri ». (M. H. Piault, 1970, p. 159). Ainsi, tout comme leur père, les fils de *Samna* Karhe ont tenu le flambeau en maintenant avec vigueur l'unité de leur pouvoir né de la guerre. Ils ont continué la guerre contre les Peuls aux côtés des alliés.

Sous leur règne, la chefferie *Samna* fut grandie plus que jamais. Ils ont consolidé leur pouvoir et leur autorité sur l'ensemble du territoire

---
[1] ANN : 6. 1. 10. S. Derivières. Le Maouri ou Areoua 1964. P. 7.

pacifié. Les successeurs de *Samna* Karhe ont eu à faire face à plusieurs évènements qui se sont déroulés notamment l'exil à Tibiri de *Sarkin-Aréwa* Lihida de Matankari, l'expédition de Maïtouraré l'Émir de Gwadabawa contre la cité de Tibiri, le passage de la tristement célèbre mission Voulet-Chanoine à Tibiri le 21 mars 1899.

6.2. Les différents Samna : période précoloniale (1849-1906)

Premier Samna : *Samna* Karhe Tunkara fondateur.
Année probable de naissance : 1807.
Année probable d'acquisition du titre <u>Samna</u> : 1849.
Année probable de fin de règne : 1872.
Après la mort de Karhe, son fils aîné prit sa succession et fut intronisé, tout comme lui par le Sarkin Kabi d'Argungu.
Deuxième Samna : Kondo[1] Samna Karhe 1872-1890. (Mère Innaya)
Après l'annonce de la mort de Karhe en 1872, les princes une fois réunis se conformèrent aux directives tracées par leur père et à la hiérarchie de la cour. C'est l'aîné, Dangaladima Kondo qui doit succéder à son père. Kémou *Samna* Karhe fut maintenu à son poste de Mayaki avec les mêmes fonctions. Younga Samna Karhe fut élu au Poste de Dangaladima. Kondo fut intronisé conformément à la coutume par le Serkin Kabi d'Argungu de l'époque, Abdulllahi Toga (1860-1883).
Troisième Samna : Kémou Samna Karhe 1890-1898. (Mère Yaché)
Après la mort de Samna Kondo, Mayaki Kémou lui succéda et fut intronisé par le *Sarkin Kabi* d'Argungu Samaila (1883-1915).
Younga fut maintenu à son poste de Dangaladima. Sous le règne de *Samna* Kémou, le village de Béchémi (sud de Tibiri), connut de troubles multiples, notamment des pillages, agressions et enlèvements des populations par les Peuls. Pour mieux sécuriser cette zone d'une façon permanente contre l'incursion des Peuls, Samna Kémou dépêcha son fils Bozari Inna à la tête d'un peloton pour pacifier la région qui s'étend de Béchémi à la mare dite «*Tapki Kalley*», lieu de refuge des assaillants. La pacification désormais assurée, Bozari Inna fonda son village Toullou N'Madi non loin de la mare citée, pour stabiliser l'avancée des Peuls. Après quelques années de règne, Samna Kémou n'avait pas oublié la mort de son père Samna Karhe. Il eut pour souci

---

[1] Kondo avait épousé la princesse Haoua dite Ta Gudalé, fille aînée du *Sarkin Kabi* Nabami.

majeur de venger la mort de son père tué par les Touaregs. Un jour, il rassembla les gens et leur fit part de son désir de retourner à Bonkoukou combattre les Bouzou et venger la mort de son père, en violation totale de l'interdiction de celui-ci. Samna Karhe Tunkara qui savait bien dans quel but précis il avait choisi d'aller mourir en combattant les Touaregs avait plutôt interdit à ses descendants, sous peine de mort de vouloir le venger. Dans ce cadre, toute action vengeresse de la part de sa descendance restait absolument inutile et insensée. Ce serait la principale raison pour laquelle tout Samna qui se décidait d'aller se battre contre ces Touaregs pour le venger et se rendait effectivement dans l'Imanan pour le faire, trouverait alors curieusement la mort avant même l'engagement du combat. L'expédition conduite donc par Samna Kémou quitta Tibiri à destination de Bonkoukou. Mais au deuxième jour de son départ, Kémou tomba malade. Il mourut en cours de route ce qui fit retourner sa suite qui ramena sa dépouille à Tibiri. (M. Mayaki, 1986, p. 12).

Quatrième Samna : Younga *Samna* Karhe 1898-1902. (Mère Yaché).

Après les obsèques de Samna Kémou, son petit frère Younga lui succéda. Il fut intronisé par le Sarkin Kabi d'Argungu Samaila (1883-1915). « Samna Yunga en 1898 avait entrepris de venger la Sarawniya Mangu de Lugu en organisant une expédition punitive contre le Sarkin Arewa Bagage Gagara (1872-1901) qui l'avait agressée à Lugu même. Mais arrivé à Dogonduci, la reine Mangu le remercia et l'amena à renoncer à cette entreprise aussi bien vengeresse que par souci d'éviter l'extension de la guerre civile dans son territoire à elle ». (B. Soffo, 1998).

C'est *Samna* Younga qui reçoit la Mission Voulet et Chanoine qui arriva à Tibiri le 21 mars 1899. Samna Younga décéda après 3 ans et 7 mois de règne. Avec la mort de Samna Younga prit fin le règne des fils de Samna Karhe. Sous leur règne, la chefferie Samna fut grandie plus que jamais. Ils ont consolidé leur pouvoir et leur autorité sur l'ensemble du territoire pacifié. Le témoin fut alors passé aux petits-fils de Samna Karhe, dont le premier fut Samna Magagi Samna Kondo dit Dan Tagoudalé, du nom de sa mère, la fille de *Sarkin Kabi* Yakubu Nabami.

Cinquième Samna : Magagi Samna Kondo 1902-1906 (Mère Magagia Haoua dite Tagudalé). Après la mort de Samna Younga, Magagi Samna Kondo fut investi Samna et intronisé par le *Sarkin Kabi* d'Argungu Samaila (1883-1915). Il poursuivit la même politique dynamique que ses prédécesseurs. Avec Dan Tagudalé, l'oppression fulani fut définitivement jugulée du fait de la position politique qui est la sienne : petit-fils du souverain d'Argungu Yakubu Nabami du côté de sa mère, il a une grande influence dans le Kabi ; petit-fils de *Samna* Karhe Tunkara, il a une aura remarquable dans l'*Aréwa*. Du fait de cette position, il incarne l'unité territoriale de la principauté. Il est le garant de l'autorité politique et militaire de la région. D'où ces louanges : « *Dan Tagudalé kay adda Aréwa kay adda Argungu* ». Autrement dit « *C'est toi qui commandes l'Aréwa ; c'est toi aussi qui commandes le Kabi* ». Il est craint par les Peuls qu'il a décimés en masse ; d'où son surnom de « *Dan Tagudalé Bari'n fulani* » ; Autrement dit « *la terreur des Peuls* ». C'est sous ce *Samna* qu'entra la période coloniale. L'armée britannique occupe Bey-Bey, Guiwayé et Matankari en 1902. Après l'installation des Anglais le 15 février 1903 à Sokoto, la principauté de Tibiri se retrouve sous domination anglaise. *Samna* Magagi est mort par empoisonnement en croquant un morceau de noix de cola empoisonnée offert par son chef de coiffeur et homme de confiance. Il est décédé en 1906, après 3 ans et 7 mois de règne tout comme *Samna* Younga.

6.3. L'exil à Tibiri de Sarkin-Aréwa Lihida[1]
Gimba de Matankari (1872)

Après la mort d'Alishina de Matankari, le pouvoir passa à Lifidda. « Lifidda parait avoir été imposé par Samna Karfey avec qui il aurait fait la guerre contre Alishina ». (M. H. Piault, 1970, p. 138). « Entretemps, les choses avaient changé à Matankari. En effet, un parti rival de Lifidda, à la tête duquel se trouvait Bagadjé s'était installé à Argungu. Bagadjé était devenu Mayaki du Kanta et participait aux guerres contre les Peuls tout en fomentant des révoltes contre Lifidda. Un complot réussi. Lifidda, victime de sa duplicité, fut trahi par les siens et s'enfuit à Tibiri où il mourut. Aussitôt prévenu, Bagadjé accourut et se fit élire Sarkin *Aréwa*. (J. Périé et M. Sellier, p. 1946, p. 33).

Sept mois après, *Samna* Kondo et Kémou proposèrent à leur hôte de le raccompagner à Matankari et de l'aider à reconquérir son trône. Tout était prêt pour le retour, mais au moment de prendre la route, Lifidda dit à ses amis qu'il ne se sentait pas très bien et leur demanda de reporter

---

[1] Tous les jeudis soir et vendredi à l'aube, les tambours royaux retentissent à la cour de Samna Kondo, immédiatement après, les griots vont au domicile de Lifida Guimba pour le même rituel.

le voyage à un autre jour. Malheureusement ce jour ne vint jamais car il décéda à la suite d'une courte maladie et les choses en restèrent là ». (M. Mayaki, 1986, p. 12). Sa tombe se trouve à 200 m environ au Sud de l'ancien palais de *Samna* Kondo.

6.4. L'expédition de l'Émir de Gwadabawa, Maïtouraré dan *Sarkin Musulmi* Ahmadu Bello contre la cité de Tibiri ou l'épisode de Kolba (1872)

Les descendants d'Usman dan Fodio n'ont jamais oublié la cuisante défaite infligée par Karhe aux Peuls.

Après la mort de *Samna* Karhe (1872), et l'élection de *Samna* Kondo, les Peuls de Binji et ceux de Sokoto désirèrent venir à Tibiri pour se venger de toutes les défaites que Karhe leur avait infligées. Maïtouraré dan Ahmadou, haut dignitaire du Califat de Sokoto prit le commandement de cette expédition. Il était assisté d'Adam, chef de Konni. Ils marchèrent donc avec pour seul objectif la cité de Tibiri qu'ils se promettaient de détruire à jamais. Une bataille indécise eut lieu non loin de la mare dite *Kolba* opposant les guerriers peuls et leurs alliés avec les fils de Karhe. Au cours des affrontements, les Peuls subirent des pertes énormes et leur chef Maïtouraré ne dut son salut qu'à la fuite laissant plusieurs de ses hommes sur le champ de bataille et qui furent pris et faits prisonniers grâce au courage et à la bravoure de Mayaki Kémou, un des petits frères de *Samna* Kondo qui dirigea les combats contre les Peuls.

Maïtouraré n'avait d'autres choix que de prendre la fuite parce qu'il avait reçu entretemps sur le crâne, heureusement protégé d'un casque en métal, le choc violent du sabre de *Mayaki* Kémou, une sorte d'épée de « *durandal* » qui fit perdre la raison à Maïtouraré. Sous la conduite de *Mayaki* Kémou, une poursuite est engagée contre les assaillants. Dans leur fuite éperdue, les assaillants laissèrent, entre autres, des prisonniers et ont abandonné la chamelle qui transportait quatre tambours de guerre.

Ce qui a permis à A. Salifou d'écrire : « Kondo eut à défendre Tibiri contre une offensive peule, conduite par Maïtouraré assisté d'Adam, chef de Konni. Kondo eut raison de ses assaillants auxquels il retira, entre autres, quatre tambours de guerre qui sont aujourd'hui encore l'orgueil de la dynastie de Tibiri ». (A. Salifou 1977, p. 73).

Voici comment Malam Mamane du village de Yaya nous rapporte la défaite de l'expédition de Maïtouraré contre la cité de Tibiri : « Quand Maïtouraré va en guerre, il est accompagné par d'importants cavaliers, des archers marchant à pied devant lui et plusieurs autres personnes dont le griot joueur d'algaita (trompette). Ses tambours de guerre sont transportés à dos de chameau. Maïtouraré et ses alliés formèrent une grande expédition contre le village de Tibiri. Une bataille indécise eut lieu devant le village. Les deux parties se sont livrées une bataille sans merci. Quand Maïtouraré vit que la victoire changeait de camp, il se tournait vers ses fidèles et leur dit : "La bataille n'est plus possible !" »

Une poursuite contre les assaillants s'est engagée. Dans la fuite des assaillants, le griot joueur d'algaita (trompette) partit de temps en temps en galot s'arrêta net devant Maitouraré, en jouant avec son instrument perçant, le griot dit : « *Mahamadou Maïtouraré ! Mahamadou Maïtouraré ! Yau ka gamu da dian Samna, Yau ka gamu da dian Samna* ». Autrement dit : « Mahamadou Maïtouraré, aujourd'hui tu as eu maille avec les enfants de Samna[1] ».

Malam Mamane explique que les propos tenus par le griot devant Maïtouraré sont un défi au prince. Maïtouraré[2] ne put échapper à la capture des Tchibirawa que grâce à la rapidité de son cheval.

L'épisode, baptisé la bataille de *Kolba*, laissa dans la mémoire des jeunes filles de Tibiri et aux griots traditionalistes de la cour de *Samna*, la chanson suivante en honneur aux enfants de *Samna* Karhe :

Hausa

Kayi koumya Maïtouraré, Kayi koumya. Inbakay ba Maïtouraré, waga yaki da gaba da Samna maï Dounia. « *kélélé* ».

Les griots de la cour de Samna ont repris la chanson dans les termes suivants : « *Maïtouraré dan Ahmadou maï Maïda Maza Mata, Ya Gamu da dian Samna. Ko dawon da akaï michi baï chachi ba saï kolmey. Saï Gwadabawa Ya kwana. Haba magoudia gama goudha kiyi kouka, mata Zagi Djibo. Anzo da Zagui Djibo aman ba'a dawoyo da shiba.* »

Traduction

Honte à toi, Maïtouraré, honte à toi. Si ce n'est pas toi qui oses faire la guerre avec *Samna* souverain du monde ?

Maïtouraré, fils d'Ahmadou qui réduit les hommes en femmes, s'est mesuré aux fils de *Samna*. Même la boule (farine de mil cuite

---

[1] Propos rapporté le 23 août 1994 par Malam Mamane du village de Yaya, sur la route RN1 à 60 km de Konni en direction de Dogondoutchi.
[2] 1. Maïtouraré l'Émir de Gwadabawa a été Sarkin Musulmi de Sokoto de 1915 à 1924.

transformée en boule) que l'on a préparée pour lui, il n'a pas pu la délayer et la boire, jusqu'à son arrivée au village de Kolmey. Il n'a trouvé son salut qu'au village de Gwadabawa où il a passé la nuit. Eh (annonciatrice), finie l'annonce, femme de Zagi Djibo. On est venus avec Zagi Djibo mais on n'est pas retournés avec lui.

QUATRIÈME PARTIE :

OCCUPATION COLONIALE ET DÉFINITION DES COMMANDEMENTS INDIGÈNES

CHAPITRE 1 :

Explorations et conquêtes

1.1. Les missions d'explorations

Au milieu du XIXᵉ siècle, les grandes puissances européennes cherchent de nouveaux horizons à l'économie industrielle [...] Des voyageurs sont envoyés en reconnaissance par les puissances industrielles (È. de Latour, 1992, p. 33). L'Afrique devient un terrain de jeu des explorateurs. Exploration coloniale et commerciale. « Depuis quelques années, les regards de plusieurs puissances européennes se sont dirigés sur le centre de l'Afrique, qui renferme tant de contrées encore inconnues. L'Angleterre, entre autres, n'a pas hésité à envoyer des explorateurs jusqu'au cœur même du Soudan. La plupart de ces hardis pilotes ont été victimes de leur courage et de leur persévérance : les uns sont morts sous les coups de fanatiques habitants des pays qu'ils traversaient, les autres ont succombé aux fatigues d'une marche longue et pénible, ou n'ont pu se garantir des maladies que les gens du Nord contractent sous ces climats torrides et insalubres. Mais si quelques hommes de valeur sont restés dans les plaines du désert, il y a aussi de hardis voyageurs qui ont parcouru ces contrées éloignées, et sont revenus au milieu de nous et nous faire connaître les ressources de ces contrées, les mœurs de leurs habitants, etc. Ils ont fourni à la science et à la géographie une riche moisson de faits et de connaissances en tous genres. Je ne citerai que le docteur Barth » (J.-M. Le Roux[1], 1886, p. 2).

---

[1] Est capitaine d'Infanterie hors cadre, chef du Bureau arabe de Bou-Saada (Algérie). Il écrit : « Depuis mon arrivée en Algérie, je me suis trouvé souvent avec des nègres. Pour une curiosité toute naturelle, je questionnai ces derniers sur leur pays, leurs religions, leurs langues, etc. Je me fis traduire en langue haoussa les mots français. En dernier lieu, je trouvai la nommée Aïcha-Ben-Embarka, femme de Salem-Ben-Abd-Allah. Cette femme parle parfaitement le haousa ; elle est originaire de Kano. »

1.2. L'explorateur le docteur Heinrich Barth

Le docteur Heinrich Barth, Allemand d'origine, a visité le Soudan de l'Est à l'Ouest, de 1849 à 1855. Le docteur Heinrich Barth, parti de Tripoli avec Richardson et Overweg, passait par Rhât, l'ouest de l'Air. Il séjournait de longs mois à Kouka, parcourait les régions sud et sud-est du Tchad, partait vers le Niger, visitait Tombouctou, revenait à Kouka et en repartait pour Tripoli par le Kaouar. Les compagnons de Barth n'eurent pas le même bonheur. Richardson mourait avant d'arriver au Tchad, tandis qu'Overwey, après avoir un peu navigué sur le lac, succombait en septembre 1852. « Ce hardi explorateur nous a appris que le Soudan, loin d'être un pays pauvre, habité par des sauvages, tous idolâtres, est au contraire une contrée très riche, renfermant de nombreuses peuplades qui possèdent un certain degré de civilisation, contrée qui est divisée en un grand nombre d'États indépendants qui, tous, ont leurs chefs réguliers et sont administrés, sinon avec toute la régularité des puissances européennes du moins avec une certaine sagesse proportionnée aux mœurs et aux besoins de ces peuplades éloignées [...] Le Soudan comprend un grand nombre d'États parmi lesquels on remarque : le Bornou ; les États du Haoussa, composés de sept royaumes, conquis depuis peu par les Fellatas, dits aussi Foulbé, Peuls et Fellani ; le royaume de Macina, les Songhaï indépendants, etc. ; les États idolâtres : le Tombo, le Mochi, le Borgou, le Yoruba, etc. Tous ces pays sont d'une fertilité excessive » (J.-M. Le Roux, 1886, p. 2).

1.3. La conférence de Berlin : main basse sur l'Afrique

« Berlin, 1885. Dans l'ambiance feutrée du palais Radziwill, les diplomates occidentaux tracèrent des frontières et zones d'influences. Elles marqueront le destin de tout le continent[1] ».

Les puissances européennes se seraient partagé l'Afrique sans même connaitre les populations et les pays qu'elles divisaient. Le partage de l'Afrique était exclusivement une affaire des puissances européennes. « C'est l'image des frontières tracées à coups de crayon et de gomme sur des cartes représentant d'immenses territoires, et ce, sans que les populations qui y vivaient aient su ce qui se passait et ce que décidaient à des milliers de kilomètres de là des diplomates étrangers réunis autour

---

[1] Cf. *Géo Histoire*. « Le temps des colonies. Des conquêtes aux indépendances 1830-1962 ». Décembre 2016-février 2017, p. 31.

d'une table de conférence » (C. Lefebvre, 2002-2003, p. 12). « C'est l'homme fort de l'Europe, le tout-puissant chancelier Bismarck qui, en octobre 1884, lança les invitations. Il fallait une conférence internationale pour donner un cadre juridique à l'expansion coloniale européenne des côtes de l'Afrique vers l'intérieur du continent. La compétition sauvage que se livraient, depuis quelque temps, pour la possession de l'Afrique centrale, l'Angleterre, la France et le Portugal, exigeait d'être, sinon freinée, au moins maîtrisée[1] ».

« La conférence de Berlin prend ses origines dans les menées audacieuses de quelques aventuriers, notamment le plus illustre d'entre eux, Léopold II, roi des Belges. Il était monté sur le trône en 1865 avec une idée fixe : lancer son étroit royaume dans l'aventure coloniale. Bornéo ? Les Philippines ? Le Japon ? Croyant avoir l'embarras du choix, il opta pour ce qui était alors l'objet de l'engouement de tous les explorateurs : l'Afrique, mais s'aperçut, dépité, que son gouvernement n'était pas du tout prêt à le suivre. Les responsables belges, en effet, craignaient des complications internationales qui risquaient de compromettre la neutralité de la Belgique, laquelle n'existait dans ces frontières que depuis 1830. Qu'à cela ne tienne ! Le roi décida de se transformer en entrepreneur privé, jura solennellement qu'il ne demanderait rien à son ministre des Finances et fonda l'Association internationale africaine (AIA) qui, groupant des savants, des diplomates, des explorateurs de toute l'Europe, se donnait pour noble mission de "désenclaver" l'Afrique centrale et d'y introduire la civilisation [...]

Quinze nations participèrent à la conférence qui allait définir les règles de la colonisation sur le continent africain. Aucun des diplomates n'y avait alors jamais mis les pieds [...] Le 15 novembre 1884, les représentants des nations directement concernées, l'Angleterre, la France, l'Allemagne, le Portugal ; ceux des nations qui avaient des intérêts en Afrique noire comme les Pays-Bas, la Belgique, l'Espagne et les États-Unis enfin, ceux des pays dont on recherchait l'assentiment (Autriche-Hongrie, Suède, Danemark, Russie, Italie, Turquie) furent appelés à se prononcer sur trois questions : la liberté du commerce dans les bassins et les embouchures du Congo ; la liberté de navigation sur le Niger et le Congo ; la définition des formalités à observer lors des nouvelles occupations sur les côtes de l'Afrique. Aucun Africain n'avait été invité. De toute façon, on œuvrait pour leur bien. Il s'agissait, comme l'exprima Bismarck dans son discours d'ouverture, de désenclaver

---

[1] *Idem*, p. 30.

l'Afrique afin qu'elle bénéficie des bienfaits de la civilisation en général et du commerce en particulier[1] ».

Après la conférence de Berlin, les contentieux entre les diverses nations européennes en matière de colonisation subsistaient, le duel était presque permanent et sans pitié entre Anglais et Français pour des enjeux économiques. « La France, depuis quelques années, a compris qu'il était de son devoir de chercher à ouvrir des relations commerciales avec le Soudan. La situation de nulle autre puissance ne peut rivaliser avec la nôtre pour entreprendre ces relations. En effet, maître de l'Algérie et du Sénégal, nous sommes tout naturellement placés sur les têtes des grandes voies de communication qui mènent aux contrées centrales de l'Afrique [...] Aussi, tout dernièrement, on s'est occupé sérieusement de l'étude du terrain qui offrirait le plus de garanties pour l'établissement d'une voie ferrée qui relierait l'Algérie au centre du continent africain. Malheureusement, nos premiers essais n'ont pas eu le succès que l'on se croyait en droit d'en attendre : la nouvelle du massacre de la Mission Flatters est venue, dans les premiers jours d'avril 1881, jeter la consternation au milieu de l'Algérie et de la France entière. Ce fait barbare ne doit pas nous arrêter dans la voie que nous nous sommes tracée : pénétrer jusqu'au cœur du Soudan pour porter aux nègres les bienfaits de notre civilisation, et ouvrir à notre commerce de nouveaux débouchés importants » (J.-M. Le Roux, 1886, p. 2-3).

1.4. Les frontières franco-anglaises (1890-1906) et les missions françaises de reconnaissance

La frontière franco-anglaise a fait l'objet de plusieurs ouvrages, nous nous contenterons d'un exposé succinct.

La détermination définitive de la frontière franco-anglaise est le résultat d'un long processus. Commencé par la convention de 1890, pour aboutir à la convention de 1906 (c'est la frontière actuelle Niger-Nigeria) :
– Convention du 5 août 1890
– Convention du 14 juin 1898
– Convention du 8 avril 1904
– Convention du 29 mai 1906

---

[1] Cf. *Géo Histoire*. « Le temps des Colonies. Des conquêtes aux indépendances 1830-1962 ». Décembre 2016-février 2017, p. 30-31.

La convention du 5 août 1890 (la ligne Say-Baroua) avait fixé la limite de zone d'influence entre la France et l'Angleterre. Au nord, la zone d'influence française et la zone d'influence anglaise au sud. Après la signature de l'arrangement susmentionné, l'envoi d'une mission française dans la région devint plus que jamais indispensable. La tâche fut confiée à Parfait-Louis Monteil. Il devait désormais partir de Saint-Louis à Say sur le Niger comme premier objectif et Baroua sur le lac Tchad comme deuxième objectif ; il devait donc déterminer le tracé de la ligne Say-Baroua. Le 9 octobre 1890, Monteil quittait Saint-Louis du Sénégal. Monteil se proposait déjà tout au long de son parcours de passer des traités en bonne et due forme avec les autorités indigènes. Pour cela, il lui fallait donc un interprète de langue arabe. Le 11 août 1891, Monteil parvint à Say située dans la vallée même du Niger, sur la rive droite.

Dans cette ville, l'explorateur français signa un traité avec le chef. Jusqu'ici, il n'avait pas rencontré d'anglais. Puis se dirigeant vers l'est, Monteil traversa les dallols où il fut frappé par l'abondance du sel dans le Dallol Fohga et par l'important commerce dont ce produit faisait l'objet dans la région. La mission arriva à Argoungou. Monteil ayant soigné le fils malade du roi, celui-ci accepta de signer le 4 octobre 1891 une lettre dans laquelle il prendra l'engagement que librement et en toute sécurité, les caravanes pourront circuler du fleuve, de Say à la frontière haoussa. Monteil atteignit Sokoto le 18 octobre 1891. Dans cette célèbre ville, l'explorateur fut cordialement accueilli. À la date du 28 octobre, Monteil signa un traité d'amitié avec l'empereur de Sokoto et prit congé de lui le lendemain. La mission passa par Kano, Koukawa, Baroua, N'Guigmi et remonte vers Tripoli via Bilma et le Kaouar. À l'issue d'un périple de vingt-sept mois, cet officier a prouvé que les Anglais n'avaient pas encore atteint le Sokoto, et que le vieil empire du Bornou était encore indépendant.

Après la mission du capitaine Monteil qui s'était déroulée de 1890 à 1892, l'exploration connue sous le nom de Mission du Haut-Soudan fut confiée au capitaine de génie, Marius Gabriel Cazemajou. Le capitaine Cazemajou dont la mission doit parcourir d'abord une zone où l'application de l'arrangement du 5 août 1890 laisse encore de nombreux litiges en suspens. En aucune façon, la marche de la mission du haut-Soudan ne devrait se faire au sud de la ligne Say-Baroua. Cazemajou recevait des instructions précises lui intimant expressément l'ordre de s'abstenir de manière rigoureuse de pénétrer dans les territoires dépendants de l'empire de Sokoto et tombant, par là même dans la zone d'influence anglaise. Cazemajou devait se diriger sur Say, d'où il cheminera vers le lac Tchad, qu'il fallait atteindre le plus rapidement possible. Pendant cette première étape de son voyage, le capitaine doit constamment veiller à ne pas pénétrer dans les territoires, aux termes de la convention franco-anglaise du 5 août 1890. De Baroua, le capitaine devait chercher à gagner le lac Tchad, puis descendre vers le sud, jusqu'à Koukawa. À Say où elle était parvenue le 1er octobre 1897, la mission reçut un accueil des plus chaleureux de la part du résident français, le capitaine Betbeder, qui se tint à l'entière disposition de Cazemajou pour lui faciliter la tâche. Sur la route d'Argoungou, Cazemajou reçoit du ministre des Colonies une lettre datée du 12 janvier 1898, et par laquelle Paris appelle « toute son attention sur le caractère essentiellement confidentiel que présente toute mission organisée par le Département ». (C'est) une question de patriotisme.

Les membres d'une telle expédition doivent se contenter, même à leurs familles, de parler uniquement de leur état de santé ou de la nature des paysages qu'ils traversent.

Le 17 janvier, le capitaine fut reçu par le sultan d'Argoungou. L'entretien fut empreint de la plus grande cordialité et Cazemajou saisit l'occasion pour proposer, au nom de la France, un traité d'amitié à son auguste hôte qui l'accepta :

« L'an mille huit cent quatre-vingt-dix-huit, et le dix-neuf janvier, à Argoungou, au nom du Gouvernement de la République française, d'une part.

Et Ismaïl, roi du pays kabbi, d'autre part.

A été conclu le traité suivant :

Art. 1 - Ismaïl, roi du Kabbi, déclare mettre son royaume sous le protectorat de la France.

Art. 2 - Le pays du Kabbi comprend : 1. le Kabbi proprement dit ; 2. le Djerma ; 3. le Mauri ; le Dendi de la rive gauche du Niger, et tous les territoires qu'Ismaïl ou ses successeurs pourraient acquérir.

Art. 3 - Les limites actuelles du royaume sont les suivantes :

1. Au nord, une ligne passant entre le 14° et 15° de latitude Nord, séparant le Djerma et le Mauri du pays d'Imanan ;

2. Au nord-est, une ligne passant entre les méridiens de Katami, et de Silame, constituant la limite du Mauri et du Kabbi proprement dit avec l'Adar ;

3. À l'est, une ligne passant à Kambassa, sur le Goulbi N'Gando à Sanguino, à Chagali et aboutissant à Katami, au confluent du Goulbi N'Gando depuis Kambassa jusqu'à son confluent avec le Goulbi

N'Kabbi, puis de Goulbi Kabbi à partir du point où il reçoit le Goulbi N'Gando jusqu'à son confluent avec le Niger ;

4. Le thalweg de ces deux rivières séparant le Kabbi proprement dit et le Dendi de la rive gauche du royaume de Gondu ;

5. Au sud, et au sud-ouest, à l'ouest et au nord-ouest ; par le Niger séparant le royaume du Kabi des possessions françaises de la rive droite du Niger.

Art. 4 - Les sujets du roi du Kabbi pourront commercer librement dans tous les pays appartenant à la France, à condition toutefois de se conformer aux usages admis.

Art. 5 - De son côté, le roi du Kabbi protégera sur son territoire tous les Français et tous les sujets des pays placés sous le protectorat de la France.

Art. 6 - Le roi du Kabbi s'engage à ne passer aucun traité semblable avec aucune autre nation européenne.

Art. 7 - Le présent traité ne sera définitif qu'après avoir reçu l'approbation du gouvernement français.

Fait à Argoungou, en triple exemplaire dont un, laissé entre les mains du Kabbi les jours, mois et an que dessus. Étaient présents et ont signé : le capitaine du génie CAZEMAJOU ; le roi du Kabbi ; l'interprète de langue arabe OLIVE ; le cadi ; l'interprète de langue peuhl Diara ; les notables » (M. B. Alkali, 1969, p. 344-345).

Pourquoi le Sarkin Kabi a-t-il signé un tel traité, qui le place explicitement sous le protectorat français ? Sans doute, par hostilité au Sarkin Musulmi, l'Émir de Sokoto, contre qui le Kabi est en guerre. L'accord de 1890 prévoyait que le Sokoto dépendra des Anglais, ce qui signifie que les Anglais sont les amis de Sokoto. Le Sarkin Kabi aurait donc choisi le camp des ennemis des Anglais. Mais le fameux traité d'Argoungou ne provoquera que la colère du Quai d'Orsay, lequel dans une lettre qu'il adressa au ministère des Colonies, le 28 avril 1898, insiste pour que M. Cazemajou (reçût) l'ordre de s'abstenir de toute action politique portant sur le Bornou... Il reste en tout cas entendu que la sanction du traité passé par M. Cazemajou avec le roi du Kabbi reste absolument réservée.

Le 27 janvier 1898, Cazemajou décida de se diriger vers Konni via Sokoto. Mais c'était sans compter sur le sultan de cette ville qui ne voulait en rien voir cette mission étrangère séjourner dans sa capitale. Puis, le sultan insista même un moment pour que Cazemajou retournât sur ses pas et prît la direction du pays mawri. Mais après de longues et difficiles négociations, Sokoto céda et l'officier français peut enfin prendre la route de Konni. La mission Cazemajou se termina tragiquement à Zinder par l'assassinat du capitaine Cazemajou et son interprète Oliva le 5 mai 1898 à Zinder. La Mission du Haut-Soudan n'a pas atteint son but.

La convention du 5 août 1890, qui séparait les territoires français et anglais par la fameuse ligne de Say à Baroua, étant restée lettre morte, une seconde convention franco-anglaise intervint le 14 juin 1898 qui fixe les limites générales entre les possessions françaises et anglaises entre Niger et Tchad. L'envoi d'une Mission française Afrique Centrale dans la région devint plus que jamais indispensable. La mission fut confiée à deux jeunes officiers français, Voulet et Chanoine. Les autres membres de la mission, le docteur Henric, les lieutenants Pallier, Peteau et Joalland, les sous-officiers Laury, Bouthel et Touret avaient été soigneusement choisis. Le capitaine Voulet et le lieutenant Chanoine s'étaient déjà acquis une notoriété coloniale certaine dans la boucle du Niger où, par leur audace, ils avaient réussi à conquérir les vastes contrées, du Mossi et du Yatenga.

Lors du départ de la nouvelle mission, le ministre des Colonies leur indiqua ce qu'on attendait d'eux :

– De reconnaître les territoires situés entre le Niger et le Tchad au nord de la nouvelle frontière franco-anglaise ;

– D'apprécier sur les lieux, et de faire apprécier au gouvernement la portée exacte, entre le Niger et le Tchad, de la convention du 14 juin 1898.

Cette enquête doit, tout en ménageant soigneusement les susceptibilités indigènes et en respectant les influences religieuses et politiques dans une région encore mal connue, permettre de recueillir les renseignements les plus complets sur le groupement des populations, sur leur dépendance réciproque ou leur indépendance, sur le développement de ces contrées et leur richesse ou leur importance relative. Le cas échéant, des traités seront passés avec les chefs des régions qui ont été attribuées à la France (G. Fourage, 1979, p. 284).

Enfin, les administrateurs s'employaient de leur mieux à favoriser l'organisation de la petite armée. À Ségou, ils reçurent ainsi, des mains du commandant de cercle, W. Ponty, une troupe déjà instruite de cent tirailleurs bambaras. À Tombouctou, la mission fut reçue par le commandant militaire, le lieutenant-colonel Klobb. Il avait reçu l'ordre de fournir à Voulet les tirailleurs réguliers. Ces hommes furent choisis avec le plus grand soin parmi les volontaires [...] Le second échelon de la mission était arrivé à travers un pays pacifié, à Say, avec les porteurs recrutés dans le Mossi. Parmi ces pauvres gens, il n'y avait pas de volontaires. Leurs chefs les avaient fournis sur la réquisition des autorités françaises [...] En arrivant à Say, on les avait parqués dans une île où le froid, très vif en cette saison, ne tarda pas à les décimer, faute de couvertures et d'abris convenables qu'on n'avait pas songé à leur réserver. Une centaine de ces malheureux moururent ainsi en moins d'un mois. Le 1er janvier 1899, la jonction des deux échelons de la Mission Afrique Centrale se faisait à proximité de la petite ville soudanaise de Sansanné-Haoussa, qui, déjà, avait fait sa soumission au poste de Say. « Les chefs de la mission décident alors de suivre la rive gauche, par Kirtachi et Tenda, jusqu'au point de confluence du Niger et du Dallol maouri, puis de remonter celui-ci en contournant l'arc de cercle de Sokoto » (G. Fourage, 1979, p. 282).

Le 7 mars 1899, la colonne arrive à Dioundiou. Des traités seront passés avec les chefs des régions. « Les chefs des 4 cantons du Maouri et celui de Dioundiou m'ont remis des déclarations écrites par lesquelles ils s'engagent pour eux-mêmes et leurs sujets :
1. à se soumettre à l'autorité française ;
2. à accepter tous les impôts qui leur seront fixés par la suite ;
3. à reconnaitre jusqu'à nouvel ordre comme leur chef le commandant français de Dosso auquel ils iront se présenter à bref délai.

Les chefs des cantons demandent en échange de leur soumission à l'autorité française qu'ils souhaitent à l'avenir être protégés d'une façon effective contre les oppressions incessantes dont ils font l'objet de la part des Foulbés de Sokoto qui ruinent et dévastent périodiquement le pays. Monsieur le Gouverneur du Dahomey, le chef de poste de Dosso et le lieutenant commandant le cercle de Karimama sont mis au courant de cette tractation toute nouvelle. Le pays du Maouri composé des cantons de Kara kara, de Gui-Ouayé, du Lido et de Matankari comprenant plus de 40 villages a accepté notre autorité. La prise de Dioundiou a eu un grand retentissement parmi les indigènes, non seulement en raison de la difficulté relative à l'entreprise mais aussi parce que toutes les populations des environs au courant de la tractation des gens de Dioundiou à notre égard ont vu, avec plaisir, le juste châtiment infligé à ce village, que tout le monde redoutait un peu dans le pays[1] ».

Pour (C. Lefebvre, 2015, p. 254-256), « l'arrivée des Français représente l'opportunité d'assurer une fois pour toutes leur

---

[1] ANN : 1-7-34. Extrait, *Journal de marche de la mission Afrique Centrale 1898.*

indépendance. C'est d'ailleurs en ces termes que les chefs du Dallol Maouri auraient proposé leur soumission à la Mission Afrique Centrale [...] La notion même de soumission utilisée par les Français ne reflète pas le sens qui est donné à cet acte par les populations locales. Pour elle, il s'agit de la reconnaissance temporaire d'une supériorité politique et militaire ».

Après le séjour de la mission à Dioundiou, son itinéraire dans le dallol-mawri s'établit comme suit :

– Lundi 20 mars 1899, de Lido à Guiwayé : Zobori, Kara-Kara, Lido, Guiwayé (2 000 hbts) ;

– Mardi 21 mars 1899, de Guiwayé à Kiada : Fadama, Zoumbou (1 500 hbts), Diadatou 1 000 hbts, Madé, Kallawa.

« Enfin à 17 km de Guiwayé, nous trouvons le centre le plus important Tibiri Samna, 2 000 habitants. Ce village est partagé en trois groupes ; côté nord, le plus important est entouré d'un bon mur en terre. Il existe deux puits, un dans le village, un à 100 m à gauche[1] ».

« Dans un rapport envoyé par Voulet aux environs de Tibiri le 21 mars 1899, celui-ci propose... de s'inspirer d'une frontière locale pour définir la frontière dans la région du Dallol-Maouri : Dans le but de se conformer aussi rigoureusement que possible aux termes ainsi qu'à l'esprit de la convention, en vue d'établir la frontière d'une façon logique et non suivant une ligne virtuelle, à laquelle les indigènes ne pourront jamais rien comprendre, circonstance dont la conséquence inévitable *serait pour l'avenir une suite de compétitions et de conflits perpétuels* s'élevant entre les populations et dont nous ne pourrions amener la fin, il convient de fixer la frontière à la marche ou espace désert qui sépare le Dendi et le Maouri des premiers villages du Goulbi-Sokoto et qui est marqué à l'ouest par une falaise ou ride de terrain assez bien définie. Ce tracé devait, selon lui, permettre *"d'éviter des luttes toujours possibles entre les populations d'intérêts opposés"*. La logique est ici avant tout pragmatique. Un mauvais tracé risquerait de déclencher le mécontentement des populations et donc de rendre difficile la domination. Reprendre un tracé existant et permettre aux populations de continuer à vivre dans leur espace serviraient dans cette logique pragmatique les intérêts des Français » (C. Lefebvre, 2015, p. 220-221).

Le traité conclu le 19 janvier 1898 entre le sultan d'Argoungou et le capitaine Cazemajou n'a pas été pris en compte. À ce sujet, les

---

[1] *Idem.*

capitaines Voulet et Chanoine déplorent l'abandon d'Argoungou, capitale du Kebbi, à l'influence anglaise : « Le prestige du nom français se trouve gravement atteint par le manque de parole à l'égard d'un chef indigène de grande influence et de haute valeur, qui a rendu de nombreux et signalés services aux voyageurs français, qui se croit toujours lié par le traité conclu le 18 janvier 1898 avec le capitaine Cazemajou et qui continue à manifester les meilleures dispositions [...] Voulet insiste sur l'inconvénient qu'il y aurait à scinder des territoires ou à séparer des populations intimement liées par les origines, les intérêts et la tradition » (G. Fourage, 1979, p. 287-288).

Après le village de Tibiri, Kiada, Nassaraoua, Dandagoum, « la colonne parvint ainsi au village de Matankari, où elle se trouva de nouveau immobilisée par suite des difficultés de ravitaillement en eau, dans une région qui, plus au nord, s'annonçait franchement désertique. Comment affronter ce pays avec une colonne dont les femmes et les porteurs seraient incapables d'affronter les dangers ?... Pendant un mois entier, le chef de mission, dont le caractère était pourtant si résolu, resta hésitant, anxieux, ne pouvant se décider à revenir en arrière pour réorganiser sa troupe » (Joalland-Meynier, 1947, p. 25).

1.5. La destruction matérielle et humaine de Lougou, cité des Saraounia (16 avril 1899)

Le 15 avril, la mission quitte Matankari pour prendre la route de Konni, qui passe par Lougou où elle arrive le 16 avril 1899.

La mission se heurta à l'hostilité des Azna du village de Lougou, résidence de la vénérée Saraounia Mangou.

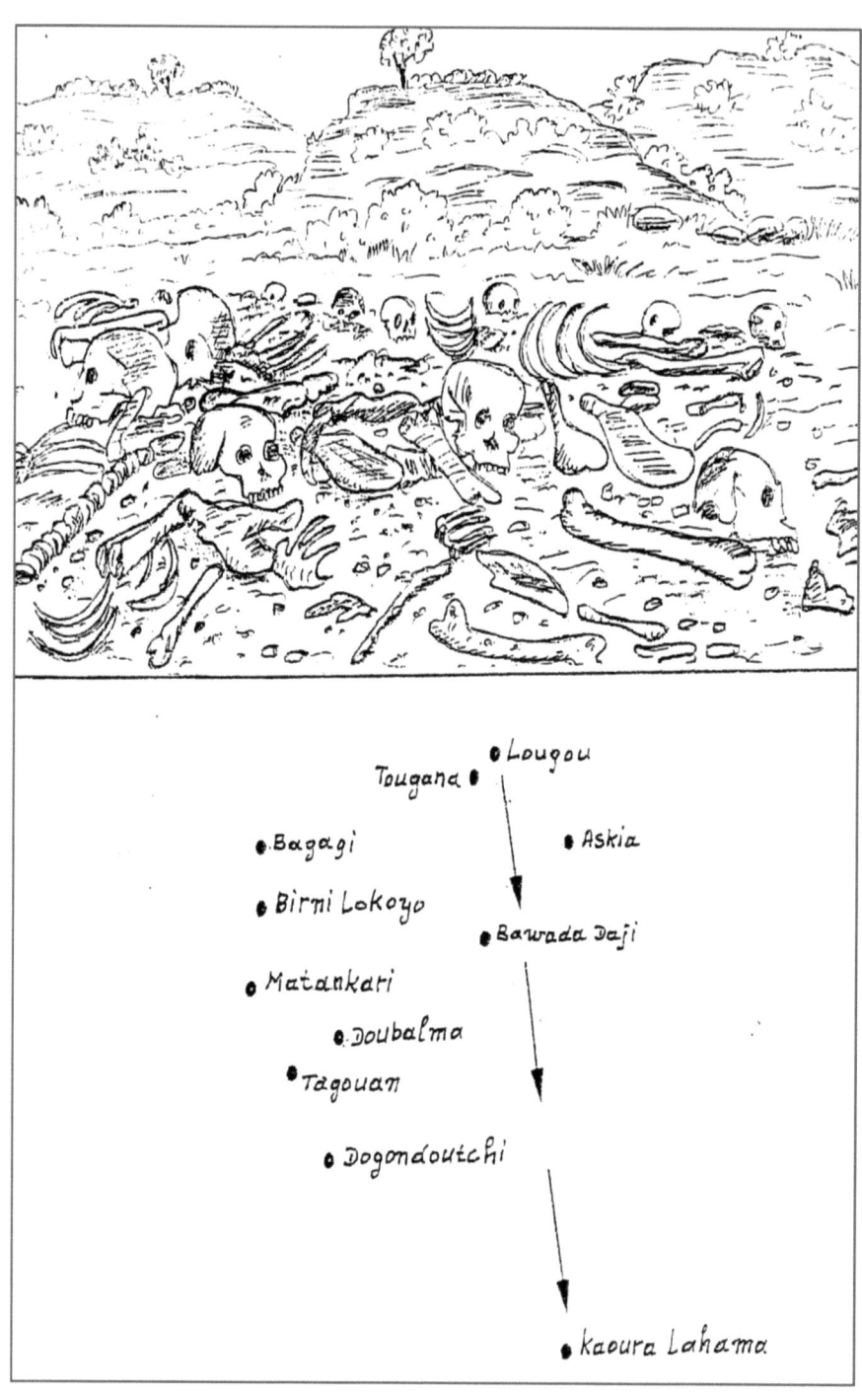

« Villages incendiés et ossements humains épars ».
(Général Joalland-Meynier, p. 39, 1947).

« Sara-Sara, le mal qu'il avait fait, le malheur qu'il avait semé, il ne pourrait pas exister un autre fils, un fils européen qui les aurait faits. L'on tuait et l'on mettait dans le feu... On mit le feu à tous les greniers et ils brulèrent tous. Jusqu'au jour du Jugement dernier, les ossements humains ne disparaîtront pas du bosquet de Lougou[1] ».

Après que le village fût mis à feu, et beaucoup d'habitants tués, Saraounia Mangou a quitté pour se réfugier au village de Kaoura Lahama à environ 45 km au sud du village de Lougou. Plus tard, Saraounia Mangou est revenue se réinstaller sur les cendres de sa cité où elle mourut en 1908. Voici quelques récits de la guerre de Lougou tels que décrits à travers certains ouvrages.

1.5.1. Extrait : Journal de marche de la Mission Afrique Centrale depuis Tombouctou (1898)

« Le pays où nous nous trouvons maintenant, et dont la connaissance a été faite par le capitaine Chanoine, s'appelle Maouri Béri. Le chef Bagagé, dont la capitale est Matankari et qui a fait sa soumission, paierait au départ tribut au Sarkin N'Kebbi [...] Le chef de mission, les lieutenants Pallier et Joalland, ayant quitté le 15 avril, au soir, le campement de Matankari, firent la nuit une étape d'une vingtaine de kilomètres dans la brousse. Le matin à 6 heures, ils se trouvèrent en face des villages nombreux, le groupe de Lougou de réputation hostile.

Les hommes, en armes, s'étaient réfugiés dans une brousse épaisse s'étendant entre les divers groupes prêts à une vive défense.

Le capitaine Voulet envoya trois sections balayer la brousse de l'Ouest vers l'Est, pendant que le lieutenant Joalland lançait deux obus sur une masse assez compacte d'ennemis. Les tirailleurs bombardèrent l'ennemi en lui infligeant de grosses pertes, pendant ce temps, le reste de nos troupes occupa les hauteurs dominant le Dallol... Il devint nécessaire de faire balayer de nouveau le terrain par trois sections du Nord au Sud. À midi, l'opération était terminée avec un plein succès ; l'ennemi s'était rigoureusement défendu. Nos pertes étaient de quatre tués et six blessés[2]. Il est à remarquer que la mort des quatre tués a été déterminée par des blessures aux flèches [...] les flèches du nord de l'Aréwa sont fortement empoisonnées. Le 1er mai 1899 lundi à 4 heures,

---

[1]. Informations données par une vieille femme de Birnin-Lokoyo, âgée de 97 ans.
[2] Ce chiffre est erroné. Selon la tradition orale, compte tenu du nombre important de Bambaras tués, la mission a renoncé de faire le compte.

le restant de la colonne, sous les ordres du capitaine Chanoine, quitte Lougou.

La population des groupes de Lougou peut être évaluée à plus de 3 000 habitants »[1].

1.5.2. Version donnée par une vieille femme de Birnin-Lokoyo, âgée de 97 ans

Ce récit a été obtenu par M. Moussa Maiyaki, directeur d'école au cours de l'année 1970. Cette vieille femme avait été capturée par la Mission Voulet et Chanoine et amenée à Zinder et avait été rachetée autour d'une partie de la mission. Au moment du passage de la mission en avril 1899, elle était âgée de 17 ans, bien qu'elle dise par la suite qu'elle a 97 ans au moment où Moussa Maiyaki l'a interrogée.

« Nous avons été capturés, là-bas à Toullayé. Là-bas dans les Aznas. C'était là-bas dans la brousse des Aznas, pendant le temps du nouvel épi. Nous avions passé trois jours à Barébari, quand le départ eut lieu et nous partîmes chez les Aznas, à Lougou. Le village fut pris et l'on resta un moment. Quand nous partîmes de Lougou, nous y voilà, nous y voilà, et traversions seulement de petits villages déserts dont les habitants n'étaient pas restés nous combattre. Nous arrivâmes alors à Birnin Konni [...] À Birnin Konni, c'était sur leur colline, là que nous fûmes installés. On nous laissa là et l'on partit à Konni la nuit. Les gens de Konni les combattirent jusqu'à ce que le soleil fût au zénith, la ville ne fut pas prise, jusqu'à ce que l'on mît la ville en feu, ce fut en ce moment-là que la ville de Birnin Konni fut prise ! On avait mis le feu à la ville, le feu avait pris partout, le feu brûlait le corps des personnes ! Tu pouvais trouver une personne couchée sur le ventre avec toutes les tresses de la tête en train de brûler ! La personne jetée là, morte, avec à côté d'elle son trousseau de filage de coton ! Ainsi, on prenait un nourrisson, on le tournoyait en l'air, on le lançait très haut, il retombait, mort ! Ou bien, on prenait l'enfant, alors que la mère gisait déjà morte, on prenait les enfants et on allait les jeter dans les bosquets d'épineux ! Ou bien, les enfants pleuraient dans les bras de leur mère et on partait les jeter là-bas !

Quand nous quittâmes enfin, nous y voilà, nous y voilà, en route puisqu'aucun village ne nous accueille jusqu'à Maïjirgi. Là, il y eut un arrêt, et Sara-Sara et Kaptan ont été tués quand ils furent combattus là...

---

[1] ANN : 1. 7. 34, 1898.

l'un mourut en début de matinée et l'autre fut tué dans l'après-midi. Puis, nous nous levâmes et nous partîmes jusqu'à un village appelé Jounjou, nous continuâmes, et nous y voilà, nous y voilà, jusqu'à Tirmini. Les Damagaraoua eurent de nos nouvelles et nous barrèrent la route..., ils arrivèrent au beau milieu de la journée. Ils furent repoussés et nous laissèrent la place. Damagara ne nous reçut pas et nous fit la guerre. La guerre eut lieu dans toute la campagne environnante où ils furent capturés et emmenés [...] Depuis notre départ, ce fut Birnin Konni seulement qui nous fit la guerre. Aucun village ne nous avait accueillis. Oui, tous se sauvaient, et nous laissaient les habitations vides. Les Damagarawa ne nous avaient pas accueillis, c'était dans la brousse environnante qu'on les pourchassait. Si une personne tombait, on la perçait avec la baïonnette et on laissait son cadavre sur le chemin. Sara-Sara, il avait capturé tant de gens et les avait amenés ! Il avait capturé et tué. Capitaine Sagagué ? Même celui qui était dans le ventre de sa mère, Sagagué lui en avait fait voir une vie de chien ! Sara-Sara, le mal qu'il avait fait, le malheur qu'il avait semé, il ne pourrait pas exister un autre fils, un fils européen qui les aurait faits. L'on tuait et l'on mettait dans le feu.

Ce furent surtout Konni et Lougou qui nous livrèrent combat ; sinon, tous les villages que nous rencontrions se dispersaient à notre approche, tous les villages se dispersaient à notre approche. Aucune des boucheries faites n'avait égalé celle de Birnin Konni. Il y avait eu aussi celle de Lougou » (B. Gado, 1986, p. 139-147).

1.5.3. Extrait : *le grand capitaine*

« Il fallait emporter deux villages, Lougou et Tougana, cachés au fond de cette dépression dont la pente s'enfonçait comme l'entrée d'une mise entre des affleurements rocheux. Un repère de fétiches particulièrement dangereux d'après les renseignements [...] Alors que toute la province s'était soumise, les indigènes de Lougou et Tougana prétendaient barrer le passage aux Français. Restés fidèles à l'animisme dans une région islamisée depuis longtemps, ils vivaient sous l'emprise d'une reine sorcière, la Saraounia. Celle-ci avait envoyé un message insultant à la mission, promettant aux "chiens" qui enfreindraient ses interdictions de tapisser de leurs peaux son trône d'argile. Le pays craignait ces Aznas, ces païens obstinés, tapis dans leur refuge que les sortilèges rendaient inexpugnables [...] Voulet avait perdu près de trois semaines à Matankari ; sombre, hargneux, comme paralysé par l'indécision [...] Le capitaine avait enfin constitué une colonne de combat pour châtier la sorcière et organiser la reprise de l'avance. Laissant à Matankari le gros de la mission, les femmes, les troupeaux, les captifs, sous le commandement du capitaine Chanoine, Voulet ouvrait la route avec le canon [...] Les porteurs ne touchaient plus les caisses, les soldats demeuraient cloués sur place sans écouter le lieutenant Pallier qui leur ordonnait de choisir leurs munitions...

La voix tonnante de Voulet se mêla à celle de Pallier. En vain : pour la première fois, on refusait de lui obéir... La colonne de combat était essentiellement composée d'auxiliaires bambaras, fétichistes eux aussi... Depuis que la mission avait quitté les rives du Niger pour s'enfoncer vers l'est, en territoire inconnu, elle avait enlevé les villages hostiles sans employer le canon. Six hommes étaient tombés lors du premier assaut et Voulet avait dû ordonner le repli. Recommencé à 10 heures, le combat s'était poursuivi toute la matinée. Sept mille cartouches brûlées ! Dans sa rage d'en finir, Voulet n'avait plus ménagé les munitions. Pour la première fois, on refusait de lui obéir.

"Cette sorcière nous a envoutés. Chez nous, dit Pallier, les vieux affirment qu'il n'y a qu'un seul moyen contre les jeteurs de sorts : les tuer." "C'est vrai, souffle Joalland, les paysans bretons le savent également. Nous aurions dû laisser un message à Chanoine en le suppliant de capturer coûte que coûte la Saraounia, de lui couper la tête, de la crucifier à un arbre, comme un corbeau. Nous avons été stupides. Tant qu'elle est en vie, sa malédiction nous poursuivra" ». (J. F. Rolland, 1975).

1.5.4. Extrait : *Roman historique Saraounia*

Cet auteur a démontré comment le combat inégal entre la reine des Azna et la Mission Voulet-Chanoine s'est terminé en vérité par une défaite morale et psychologique des envahisseurs. « Le capitaine Voulet est surpris par la résistance farouche de la Saraounia et des guerriers aznas. Après une nuit de combat acharné, Voulet et ses hommes occupent la cité royale. Mais la Saraounia ne se rend pas. Elle prend le maquis et continue à harceler les vainqueurs. Fortement impressionnée par la fougueuse détermination de la reine et surtout terrorisée par sa légende de redoutable sorcière, une grande partie des tirailleurs abandonne les Français. C'est donc une armée désorganisée et complètement démoralisée qui continue son chemin pour aller se disloquer quelques jours plus tard dans une lutte fratricide entre

officiers français. Voulet lui-même est massacré par ses hommes »
(A. Mamani, 1980).

1.5.5. Version donnée en 1981 par la Saraounia Gado (1947-1983) et des praticiens du culte, comme Marafa Magagi et Dogo

« Certains guerriers sont venus prendre position dans le bosquet. Quand ils ont pris position ici, ils sont entrés dans le bosquet et se sont mis à décocher des flèches, ils se sont mis à flécher les gens. Quand ils se sont mis à flécher les gens, jusqu'à ce que les guerriers d'ici aient tué leur mère, la blanche ici dans le bosquet. Ils ont tué près de 10 personnes, les blancs. Là dans ce bois, il a fallu que le soleil fût haut dans le ciel pour que le combat cessât.

Quand ils ont cessé le combat, ils sont venus alors incendier le village. Alors nous, nous nous sommes réfugiés à Kaoura Lahama. Nous avons passé un mois là-bas, tandis que les blancs étaient installés ici sous le "gao". Ce n'est que quand ils ont quitté que l'on est parti informer la Saraounia que les blancs se sont dirigés vers Kwanni, qu'elle est revenue à la maison...

C'était Mangou qui s'était battu contre les Européens. Quand ils sont venus, ils se sont arrêtés pour faire la guerre aux habitants du village. Ils sont venus et les Azna leur ont montré qu'ils savent se battre. Ils se sont arrêtés ici, ils ont attaqué à l'entrée du bosquet. C'était après que le Sarkin Aréwa Bagagué ait été chassé d'ici. Quand ils sont venus, les Sara-Sara en question, ils sont arrivés eux aussi, et ils ont dit de céder le passage. Les habitants de Lougou : "Il faut que la personne n'ait pas de sang pour que nous cédions le passage !". Ils se sont mis en travers du chemin et ils ont dit : "Sauf si la personne n'a pas de sang". Quand ils ont entendu que les gens descendaient, ils se sont levés, ils ont mis les enfants dans le bosquet, et ils sont partis barrer la route. Quand ils sont arrivés, alors le combat a commencé. On était derrière le bosquet, et on leur en donnait, on était derrière le bosquet, et on leur en donnait. C'étaient les flèches qu'on leur décochait. On continuait de leur livrer combat. Eux aussi, ils chargeaient leurs fusils et ils se mettaient à tuer les gens. Au début, ils tiraient debout, puis ils mirent un genou à terre, on leur dit de mettre un genou par terre et de tirer plus bas. En ce moment-là, les Azna, eux, les pressaient de près. Quand ils les pressèrent de près, quand ils les pressèrent de près...

L'on tua cent (100) personnes... Quatre-vingt-dix (90) personnes ! Cent (100) personnes. Eh bien, l'on tua cent (100) personnes. Ensuite, l'Européenne, qui était la mère du voyage, fut tuée. Et puis, le combat cessa. L'on se dispersa » (*In* B. Gado, 1986, p. 63 et 65).

1.6. Conclusion

Les Azna (animistes) du village de Lougou, vivaient sous l'emprise d'une reine la Saraounia. C'étaient des chasseurs, de très bon archers, rompus au combat par la nécessité de se défendre en permanence, contre les incursions des Touaregs, des Peuls de Sokoto qui tentent désespérément de les convertir à l'islam.

Alors que toutes les régions traversées par la Mission Afrique Centrale s'étaient soumises, les guerriers azna, regroupés autour de la Saraounia Mangou, 9ème reine de Lougou, s'étaient refusés à donner passage et à fournir des vivres à la mission. Pour la première fois, on refusait de lui obéir. Vigoureusement attaqués, ils opposèrent une farouche résistance, mais ils durent céder, après un long combat, devant la supériorité des armes (arcs contre fusils). Le courage et les flèches de la paysannerie contre les fusils et les canons de l'armée française, étaient sans espoir. La capitale Lougou tomba aux mains de la mission après une journée d'âpres combats. Mais la Saraounia Mangou prit le maquis et organisa une résistance farouche basée essentiellement sur l'utilisation de la religion traditionnelle pour démoraliser l'adversaire. On assiste alors à une forme de résistance d'inscription religieuse dont l'objectif et la finalité ont réussi à saper le moral de l'adversaire et mis fin au mythe de la supériorité de l'invincibilité de l'homme blanc.

Les conséquences furent qu'à partir de Lougou une grande partie de la colonne de combattants essentiellement composée d'auxiliaires bambaras, déserta. Et de mésaventures en mésaventures, après tant de tragiques évènements, du 14 au 17 juillet 1899, se déroulait l'effroyable drame. La Mission Afrique Centrale, est décapitée de ses chefs. Les chroniqueurs indigènes attribuent cette fin tragique aux pouvoirs maléfiques de la Saraounia.

1.7. La mission du Lieutenant-colonel Klobb, à la poursuite de la Mission Afrique Centrale, mai 1899

Les bruits rapportés au Gouvernement au sujet des tristes procédés de la Mission Afrique Centrale n'étaient que trop exacts. La colonne française avait tout détruit sur son passage, amenant avec elle comme

« captifs » les habitants qui n'avaient pas été massacrés, ou bien qui n'avaient pu s'enfuir...

Le lieutenant-colonel Klobb, reçoit l'ordre de procéder à une enquête au sujet des faits reprochés aux membres de la Mission Afrique Centrale (Voulet-Chanoine). Il lui était prescrit de rejoindre la mission le plus vite possible et, sans s'attarder à une réorganisation.

Le lieutenant-colonel Klobb, connaissait trop les difficultés dans lesquelles avait dû se trouver la colonne Voulet-Chanoine. Le colonel Klobb est accompagné par le lieutenant Meynier, son ancien adjoint. Le 24 mai 1899 tous deux repartaient vers leur destin.

À Sansanné-Haoussa, il avait eu quelques vagues renseignements sur les scènes d'horreur qui s'y étaient déroulées. À Say où il arrivait le 11 juin, il allait recevoir de la bouche du capitaine Granderye, commandant le poste, des détails plus circonstanciés. Le 12 juin, le colonel se mettait en route vers le poste de Dosso. Le 16 juin, la colonne, complétée par l'adjonction de trois spahis et d'une douzaine de cavaliers djerma, se lançait en pays inconnu à la poursuite d'un objectif qu'elle atteindrait, Dieu sait quand ! N'ayant aucun motif d'aller jusqu'à Gaya reprendre les traces de la Mission Afrique Centrale, le détachement Klobb allait couper droit vers l'Est pour la rejoindre vers Matankari... Il passa dans la contrée Djerma, arrivé dans la vallée du Dallol Mawri il put y trouver quelques chameaux et autres animaux de bât, qui lui permirent de poursuivre sa route avec beaucoup de célérité.

À partir de Tougana, on retrouvait les traces directes de celle-ci : larges foulées dans les herbes et sur les sentiers, objets divers abandonnés, etc. Et surtout, villages incendiés et ossements humains épars. L'impression la plus pénible fut causée par la rencontre de deux cadavres de fillettes (neuf et dix ans) suspendues à une grosse branche d'arbre à l'orée du petit village de Koran Kalgo.

Devant tous ces affreux spectacles, le colonel demeurait silencieux. Il ne voulait pas croire encore à l'évidence ni rendre à priori responsables des officiers français. Peut-être tous ces excès avaient-ils été commis par des tirailleurs isolés, laissés sans surveillance ?

Le 14 juillet 1899, se déroulait l'effroyable drame. Le lieutenant-Colonel Klobb tombait sous des balles françaises tirées par ordre de deux officiers révoltés et atteints de démence. Voulet était lui-même tué le 16 juillet et Chanoine le 17 juillet. Ils se reposent en deux tombes voisines à la lisière sud du village de Maïjirgui (16 kilomètres Est de Tessaoua). Du 17 au 24 juillet, la Mission Afrique Centrale était réorganisée sous les ordres des Lieutenants Palliers et Joalland. L'objectif de la mission restait toujours le Tchad[1].

1.8. La convention du 8 avril 1904 et celle du 29 mai 1906

La convention du 8 avril 1904 réglait un nombre considérable de points litigieux entre les zones d'influence anglaise et française. « Français et Britanniques décident, dans un premier temps, d'envoyer sur place la commission de délimitation. Côté français, le capitaine Moll, ancien chef du poste de Dounzou et ancien résident de Sinder, dirige la mission, assisté par le capitaine Tilho, ancien commandant du poste de Gaya et de Say. Le colonel Elliot, officier du génie, est nommé côté britannique... Ainsi, les deux équipes, française et britannique, ont parcouru la ligne frontière d'ouest en est. Le tracé qu'il préconise laisserait à la France tout le Dallol Mawri. Le 8 avril 1904 est signée, dans la foulée de l'entente cordiale, une nouvelle convention franco-anglaise concernant les territoires entre le Niger et le Tchad » (C. Lefebvre, 2015, p. 236, 238, 239).

La détermination définitive de la frontière entre les deux colonies a abouti par la convention du 29 mai 1906 (c'est la frontière actuelle Niger-Nigeria). L'examen des réalités du terrain semble alors indispensable avant de considérer ces tracés comme effectifs. Les frontières créées sur le papier et sur les cartes doivent maintenant être confrontées aux réalités du terrain par l'œuvre de délimitation. L'œuvre de délimitation fut confiée à une commission franco-anglaise dirigée par le capitaine Tilho et par le major R.P. O'Schee, chargée de préciser le tracé de cette frontière et de procéder à son abornement.

1.9. La mission franco-anglaise de délimitation, du Niger au Lac Tchad ou la mission Tilho (1907)

Le partage des possessions coloniales franco-anglaises fut complété en 1907 par l'œuvre de délimitation. La mission procéda à l'abornement début janvier 1907 à partir du village de Dolé au bord du fleuve Niger.

Par lettre n° 98-B du 26 mai 1907, adressée à Monsieur le Lieutenant-Colonel, commandant le territoire militaire, le capitaine d'Infanterie coloniale Tilho, commissaire français à la délimitation,

---

[1] Cf. La Mission Joalland-Meynier. Les éditions de l'Empire fraçais, 1947.

écrit : « J'ai l'honneur de vous rendre compte, en réponse à votre lettre n° 214 du 11 mai dernier me transmettant la copie d'une lettre du lieutenant Ponsar, commandant le secteur de Dosso, que l'occupation des nouveaux territoires doit être considérée comme effective depuis que l'abornement de la frontière a été terminé dans le Dallol Mawri le 28 avril 1907[1] ».

---

[1] Archives, Commission nationale des frontières (CNF).

CHAPITRE 2 :

Organisation administrative du territoire

2.1. La formation des colonies de l'A-OF

Les territoires dont l'ensemble constitue l'Afrique-Occidentale française (A-OF par abréviation) sont groupés en un gouvernement général, créé par décret du 16 juin 1895 et réorganisé par divers actes subséquents, notamment par les décrets du 18 octobre 1904 et du 4 décembre 1920 portant dénomination des colonies et territoires composant le gouvernement général de l'Afrique-Occidentale française. Le chef-lieu du gouvernement général est situé à Dakar, où réside le gouverneur général et où sont centralisés les différents services.

« Le gouvernement général de l'Afrique-Occidentale française comprend :
1) La colonie du Sénégal ;
2) La colonie de la Guinée française ;
3) La colonie de la Côte d'Ivoire ;
4) La colonie du Dahomey ;
5) La colonie du Soudan français ;
6) La colonie de la Haute-Volta ;
7) La colonie de la Mauritanie ;
8) Le territoire du Niger.

Ces diverses unités administratives sont séparées les unes des autres par des frontières intérieures qui sont sujettes à modification lorsque l'intérêt général l'exige. Chacune de ces divisions possède l'autonomie administrative et financière et est administrée par un Gouverneur des colonies qui porte le titre de lieutenant-gouverneur. Chaque colonie est divisée administrativement en un certain nombre de circonscriptions dénommées cercles, pouvant à leur tour comprendre une ou plusieurs subdivisions. Les cercles sont commandés par des fonctionnaires du corps des administrateurs des colonies (parfois, éventuellement, par des officiers hors cadre). Les subdivisions par des fonctionnaires du même corps ou des agents des services civils.

Plusieurs cercles peuvent, éventuellement, être réunis pour former une région ou un territoire sous le commandement d'un administrateur de grade élevé. Auprès de chaque commandant de cercle ou de subdivision fonctionnent, sous le nom de conseils de notables, des assemblées consultatives indigènes. Les populations indigènes de chaque cercle sont réparties en cantons, dont chacun a à sa tête un chef indigène désigné par la coutume.

Les cantons, à leur tour, comportent un nombre variable de villages (tribus ou fraction de tribus chez les nomades)[1] ».

2.2. L'organisation intérieure des colonies

« Le lieutenant-gouverneur a qualité pour déterminer, à l'intérieur des cercles de sa colonie, l'emplacement et l'étendue des postes. Les mêmes règlements attribuent à ce haut fonctionnaire le droit de fixer, dans le détail, les lignes de démarcation des cercles ; toutefois, les arrêtés pris à cet effet restent soumis à l'approbation du gouverneur général [...] En conséquence, devra être sanctionnée par un arrêté pris en conseil de gouvernement (ou, s'il y a urgence, commission permanente) sous réserve de ratification ultérieure, toute mesure intéressant la circonscription administrative, l'unité territoriale proprement dite, c'est-à-dire affectant le cercle, soit dans son existence (création ou suppression), soit dans son étendue, soit dans sa dénomination, soit dans l'emplacement de son chef-lieu. Le nombre des cercles, l'étendue globale de chacun d'eux, sa dénomination, le choix de son chef-lieu étant ainsi déterminés, il vous appartient de préciser, par des arrêtés, les limites topographiques exactes et détaillées de chacune de ces circonscriptions. Enfin, les simples actes locaux peuvent, dans l'intérieur des cercles, fixer, suivant les nécessités politiques, administratives ou économiques du moment, laissées à votre entière appréciation, le nombre et l'étendue des subdivisions territoriales (résidences, postes, secteurs, districts et l'emplacement de leur centre). Je vous serai, toutefois, obligé, de vouloir bien me communiquer régulièrement, à titre d'information, les arrêtés ou décisions que vous serez forcés de prendre dans cette partie de vos attributions. Les commissaires du gouvernement général en

---

[1] ANN : 1Z 336, Extrait : Atlas des colonies françaises, 1934.

Mauritanie et dans le territoire militaire du Niger doivent soumettre au gouvernement général tout projet d'arrêté, en y joignant un rapport motivé, ayant pour but d'apporter une modification quelconque à l'organisation actuelle des divisions et subdivisions administratives de ces territoires[1] ».

2.3. La formation de la colonie du Niger

La colonie du Niger est la benjamine des colonies française ; les débuts de sa conquête et son occupation date seulement de 1897. Comme ses aînés, elle a d'abord été placée sous la tutelle militaire ; elle a vu ensuite son émancipation se réaliser progressivement, en même temps qu'elle changeait de nom et parfois de forme. (M. Abadié, 1927. P. 2).

La convention du 14 juin 1898 avait esquissée les limites des zones d'influence françaises et anglaises. De cette convention découle l'arrêté du 11 août 1898 qui crée « le Cercle du Moyen Niger. Ce Cercle est formé par les provinces de Bouay et de Kandi, par le pays indépendant de Baniquara et les territoires du Zaberma ou Dendi situés sur les deux rives du Niger et leurs dépendances[2] ».

Le Décret du 1er octobre 1899 crée le Territoire du Haut-Sénégal et Moyen-Niger. En font partie, « le cercle du Moyen-Niger », Dori, Dosso, toute la rive gauche du fleuve jusqu'au Dallol Mawri. Mais Say est rattaché au Dahomey et toute la rive droite, de la sirba vers le Sud, échappe au nouveau territoire[3].

Les cercles de Tombouctou, de Sumpi, de Bamba, de Gao, de Sinder ; les résidences de Dori, du Macina, du Yatenga formeront, à compter du 1er janvier 1900, le premier territoire militaire. Les cercles de Koutiaka, Sikasso, Bobo-Dioulasso, Koury, Diebougou (Lobi) et les résidences du Mossi et du Gourounsi formeront, à la même date, le deuxième territoire militaire. Ces deux territoires militaires relèvent directement du gouverneur général et sont placés sous la direction de deux officiers supérieurs, qui portent le titre de commandant militaire[4] ».

---

[1] Extrait : circulaire N° 114 C du 3 novembre 1912, le Gouverneur général de l'A-OF au Lieutenants-Gouverneurs et aux Commissaires du gouvernement général en Territoire civil et au Territoire militaire. W. PONTY.
[2] Journal officiel du Dahomey 1898.
[3] ANN : 15. 1. 6. Cercle du Djerma. 1948. p. 7.
[4] Cf, AGG du 25 décembre 1899 portant organisation de territoire militaire de l'AOF.

2.3.1. La création d'un troisième territoire militaire

Par arrêté du Gouverneur Général en date du 23 juillet 1900, il est créé un Troisième Territoire Militaire dont le chef-lieu sera établit à Zinder. Ce territoire s'étendra sur les régions de la rive gauche de Say au lac Tchad qui ont été placés dans la sphère d'influence française par la convention du 14 juin 1898. Le Commandant de ce Troisième Territoire sera confié à un officier supérieur nommé par le Gouverneur Général de l'A.O.F. Un officier du grade de chef de bataillon ou de capitaine sera adjoint au chef de territoire[1].

Ce troisième territoire est placé sous le commandement du Lieutenant-Colonel Péroz qui quittait Sorbo Haoussa en février 1901 et arrive à Zinder en avril 1901.

« La raison d'être du Troisième Territoire est de servir de trait d'union entre les pays du Niger et nos possessions du chari, considération d'ordre politique qui mènent à l'unification à travers le Sahara, de l'Afrique occidentale du Tchad et de l'Algérie[2] ».

Le chef-lieu du nouveau territoire militaire fut pendant quelques mois, Sansané-Haoussa, puis, en 1901 et 1902, Sorbo-Haoussa, avec la portion centrale du bataillon dit de Zinder. Sorbo avait été choisi en raison de la route qu'on croyait existée entre Sansan Haoussa et Tahoua et qui n'existe pas. En conséquence, il est autorisé le transfert du chef-lieu de Cercle Sorbo à Niameï 60 km de Sorbo et 70 de Say.

« Considérant que le poste de Niamey, au bord des rapides de Barou, au point où la route de Zinder aboutit au fleuve, est la véritable tête de ligne de communication entre le 3ème Territoire et le reste du Gouvernement général et est, pour ces deux raisons, bien préférable à Sorbo-Haoussa ;

Considérant que ce dernier poste est le seul actuellement pourvu de constructions provisoires permettant l'installation des magasins et des bureaux du conseil d'administration de bataillon de Zinder ;

Note : c'est en 1898 et 1899, que la France aura installé ses postes à Dosso et Gaya par les détachements venus du Dahomey pour surveiller les pays zarma, le bas-dallol-mawri et le Dendi.
[1] Extrait : JO/AOF 1900, p. 313.
[2] ANN : 9B. II. I. Correspondance départ 1903.
Note : Août-septembre 1899, création du poste de Zinder par le capitaine Joalland.
12 février 1901, création du poste de Filingué. Il avait pour but de sécuriser la route d'étapes créée de Sorbo à Zinder par Tahoua. C'est à cette époque que fut créé le poste de Tahoua, le 14 février. Juin 1907, création du poste de Sandiré, 22 novembre transfert du poste à Yéni.

Considérant d'autre part, qu'il est nécessaire d'assurer la surveillance des îles Courtebés indépendantes du Djermacoi ;
Par Décision N° 213 du 8 mars 1902 du Général, Commandant supérieur des Troupes, le centre du cercle du Djermaganda est transféré à Niamey. Sorbo restera provisoirement le siège du conseil d'administration du bataillon de Zinde[1] ».

2.3.2. La colonie du Haut-Sénégal-Niger

La colonie du Haut-Sénégal-Niger comprend les anciens territoires du Haut-Sénégal et du Moyen-Niger et ceux qui forment le troisième territoire militaire. Le chef-lieu est établi à Bamako. Cette colonie se compose :

- Des cercles d'administration civils parmi lesquels sont compris ceux qui forment actuellement le deuxième territoire militaire.
- D'un territoire militaire, dit « territoire militaire du Niger », qui comprend les circonscriptions actuelles des premiers et troisième territoires militaires.

Le territoire militaire dépendant de la colonie du Haut-Sénégal et Niger est administré sous l'autorité du Lieutenant-Gouverneur par un officier supérieur portant le titre de commandant du territoire militaire[2].

Le lieutenant-Gouverneur du Haut-Sénégal-Niger fixera, par un arrêté qui sera soumis à l'approbation du Gouverneur-Général, les limites exactes des circonscriptions, ainsi que pour celles qui ont été antérieurement crées, l'emplacement des postes et l'étendue de leurs territoires respectifs[3].

2.3.3. Organisation et réorganisation du territoire militaire du Niger

Le Territoire Militaire du Niger est créé par décret du 18 octobre 1904, réorganisant le Gouvernement général de l'Afrique occidentale française. Ce décret a réuni en effet sous un unique commandement les vastes territoires qui s'étendent du Niger au Lac Tchad, qui comprennent la circonscription actuelle du 1er territoire militaire et celle du troisième territoire.

---

[1] Extrait : Journal officiel du Sénégal et Dépendances, 1902, p. 154.
[2] Extrait : Journal officiel du Sénégal et Dépendances du 12 novembre 1904, p. 605.
[3] Extrait : Journal officiel du Haut-Sénégal-Niger N° 61 du 1er février 1909, p. 43.

Sa résidence serait actuellement fixée à Niamey, c'est-à-dire à égale distance à peu près de Tombouctou et de Niamey, à la jonction des deux routes (voie fluviale et route d'étapes du Tchad) qui peuvent lui permettre de se rendre rapidement vers l'un ou l'autre de ces points.

Le Territoire Militaire du Niger est administré sous l'autorité du Lieutenant-Gouverneur du Haut-Sénégal et Niger par un officier du grade de colonel (ou de Lieutenant-colonel) portant le titre de Commandant du Territoire militaire et nommé par arrêté du Gouverneur- Général. Sa résidence serait fixée à Niamey.

Le Territoire Militaire du Niger est divisé en trois régions ayant pour chef-lieu respectifs : Niamey, Tombouctou, Zinder. À la tête de chaque région est placé un officier supérieur qui prend le titre de Commandant de Région. Chaque région est divisée en cercle, à savoir :
- Région de Tombouctou : Tombouctou avec les annexes de Goundan et de Raz-el-Mâ, Bamba, Gao ;
- Région de Niamey : Djerma, Dounzou, Dori ;
- Région de Zinder : Tahoua, Zinder, Gouré ;

À la tête de chaque cercle est placé un officier du grade de capitaine qui est sous l'autorité du Commandant de Région[1].

L'arrêté N° 1277 du 31 décembre 1907 fixe les diverses circonscriptions du Territoire Militaire du Niger constituées des quatre régions de : Tombouctou, Gao, Niamey, Zinder.

L'arrêté N° 1241 bis du 14 décembre 1908, réorganise les circonscriptions du Territoire Militaire du Niger en apportant quelques aménagements. Les quatre régions, Tombouctou, Gao, Niamey, Zinder sont maintenues.

La région de Tombouctou, ainsi que les parties des cercles de Gao, Tillabéry et Djerma, situé sur la rive droite du Niger, dépendant actuellement du Territoire militaire, sera incorporée en Territoire civil du Haut-Sénégal-Niger, à partir du 1er janvier 1911[2].

Le chef-lieu du Territoire Militaire du Niger a été transporté de Niamey à Zinder à peu près à son centre géographique, d'où le Colonel commandant le territoire peut exercer une action plus efficace sur les sept cercles qui relèvent de son autorité.

---

[1] Extrait : Journal officiel du Sénégal et Dépendances N° 209 du samedi 31 décembre 1904, p. 720.
[2] Extrait : Journal officiel du Haut-Sénégal-Niger N° 99 du 1er septembre 1910. P. 419.

À partir du 1ᵉʳ janvier 1911, le Territoire militaire du Niger, dont le chef-lieu devient Zinder, sera divisé en sept cercle :

1ᵉ Cercle de Gao, comprenant les secteurs de Kountas et des Oullimminden, les districts de Bourem, et d'Ansongo ;

2ᵉ Cercle de Niamey, comprenant les secteurs de Tillabéry, de Gaya, de Dosso, de Yéni, et le district de Dogondoutchi ;

3ᵉ Cercle de Madaoua, comprenant les secteurs de Tahoua et de Maradi et le district de Birni ;

4ᵉ Cercle de Zinder, comprenant les secteurs de Tessaouah, de Gouré, de l'Alakoh ;

5ᵉ Cercle de N'Guigmi, comprenant les secteurs de Maïné Soroua, de Maul et le secteur de Tebbou ;

6ᵉ Cercle d'Agadez ;

7ᵉ Cercle de Bilma[1] ».

Le Territoire Militaire du Niger qui a fait partie jusqu'au 1ᵉʳ janvier 1912 de la colonie du Haut-Sénégal-Niger est rattaché directement au Gouverneur-Général.

L'arrêté n° 1738/16 du 23 novembre 1912, Réorganise l'administration intérieure du Territoire Militaire du Niger. À partir du 1ᵉʳ janvier 1913, le Territoire Militaire du Niger sera divisé en sept cercles : Niamey, Madaoua, Zinder, Gouré, Maîné-Soroa, Agadez et Bilma.

2.3.4. Le territoire du Niger

À compter du 1ᵉʳ janvier 1921, le territoire militaire du Niger prend le nom de « Territoire du Niger ». Il est doté de la personnalité civile et possède de son autorité administrative et financière dans les mêmes conditions que les autres colonies composant le Gouvernement de l'Afrique Occidentale Française[2].

Le Territoire du Niger est administré, sous la haute autorité du Gouverneur Général, par un administrateur en chef des Colonies, ou un officier supérieur portant le titre de commissaire du Gouvernement Général. Le Commissaire de Gouvernement Général au Territoire du Niger est nommé par Arrêté du Gouverneur Général.

---

[1] Idem, p. 420.
[2] Extrait : JO/AOF 1921 p. 83.

2.3.5. La transformation du territoire civil du Niger en colonie autonome

« Le Territoire du Niger, qui était antérieurement administré par le Gouverneur général, a été doté de l'autonomie administrative et financière au même titre que les autres Colonies de l'Afrique occidentale, par le décret du 4 décembre 1920 (…) Cette évolution tendait à donner au Territoire du Niger un statut administratif sans cesse plus conforme à celui des colonies du groupe de l'Afrique occidentale française. Le moment parait venu d'assurer la dernière transformation et de constituer le Territoire du Niger en Colonie, sous l'autorité d'u n Lieutenant-Gouverneur[1] ».

Par décret du 13 octobre 1922, le Territoire du Niger est transformé, à compter du 1er juillet 1922, en une colonie qui prend le nom de colonie du Niger. La colonie du Niger est administrée par un Gouverneur des colonies, portant le titre de Lieutenant-Gouverneur, placé sous la haute autorité du Gouverneur Général. Le Lieutenant-Gouverneur est substitué au Commissaire du Gouvernement général dans tous les pouvoirs conférés antérieurement à ce dernier.[2]

L'arrêté du 17 janvier 1923, promulgue en Afrique occidentale française le décret du 13 octobre 1922, portant transformation du territoire civil du Niger en Colonie autonome. Le Territoire de la colonie est administrativement divisé en 10 cercles comprenant chacun une ou plusieurs subdivisions :
– Cercle de Niamey : subdivision de Niamey. Tillabéry ;
– Cercle de Dosso : Dosso, Doutchi, Gaya ;
– Cercle de Birni N'konni : Birni N'konni, Madaoua ;
– Cercle de Tessaoua : Tessaoua, Maradi ;
– Cercle de Zinder : Zinder, Tanout, Magaria ;
– Cercle de Gouré : Gouré ;
– Cercle de N'Guigmi : N'Guigmi, Mainé-Soroa ;
– Cercle de Tahoua : Tahoua, subdivision nomade ;
– Cercle d'Agadez : Agadez ;
– Cercle de Bilma : Bilma ;

---

[1] Extrait : JO/AOF N° 955 du 20 janvier 1923, p.58. Note : BREVIE (Jules) premier Gouverneur de la colonie du Niger, reste en poste du 26 déc. 1922 au 9 oct. 1929.
[2] Extrait : JO/AOF N° 955 du 20 janvier 1923, p.58.

2.3.6. Le transfèrement du chef-lieu de la colonie du Niger de Zinder à Niamey

Le chef-lieu de la colonie du Niger, est établi à Niamey. Les territoires ci-après, qui font actuellement partie de la colonie de la Haute-Volta, sont rattachés à la colonie du Niger pour compter du 1er janvier 1927 à savoir :

1e Le cercle de Say, à l'exception du canton Gourmanché de Botou ;

2e Les cantons du cercle de Dori, qui relevaient autrefois du territoire militaire du Niger, dans la région de Téra et de Yatacala, et qui ont été détachés par l'arrêté du Gouverneur général du 22 juin 1910.[1]

Le décret du 5 septembre 1932, supprime la Haute-Volta. Son territoire est réparti entre les colonies du Niger, du Soudan français et de la Côte d'Ivoire promulgué par arrêté du Gouverneur Général. AGG N° 1471 du 5 octobre 1932[2].

AGG N° 3678/AP du 12 septembre 1947 promulgue en AOF la loi N° 47-1707, tendant au rétablissement du territoire de la Haute-Volta[3].

L'Arrêté n° 2690/AP du 30 mars 1956, porte création de sept cercles dans le territoire du Niger : Téra, Filingué, Dogondoutchi, Birni N'Konni, Madaoua, Tessaoua et Magaria[4].

La loi n° 64-039 du 5 novembre 1964 fixe le nom, le chef-lieu et les limites des Arrondissement et des Départements de la République du Niger[5].

---

[1] Extrait : JO/AOF N° 1167 du 29 janvier 1927, p. 92.
[2] JO/AOF, 1932.
[3] JO/AOF, 1947. P. 948.
[4] JO /AOF n° 2820 du 14 avril 1956, P. 658.
[5] JO/RN N° 22 du 15 novembre 1964, P. 6.

CHAPITRE 3 :

La doctrine coloniale en A-OF

L'administration coloniale française en Afrique-Occidentale française a transformé peu à peu en doctrines les règles de conduite qu'elle s'est tracées dès le début de son action administrative à l'effet d'assoir son autorité de manière définitive, sans contestation et heurts majeurs.

3.1. La circulaire de W. Ponty, gouverneur général de l'A-OF (1909)

Dans sa circulaire n° 186 c du 22 septembre 1909 adressée à Messieurs les Lieutenants-gouverneurs du Sénégal, du Haut-Sénégal et Niger, de la Guinée française, de la Côte d'Ivoire, du Dahomey et à Monsieur le Commissaire du gouvernement général en territoire civil de la Mauritanie, le gouverneur général de l'A-OF, W. Ponty, a défini la pratique des affaires indigènes en Afrique-Occidentale française :

« Il est indéniable aujourd'hui que notre administration, pour être féconde en résultats positifs et durables, doit s'assouplir aux modalités diverses de la politique indigène. Or, cette politique, il semble possible, aujourd'hui, de la formuler en un corps de principes qui, tous, dérivent de la connaissance plus approfondie que nous avons de la psychologie de nos sujets, de notre souci constant de ne pas les froisser dans leurs coutumes, dans leurs croyances, et même dans leurs superstitions, de la bienveillance inlassable qui règle, traditionnellement, nos rapports avec eux. Parmi ces éléments qui concourent à transformer peu à peu en doctrines les règles de conduite que nous nous sommes tracées dès le début de notre action administrative, à l'égard des populations, il en est sur lequel je désire attirer d'une façon toute particulière votre attention. Vous n'ignorez point les conditions spéciales de la sociologie africaine, conditions imposées par la guerre, les migrations des tribus, l'islamisation de certains clans, etc. Elles ont abouti à instituer, dans une région donnée, des groupements plus ou moins considérables de peuplades d'origine diverse qui demeurent parfois à d'éparpillement au milieu d'une population plus dense et parfois aussi se réunissent au point de former dans un canton une véritable colonie[1] ».

3.2. La circulaire de Joost Van Vollenhoven, gouverneur général de l'A-OF (1917)

Dans sa circulaire au sujet des chefs indigènes en date du 15 août 1917, adressée à Messieurs les Lieutenants-Gouverneurs des colonies et Commissaires du gouvernement général de l'A-OF, Joost Van Vollenhoven, gouverneur général de l'A-OF, pose, avec sa clarté et son autorité, les problèmes des chefs indigènes et indique les moyens propres pour les résoudre. Il note que le concours des chefs est indispensable pour assurer la bonne marche administrative du pays. Là où flotte le drapeau français, nous n'admettons d'autres représentants de l'autorité que celui de l'autorité française. La souveraineté française ne se partage ni ne se monnaye. Van Vollenhoven définit ensuite le statut des chefs, c'est-à-dire les garanties et avantages qui doivent leur être consentis pour compenser la charge du commandement. Il insiste sur l'utilisation de ces auxiliaires indirects que sont les chefs, et propose « les mesures indispensables à consolider leur autorité (respect des règles coutumières dans leur désignation, voire consultation des populations ; attribution de décorations ; relèvement des pensions) ». Il condamne l'abus, à leur égard, des sanctions administratives pour des motifs futiles, qui contribuent à les déconsidérer.

<u>Du recrutement des chefs</u>

« Il faut avoir grand soin, disent les uns, de ne choisir les chefs que dans les familles appelées traditionnellement à cet honneur ». « Non pas, disent les autres, les chefs doivent être recrutés parmi les notables les plus instruits : l'homme qui comprendra le mieux notre pensée, qui est le plus accessible au progrès, sera le plus qualifié pour conduire les autres ». La première est de beaucoup la plus importante de ces conditions et que le chef doit avoir sur les populations qu'il incarne une réelle autorité... on conclura nécessairement qu'il faut choisir un chef accepté volontiers par la population et désiré par elle... J'ajoute qu'il ne suffit pas d'investir le

---

[1] Extrait : *JO/A-OF*, 1909, p. 447.

candidat désiré par la tradition mais qu'il faut prendre bien garde de l'investir en observant les formalités et procédures... le candidat doit être accepté volontiers, il ne doit pas être celui qui plait le plus à l'administrateur, mais celui qui plait le plus à la population. Il est rare qu'on ne trouve point dans le pays un individu qui, par ses origines, sa valeur et son autorité, ne se détache du commun et que le commun ne respecte. C'est celui qu'il faudra choisir...

Du statut des chefs

Pour avoir de bons chefs, il fallait préparer leur recrutement. J'ajoute qu'un chef, même bien recruté, ne tarde pas à devenir mauvais s'il ne lui est pas donné un statut, c'est-à-dire s'il ne lui est pas accordé un certain nombre de garanties et d'avantages qui compensent pour lui la charge du commandement et les soins qu'il apporte à l'accomplissement de sa mission. Le statut du chef indigène doit être précisé, en se plaçant au triple point de la situation, matérielle, de la situation morale et des sanctions dont le chef peut être l'objet.

Des attributions des chefs

La règle qui détermine les attributions des chefs indigènes doit donc être la suivante : ils n'ont aucun pouvoir propre d'aucune espèce car il n'y a pas deux autorités dans le cercle : l'autorité française et l'autorité indigène ; il n'y en a qu'une. Seul le commandant de cercle commande, seul il est responsable. Le chef indigène n'est qu'un instrument, un auxiliaire. Il est vrai que cet auxiliaire n'est pas un simple agent de transmission et qu'il met au service du commandant de cercle non seulement son activité et son dévouement, mais encore sa connaissance du pays. Le chef indigène ne parle, n'agit jamais en son nom, mais toujours au nom du commandant de cercle et par délégation formelle ou tacite de celui-ci. « Ceux-ci (les chefs) ne sont pas d'anciens souverains dont nous voulons ménager les trônes ; les trônes ou bien n'existaient pas ou bien ont été renversés par nous et ne seront plus relevés. »

Des sanctions disciplinaires

Je sais bien comment on corrige les conséquences de l'imprévoyance commise : on punit les chefs incapables ou on les révoque. C'est un ordre que je donne. Je désire qu'il soit exécuté et je n'excuserai point de négligence dans une question qui touche d'aussi près à la bonne tenue politique de la colonie. Le chef indigène est jugé sur sa réputation du moment, c'est-à-dire sur des potins, je veux qu'il soit jugé sur des notes, il faut que vous ayez dans votre bureau politique, comme il faut que le commandant de cercle ait dans les archives du cercle, le dossier personnel des chefs employés dans ce cercle. Ce dossier doit donner des indications précises sur la personnalité de chaque chef, sur ses origines, sur les conditions dans lesquelles il a accédé au commandement sur les services qu'il a rendus, sur les récompenses dont il a été l'objet ou sur les rigueurs qui l'ont frappé. Ces indications, qui constituent le fond du dossier, doivent être complétées par des notes annuelles, rédigées par l'administrateur commandant le cercle et visées par vous-même.

<u>Considération morale due au chef</u>

En ce qui concerne la considération morale due au chef, je recommanderai simplement aux commandants de cercle de procéder avec tact ; ils doivent se rendre compte que les chefs seront d'autant plus respectés par les populations qu'ils sont mieux traités par nous-mêmes. Je désirais que les administrateurs s'abstinssent dorénavant de frapper disciplinairement les chefs indigènes ou de les poursuivre devant les tribunaux de subdivision et de cercle... la sanction disciplinaire, prison ou amende, doit complètement disparaitre. Les récompenses attribuées aux chefs indigènes sont en effet très limitées, elles sont mesurées avec une parcimonie qui n'est égalée dans aucune autre colonie. Rares sont les chefs indigènes de l'Afrique-Occidentale française décorés de la Légion d'honneur. Ceux qui portent une décoration coloniale ou métropolitaine sont un peu plus nombreux mais on ne voit guère sur les boutons ou sur les bournous de nos collaborateurs que les médailles d'honneur appelées « médaille merci » par les bénéficiaires. Il faut rompre avec cette tradition d'avance. Il faut se montrer vis-à-vis des chefs indigènes aussi généreux que la France doit l'être.

<u>Le représentant du chef</u>

À l'heure actuelle et sauf de rares exceptions, le chef est convoqué chez le commandant de cercle à tout bout de champ et pour les affaires les plus futiles ; il perd ainsi un temps précieux et comme chacun sait, ses déplacements sont une charge appréciable. Pour remédier à cet inconvénient, certains d'entre vous ont eu l'heureuse idée qu'il ait au chef-lieu de cercle de véritables agents de liaison que l'on nomme ses représentants, choisis avec un soin parmi les auxiliaires intelligents du chef indigène, lui transmettant les ordres du commandant de cercle lorsque ceux-ci ne nécessitent aucun commentaire ou seulement des explications aisées à fournir ou à recueillir. Ce n'est que dans le cas important où un contact personnel est nécessaire entre le commandant de cercle et les chefs indigènes que ceux-ci sont invités à se rendre de leur personne à la résidence. Cette pratique excellente doit être généralisée ; elle donne à l'institution des chefferies indigènes toute sa souplesse et les résultats obtenus sont d'ailleurs les meilleures preuves de la valeur de la méthode.

<u>Les maisons des chefs</u>

Il faut veiller à ce que le chef soit installé convenablement. Trop souvent, les maisons des chefs ne se distinguent des autres maisons du bureau que par un délabrement plus grand et un entretien moins convenable. Il faut remédier à cela. Il faut loger les chefs avec décence dans des habitations dont les abords sont largement dégagés et qui se distinguent par leur propreté et leur belle tenue. Ces maisons peuvent parfaitement être du type indigène ordinaire ; il suffit qu'elles soient plus spacieuses et plus propres. Je ne verrais d'ailleurs que des avantages à ce que les maisons des chefs fussent construites avec les concours du service des travaux publics et au compte du budget... Il faut également que le chef ait des terres et celles-ci doivent être cultivées avec soin[1].

3.3. La circulaire de Brévié Jules, gouverneur général de l'A-OF (1932)

Après les directives de Van Vollenhoven en 1917, le ministre des Colonies et le gouverneur général ont en 1929 constaté l'insuffisance des résultats obtenus dans le commandement indigène. En vue de remédier aux insuffisances, dans sa circulaire sur l'administration indigène en date du 27 septembre 1932, adressée à Messieurs les Lieutenants-Gouverneurs des colonies du groupe et à Monsieur l'Administrateur de la circonscription de Dakar, Brévié Jules, gouverneur général de l'A-OF écrit : « Presque tout a été dit au sujet des chefs, de leur recrutement, de leur formation, de leurs prérogatives. Il est bien évident que si les

---

[1] Circulaire au sujet des chefs indigènes. Extrait : *JO/A-OF* n° 663 du 18 août 1917, p. 466.

Note : Le capitaine Joost Van Vollenhoven, d'origine néerlandaise, est né le 21 juillet 1871 à Rotterdam. Van Vollenhoven est naturalisé français en 1899. Nommé gouverneur général de l'A-OF, en remplacement de M. Clozel, prend ses fonctions à Dakar le 3 juin 1917. Les opérations de recrutements qui ont eu lieu de 1914 à 1917 en A-OF ont été excessives dans leurs résultats comme dans leurs méthodes. Van Vollenhoven est distingué notamment par son refus de procéder au nouveau recrutement de troupes indigènes demandé par Clemenceau en 1917. Mécontent de cette décision qu'il juge en outre incompatible avec ses prérogatives de Gouverneur général, il offre sa démission le 17 janvier 1918 et obtient de revenir sur le front, cette fois avec le grade de capitaine. Van Vollenhoven est grièvement blessé d'une balle de mitrailleuse à la tête le 19 juillet 1918, alors qu'il mène sa compagnie lors de l'offensive. Il meurt le 20 juillet. Gouverneur général à 38 ans, mort à 40 ans pour la France.

directives de 1917 avaient été partout fidèlement suivies, nous disposerions aujourd'hui d'un encadrement parfaitement entraîné. Les chefs indigènes sont à la fois les représentants de collectivités ethniques dont les tendances ou les réactions éventuelles ne sauraient les laisser indifférents, et les mandataires d'une administration à laquelle ils sont tenus d'obéir [...]

Il est donc indispensable qu'ils aient en premier lieu la confiance de leurs administrés. En tous pays, les chefs désignés par la voie populaire jouissent à la fois de l'estime et de la popularité [...] Si les chefs doivent avoir la confiance de leurs administrés, il est également nécessaire qu'ils méritent la nôtre. Nous ne saurions admettre, à la tête des groupements autochtones, des chefs qui prétendraient faire échec à notre autorité, soit par une inertie systématique, soit dans une résistance ouverte. Nous ne saurions davantage tolérer les chefs incapables, prévaricateurs et concussionnaires. Un choix s'impose donc des chefs susceptibles de comprendre et d'assurer parfaitement leur rôle. Sélection délicate quand d'aventure, elle s'oppose aux préférences de la population. C'est là surtout qu'il faut savoir concilier les intérêts particuliers ou collectifs et l'intérêt général. Peser mûrement les avantages et les inconvénients d'une mesure toute d'opportunité, allier la prudence dans la décision à la fermeté dans l'exécution. Le chef qui nous est hostile doit évidemment céder ou disparaître. Mais avant de prendre à son égard une sanction définitive, il faudra s'enquérir des raisons de cette hostilité : celle-ci peut être personnelle, ou bien répondre au sentiment de la collectivité ; elle peut être passagère ou tenace, superficielle ou profonde ; elle peut provenir d'un malentendu, d'une erreur de notre administration, ou bien procéder d'une animosité sans excuse. Il est bien évident que dans chacune de ces hypothèses, la solution sera différente. On devra d'abord s'appliquer à dissiper le malentendu s'il existe, à réparer l'erreur si elle a été commise, à tâcher de réduire les oppositions systématiques par des dispositions appropriées.

La destitution du chef ne viendra qu'en dernière analyse après que tous les moyens de persuasion ou de conciliation auront été épuisés[1] ».

---

[1] Circulaire sur l'administration indigène. Extrait : JO/A-OF du 15 octobre 1932, p. 903.

CHAPITRE 4 :

La formation des cantons et l'administration de la chefferie traditionnelle

4.1. La formation des cantons

Les cantons ont été formés au fur et à mesure de l'occupation du territoire par l'administration française. Cette puissance a trouvé de multiples entités traditionnelles. Elle les a regroupées pour en faire un territoire colonial appelé canton. Il s'agit d'un échelon de commandement mis en place auquel était assignée la tâche de servir d'intermédiaire entre les Français et la population. Une réalité administrative française plaquée aux réalités locales. L'ancien concept territorial mal connu et compris par l'administration coloniale, qui préfère passer à l'élaboration d'une nouvelle entité politique canton. « Il s'agit de définir un cadre facilitant le contrôle des administrés et la perception des impôts » (Camille Lefebvre, 2002-2003, p. 12).

Dans une correspondance en date du 31 janvier 1901, adressée au commandant de la colonie du Djerma, le capitaine Berger, commandant la 21e compagnie, écrit : « Ces différents cantons ne constituent en aucune façon une formation politique réellement organisée. C'est plutôt un groupement de villages de même race qui sont alliés ensemble et qui réunissent leurs guerriers quand ils sont menacés par un ennemi commun[1] ».

« En France, le canton est une circonscription territoriale, généralement formée de plusieurs communes et comprise dans l'arrondissement. Parfois, une ville ou une partie de ville forme à elle seule un canton. Le canton a été créé par la loi du 22 décembre 1789 ; supprimé par celle du 26 juin 1793, rétabli par la Constitution de

---

[1] ANN : 1E1.5. *Correspondance du capitaine Berger, commandant la 21e compagnie au commandant de la colonie du Djerma*, 31 janvier 1901.

l'an III, il prit une importance considérable (loi du 26 février 1790) et absorba la commune. La Constitution consulaire de l'an VIII, en constituant l'arrondissement, enleva au canton son importance administrative. Aujourd'hui, le canton n'est plus qu'une subdivision judiciaire, dans le ressort de laquelle s'exerce la juridiction du juge de paix. Il sert aussi de base à certaines opérations administratives. Les conseillers généraux et les conseillers d'arrondissement sont élus par canton. Le canton n'a pas la personnalité juridique[1] ».

4.1.1. Le régime de l'indigénat et la justice indigène

La population autochtone était soumise à un régime spécial appelé indigénat. Elle n'avait aucun droit et était contrainte aux travaux forcés et elle n'avait pas de liberté. D'autre part, des sanctions leur étaient infligées selon le bon vouloir des commandants sans aucune règle de justice. Dans ses instructions du 25 avril 1905, relatives à l'application du décret du 10 novembre 1903, le gouverneur général s'exprime sur l'objectif dominant du législateur. « La justice indigène appliquera en toute matière les coutumes locales en tout ce qu'elles n'ont pas de contraire aux principes de la civilisation française. Les tribunaux indigènes auront à juger soit suivant les règles plus ou moins modifiées par l'usage de la loi coranique, rite malékite, acceptée en fait dans une grande partie de nos territoires, soit d'après les traditions locales dans les régions qui n'ont point encore subi l'influence musulmane. Nous ne pouvions, en effet, imposer à nos sujets les dispositions de notre droit français manifestement incompatible avec leur état social. Mais nous ne saurions davantage tolérer le maintien, à l'abri de notre autorité, de certaines coutumes contraires à nos principes d'humanité et au droit naturel. Dans les matières civiles, les coutumes ne sont pas les mêmes dans toute l'étendue de nos territoires. Variables suivant les régions, il arrive même qu'au sein de groupements indigènes, unis cependant par une communauté d'origine ou de langage, les coutumes changent de village en village. Il aura donc lieu de veiller à ce que, à l'abri de cette trop grande diversité ; quelquefois difficile à contrôler, les tribunaux indigènes ne se livrent point à l'arbitraire[2] ».

---

[1] Larousse du XXe siècle 1954, p. 525.
[2] ANN : B.260. T. 1. BBH.

4.1.2. Le conseil des notables indigènes

Dans les circonscriptions administratives de l'Afrique-Occidentale française, où le degré d'évolution de la population indigène le permettra, des conseils consultatifs dénommés « conseils des notables indigènes » pourront être créés par arrêtés des lieutenants-gouverneurs pour leurs colonies respectives et des commissaires du gouvernement général pour les territoires de la Mauritanie et du Niger. Le conseil de notables indigènes est consulté sur toutes les questions relatives :
– à l'impôt personnel indigène ;
– à la répartition et à l'exécution des prestations ;
– à la tarification des patentes indigènes ;
– à l'exécution des travaux intéressant le cercle ;
– il peut également être appelé à donner son avis sur toutes les questions d'administration générale intéressant la circonscription. Les séances sont publiques et se tiennent dans un local spécialement désigné à cet effet[1].

4.1.3. Les commissions cantonales

Le haut commandement de la colonie avait décidé de placer, auprès des chefs de cantons pour les aider dans leur tâche qui, chaque jour, devient de plus en plus difficile, des commissions cantonales qui seraient pour eux d'une utilité très grande ; que ces commissions n'avaient pas à s'immiscer dans le commandement, mais fournir et donner tous les renseignements susceptibles d'éclairer les chefs de cantons sur les besoins du canton, sur la répartition des réquisitions, de l'impôt, sur les maladies, les épizooties (etc.) que déjà auprès des chefs de village, il y avait une sorte de conseil d'anciens, que ces commissions comprenant les chefs de villages de notables permettent aux chefs de cantons une meilleure administration et faciliteront leur tâche.

Cette institution n'a pas pour but de diminuer leur autorité ou leur prestige. Elle est avant tout destinée à les entourer d'un conseil dont les membres auront pour fonction essentielle de les renseigner sur tout ce qui se passe chez eux, et sur les besoins des populations et de leur donner des avis éclairés et frappés au cours de l'expérience, car il est certain que les notables qui en feront partie devront être choisis avec un

---

[1] Extrait, décret portant création de conseil de notable indigène en AOF. JO/AOF N° 759 du 21 juin 1919.

soin minutieux parmi les plus âgés, les plus respectueux et les respectables du pays.

Enfin, un des principaux avantages de l'institution sera de surveiller les chefs de cantons, et de les empêcher de commettre les exactions auxquelles ils ne sont que trop souvent enclins[1].

4.1.4. Les cantons du Dallol Mawri

Au terme de la convention du 29 mai 1906 qui détermine la frontière franco-anglaise, la France conserve tout le Dallol Mawri et le Bas-Dallol (c'est la frontière actuelle Niger-Nigeria). À la suite de cette convention, le 21 janvier 1907, le résident de Sokoto (administrateur anglais) a fait appeler les chefs de Mawri anglais pour leur dire *« que leur pays allait passer en territoire français*[2] *»*.

Janvier 1907, début des travaux de délimitation au bord du fleuve Niger au village de Dolé (Gaya). À la date du 29 février, le capitaine Tilho, commissaire français à la délimitation, a demandé au Lieutenant Ponsar de se rendre à Bengou pour y prendre possession des terrains concédés. Par lettre n° 98-B du 26 mai 1907, le Capitaine Tilho, commissaire français à la délimitation, rend compte au lieutenant-colonel, commandant la région de Niamey que *« l'abornement de la frontière a été terminé dans le Dallol Maouri le 28 avril 1907*[3] *»*.

Les territoires concédés à la France à la suite des travaux d'abornement ont été d'abord remis au cercle du Djerma en 1907, puis rattachés au cercle de Dosso créé le 1er février 1908.

« Des renseignements émanant du chef de Bey-Bey prêtaient, à un assez grand nombre d'habitants de certains villages, l'intention de quitter le Maouri pour aller s'installer dans la Northern Nigeria et se placer sous l'autorité du chef d'Argoungou.

Dans le but de contrôler ces renseignements, de mettre au courant les indigènes de la nouvelle organisation, de se rendre compte sur place de l'état d'esprit de la population et des motifs qui poussaient les indigènes à quitter leurs villages, le lieutenant Bouverot commandant provisoirement le cercle de Dosso, a jugé devoir effectuer une tournée dans toute cette région récemment concédée à la France. Parti le 14 février 1908, il est rentré à Dosso le 27 après avoir parcouru toute la région récemment annexée et comprise entre Yeldou au sud, et

---

[1] ANN : 2E15. 19. 1933.
[2] ANN : 1E3. 34. 1906-1908.
[3] Archives, Commission nationale des frontières.

Nassaraoua au nord. Tous les villages ont été visités et dans tous, des palabres ont été faits pour mettre les indigènes au courant des procédés de l'administration, principalement en ce qui concerne l'impôt et la justice. Apathiques et naturellement méfiants, ils sont encore complètement sous l'influence des chefs dont l'autorité est grande, et qui ont intérêt à conserver cette autorité, pour faire disparaitre peu à peu cette méfiance, il sera nécessaire de faire des tournées fréquentes dans toute cette région[1]».

Par lettre n° 65 du 26 mars 1908, le capitaine Milot, commandant le cercle de Dosso, a dressé au chef de bataillon, commandant la région de Niamey, le rôle d'impôt supplémentaire pour 1907 que les habitants des territoires annexés auront à payer.

Dans le cahier de correspondance du cercle de Dosso, au n° 223 du 30 août 1908, il est écrit :

ANN : 5. 7. 3. d. Cercle de Dosso : Cahier de correspondance (1908-1809).

Transcription : « Il serait imprudent de toucher aux populations de Tibiri 3045 hbts, Nassaraoua 700, Douméga 2001, Bebeyé 5 440, Zabori 542, Likido 1 067, Kara-Kara 4 175, Dioundiou et Koma 1 200, Kaouara-Debe 573, F. Bara 273, Yelou 1531, Bana 844, Bengou 1 371, ces cantons récemment annexés presque en totalité ne sont pas suffisamment gagnés à notre cause, il est probable que les réquisitions de porteurs auraient pour effet immédiat de faire fuir les habitants de ces cantons en Nigeria ».

---

[1] ANN : 5.2.4. *Cercle de Dosso*. Extrait : *Rapport politique du mois de février 1908*.

Puis, au n° 283 du 5 novembre 1908, il est écrit :

ANN : 5.7.3.d. Cercle de Dosso : Cahier de correspondance (1908-1909).

Transcription : « En réponse à votre lettre du 17 octobre, j'ai l'honneur de vous faire communiquer que les territoires annexés, à la suite des travaux de mission et faisant partie aujourd'hui du cercle de Dosso, ont été remis au cercle du Djerma en 1907, le cercle de Dosso n'existant que depuis le premier février 1908. La prise de possession de ces territoires par l'administration française n'a donné lieu à aucun incident. L'impôt a été perçu en 1907 et 1908 sans difficulté. La région annexée (Tibiri, Bebeye, Yélou, Bana, Bengou, Dollé) est une des plus riches et des plus belles du cercle ».

C'est donc en 1908 que l'administration coloniale française prend définitivement possession des principautés du Dallol Mawri et du Bas-Dallol.

4.2. L'administration de la chefferie traditionnelle

Conscients que le pilier de l'aristocratie traditionnelle représente un poids significatif sans laquelle toute action serait vaine, « les Français se sont attachés à conserver les chefferies, même à les consolider, mais aussi à les façonner dans l'optique de leurs conceptions. Il s'agissait d'en faire, tout en respectant le cadre traditionnel, un instrument d'évolution et surtout un relais entre les services administratifs et le commandement européen, et la population[1] ».

---

[1] 1. In *PENANT*, revue de droit des pays d'Afrique n° 718, 1967, p. 480.

Selon les propos d'Olivier de Sardan, « *quand les Français nommaient "leur homme", c'était à peu près toujours un membre de l'aristocratie, un personnage influent, jamais un dépendant ou un esclave[1]* ».

Après que l'installation de la France en Afrique-Occidentale française (A-OF) se fut réalisée, il est rapidement apparu que le réseau administratif français dont la cellule de base est le cercle nécessite d'être relié à la masse de la population par les intermédiaires indigènes ; or, quels sont ces intermédiaires ? Où prendra-t-il ces laboratuers ?

Ainsi tout naturellement, pour assurer le succès de sa tâche, le commandant de cercle choisit ses intermédiaires parmi les indigènes qui ont une connaissance, même très rudimentaire, de la langue française qui parait être plus apte à remplir ce rôle. Et c'est ainsi qu'on les recrute principalement parmi les auxiliaires indigènes appointés. Avec lui et sous sa direction travaillent des interprètes et des secrétaires, des gardes de cercle et même des agents officieux, qualifiés tantôt d'agents politiques, tantôt d'agents de renseignements. Voire des domestiques qui gravitent autour du représentant de l'autorité. C'est tout ce monde que l'administration coloniale peut mettre en compagne pour porter des ordres et en contrôler l'exécution ; ce sont ces gens qui vont incarner, aux yeux de la population, l'autorité française, sa doctrine et ses méthodes, ses exigences et ses bienfaits. On est ainsi amenés petit à petit à considérer que les meilleurs intermédiaires entre le commandant de cercle et la masse indigène sont les chefs. (J. J. Villandre, 1950).

« Dans toute l'Afrique du Nord, dans toute l'Indochine, on reconnaît les services rendus par les indigènes en leur attribuant des décorations que le gouvernement métropolitain accorde d'ailleurs volontiers. Il faut suivre cet exemple, il faut remettre avec cérémonial ces récompenses afin qu'elles soient portées avec honneur. En cette matière, nos voisins de Nigeria se montrèrent plus respectueux de la tradition en ne modifiant pas grand-chose à l'organisation politique qu'ils trouvèrent ; ils s'efforcèrent uniquement d'y adopter leurs services administratifs. Ont-ils mieux réussi que nous ?[2] »

« L'administration coloniale se pose la question suivante : "Que nous reste-t-il à faire pour raffermir l'autorité des chefs ?" Lui donner toute l'autorité possible et fermer les yeux sur les petites exactions

---

[1] Journal, Le Paon Africain N° 61 du 17 janvier 1994, p. 7, 8.
[2] ANN : 2E3.5. 1930.

inévitables que j'ajouterai, font un peu sa force et son autorité ! Trop de bonté est souvent pour les noirs, signe de faiblesse, cela ne veut pas dire que l'on doive laisser faire le chef à sa guise, non, on doit se tenir au courant de sa façon de commander, le modérer quelquefois, en ne lui laissant par ignorance ce qu'il fait de bien et ce qu'il fait de mal ; leur donner un traitement en rapport avec leur commandement. Reconnaitre comme agents officiels des chefs un certain nombre d'auxiliaires "dogari" qui pourrait varier de 4 à 10 suivant l'importance du commandement et pour lesquels le chef percevrait une solde mensuelle de 50 frs pour chacun d'eux. Distribuer un costume à ces agents qu'ils revêtiraient les jours de fête. Je crois que le prestige des chefs s'en trouverait rehaussé[1] ».

En 1947, après un débat qui a mis en cause l'attitude de l'administration française à l'égard des chefs traditionnels africains, l'Assemblée nationale a voté une proposition de résolution demandant que soit précisé le statut de ceux-ci. « Depuis 1944, de nombreuses réformes ont modifié les conditions de la vie politique en Afrique. Un nouvel ordre est né. Beaucoup pensent et tous ne sont pas des Européens que les chefs n'y ont plus de places ou doivent s'en faire hors de voies traditionnelles.

En face de ces attaques ou de ces déviations, je tiens à réaffirmer que les chefs traditionnels, envers qui la France a pris des engagements qu'elle entend tenir, gardent dans l'Afrique moderne toute leur raison d'être lorsqu'ils sont investis de leur autorité selon le consentement de leur groupement humain. Ils ont une place à tenir et un rôle à jouer. Il ne saurait être question de promouvoir en Afrique une politique progressive sans l'appui d'un commandement territorial solide, ni même de commandement territorial possible, qui ne repose sur l'armature coutumière des chefferies. La vie politique africaine est entrée dans la voie des institutions communales. Mais partout ailleurs, le chef traditionnel demeure, aujourd'hui comme hier, et peut-être même plus qu'hier, l'auxiliaire nécessaire de l'administration. Sur lui repose la lourde responsabilité de transmettre aux populations africaines les directives qu'il a reçues par l'intermédiaire de la hiérarchie administrative. Pour jouer pleinement et efficacement le rôle qui lui incombe et dont le succès de notre œuvre dépend, il faut que le chef auquel nous nous adressons soit un chef véritable. J'entends par là qu'il ne doit pas être un féodal ni un fonctionnaire imposé à une collectivité

---

[1] ANN : 2E3.4. *Renseignements relatifs au commandement indigène*, 1930.

qui l'ignore, mais au contraire un authentique représentant, ayant la confiance de la population qu'il administre et exerçant légitimement une autorité réelle. Chefs, fonctionnaires et représentants élus appartiennent à des ordres différents. Il n'aurait été question d'établir une hiérarchie entre eux, ni de laisser l'influence de l'un prévaloir sur celles des autres. Chacun a son rôle à jouer. Celui du chef est de diriger selon la coutume, son propre groupement humain.

La coutume désigne toujours un chef [...] il suffit alors d'ajouter notre investiture à celle que confère la coutume. La désignation sera d'autant plus sage et d'autant plus féconde qu'elle ne fera que conserver le vœu des administrés, qu'elle respectera les hiérarchies traditionnelles. Je ne devrais pas avoir à souligner, mais je veux que toute équivoque soit dissipée, qu'il ne doit jamais être fait de désignations arbitraires. Si certains administrateurs en ont fait pour quelque motif que ce soit, ils ont enfreint des instructions formelles. Les fonctionnaires africains et tous ceux que l'on a coutume de désigner par le terme "évolués" ne doivent pas mépriser, ni renier les chefs traditionnels. Ceux-ci présentent l'Afrique la plus authentique et tout l'effort entrepris doit reposer sur eux. Les hommes politiques ne sauraient trouver aucun avantage dans la soumission du commandement indigène à leur influence ; leur rôle est autre.

Entre celui qui participe à l'exercice du pouvoir législatif et celui qui est investi du pouvoir de commander, aucune confusion ne peut être admise[1] ».

4.3. La réorganisation de l'administration indigène dans la colonie du Niger (1936)

L'arrêté n° 0035 A.P. du 11 janvier 1936 réorganise l'administration indigène au Niger. L'administration indigène est constituée par :
- En ce qui concerne les populations sédentaires :
  – des chefs de villages assistés d'une commission villageoise ;
  – des chefs de cantons, assistés d'une commission cantonale.

Elle peut comporter, en outre, des chefs supérieurs assistés d'une commission provinciale ou régionale.
- En ce qui concerne les populations nomades par :
  – des chefs de tribus ;

---

[1] Extrait : *Lettre du ministre de la France d'Outre-Mer au Haut-Commissaire de la République en A-OF*, 25 septembre 1947.

– des chefs de groupes ;

Les uns et les autres assistés d'une commission. Elle peut comporter, en outre, des chefs supérieurs, eux-mêmes assistés d'une commission régionale.

4.3.1. Le chef de canton

Le canton est constitué par un groupement de villages et par les territoires qui en dépendent. Le canton est placé sous l'autorité du chef de canton. Celui-ci est assisté éventuellement d'un secrétaire ou d'un coadjuteur qui le seconde et peut recevoir de lui le mandat de le suppléer après autorisation spéciale du chef de la circonscription.

Le chef de canton est assisté par une commission cantonale composée selon la coutume ou, à défaut, suivant les règles fixées par le commandant de cercle. Les chefs de cantons sont nommés par le lieutenant-gouverneur sur proposition motivée du commandant de cercle appuyée d'un procès-verbal attestant que les formes coutumières ont été respectées. À titre exceptionnel et en témoignage officiel d'estime en reconnaissance des services rendus et des qualités déployées dans l'administration cantonale, il pourra être créé des charges de chefs de provinces. Le chef de province se substitue aux chefs de cantons pour les représenter auprès du commandant de cercle.

En dehors des provinces qui existeront au moment de l'application du présent arrêté, il ne sera constitué de nouvelles provinces que dans les cas suivants :

- Communauté d'intérêts étroite entre plusieurs cantons dont l'intégrité territoriale doit cependant être respectée.
- Nécessité d'étayer l'autorité défaillante d'un chef de canton dont le maintien en exercice est désirable pour des raisons d'ordre politique, ou pour stimuler son énergie, en le plaçant sous l'égide d'un autre chef qui sera pour lui à la fois un guide, un soutien et un sujet d'émulation.

4.3.2. Le chef de groupe

Le groupe est constitué par plusieurs tribus. Le groupe est placé sous l'autorité du chef de groupe, qui est l'équivalent, pour les populations nomades, du chef de canton des populations sédentaires. Les chefs de groupes sont nommés par le lieutenant-gouverneur sur proposition motivée du commandant de cercle appuyée d'un procès-verbal attestant que les formes coutumières ont été respectées.

À titre exceptionnel et en témoignage officiel d'estime en reconnaissance des services rendus et des qualités déployées dans l'administration d'un groupe, il peut être créé des charges de chef supérieur. Le chef supérieur se substitue aux chefs de groupe pour les représenter auprès du commandant de cercle. En dehors des chefs supérieurs en fonction au moment de la mise en vigueur du présent arrêté, il ne sera créé de nouvelle charge que dans les cas suivants :
- Communauté d'intérêts étroite entre plusieurs groupes.
- Nécessité d'étayer l'autorité défaillante d'un chef de groupe dont le maintien en exercice est désirable pour des raisons d'ordre politique, ou pour stimuler son énergie, en le plaçant sous l'égide d'un autre chef qui sera pour lui à la fois un guide, un soutien et un sujet d'émulation. Il sera établi, au bureau politique de Niamey, un dossier personnel pour chaque chef de canton et de province sédentaire ainsi que pour chaque chef de groupe et chef supérieur nomade...

Au dossier ainsi établi devront obligatoirement figurer les renseignements suivants :
– Nom du chef, sa filiation, son âge ;
– Autorité qui l'a nommé ;
– Son degré d'influence, son autorité, son dévouement à notre cause.

L'arrêté n° 543 APA/F du 31 juillet 1944 complète l'arrêté local n° 0035 A.P. du 11 janvier 1936.

L'arrêt n° 2566/APA du 16 novembre 1955 portant réorganisation de la chefferie au Niger.

4.3.3. Les sanctions administratives

Les chefs peuvent faire, pour faute grave dans l'exercice de leurs fonctions, ou incapacité de remplir ces fonctions, l'objet de sanctions administratives infligées par le chef du territoire. Ces sanctions sont :
– La suspension de fonctions pour un temps déterminé ;
– La révocation.

Elles sont prononcées par décision du chef du territoire prise après avis de son conseil privé. Elles sont obligatoirement précédées d'une enquête de l'inspecteur des affaires administratives. Le chef, objet de la sanction, pourra présenter ses moyens de défense par écrit.

4.3.4. L'honorariat

Sur propositions motivées des commandants de cercle, l'honorariat de leur fonction pourra être accordé, par décision du gouverneur, aux chefs de province, de canton et de groupe, dont l'état de santé ne leur permet plus d'assurer leur service avec l'autorité et l'activité nécessaires. Il pourra être alloué aux chefs admis à l'honorariat une rémunération égale au maximum à la moitié de la solde qu'ils percevaient au moment de la mesure prise à leur égard.

L'Arrêté n° 58 332/ MI du 9 juillet 1958, modifie l'arrêté local n° 2566/APA du 16 novembre 1955.

CHAPITRE 5 :

Organisation et réorganisation de la circonscription de Dosso

5.1. Les repères chronologiques

En 1898 et 1899, la France aura installé ses postes à Dosso et Gaya par les détachements venus du Dahomey pour surveiller le pays zarma, le Bas-Dallol Mawri et le Dendi.

Le 1er octobre 1904, Dosso devient le chef-lieu du cercle Djerma, et les services sont transférés de Niamey à Dosso. Mais rien n'est prévu pour les accueillir, ni logement, ni bureau : improvisation et précipitation caractérisent ce transfert [...] La situation devient vite insupportable et dès le mois de décembre 1904, les administrateurs coloniaux envisagent que Niamey redevienne chef-lieu du cercle. Le 10 février 1905, le commandant du cercle Djerma quitte Dosso pour se réinstaller à Niamey. Dosso redevient chef-lieu du secteur au sein d'un trop grand cercle Djerma (J. P. Rothiot, 1988, p. 199-200).

L'arrêté n° 1277 du 31 décembre 1907 fixe les diverses circonscriptions du territoire militaire du Niger. Le cercle de Dosso, relevant de la région de Niamey, est formé du district de Dosso, du canton de Mayaki Koira, des territoires de la Northern Nigeria qui lui sont rattachés y compris le canton de Matankari, avec le secteur de Boumba formé du district du Boumba, du Dendi, du Fogha et du canton de Baira. Le cercle de Dosso a existé en 1908. Il a été supprimé le 1er janvier 1911 pour raison d'économie.

En 1909, le chef de bataillon Rivet, commandant la région de Niamey, a convoqué par les soins du capitaine, commandant le cercle de Dosso, les chefs des cantons de Dosso, Kiota, Sokorbé Bébeye, Douméga, Tibiri, Nassaraoua, Kara Kara, Dioundiou, Koma, Zabori. Au cours de sa conférence, le commandant de région insiste « sur l'avantage pour les notables de faire apprendre à leurs fils le français usuel parlé à l'école de Dosso, sur le bon entretien des routes et campements, la création de nouveaux puits, et, par conséquent, de nouveaux villages et champs de culture dans les endroits inhabités de leurs cantons[1] ».

Au terme de l'arrêté général du 22 juin 1910, Dosso devient un simple secteur dépendant du cercle de Niamey, de même que Gaya ; Dogondoutchi devient un district dépendant également de Niamey.

L'arrêté du 22 novembre 1912 porte réorganisation administrative intérieure du territoire militaire du Niger. À partir du 1er janvier 1913, le territoire du Niger sera divisé en sept cercles. Dosso, Dogondoutchi et Gaya deviennent des secteurs relevant du cercle de Niamey.

L'arrêté général du 15 novembre 1923 porte modification à l'organisation des circonscriptions administratives de la colonie du Niger. Le cercle actuel de Niamey est divisé en deux cercles portant respectivement les noms de cercle de Niamey et cercle de Dosso.

L'arrêté local n° 171 du 20 décembre 1923 divise le cercle de Dosso en trois subdivisions : Dosso, Dogondoutchi et Gaya.

5.2. Projet de création de cinq provinces dans la circonscription de Dosso (1924)

En 1924, Brevie Jules, lieutenant-gouverneur du Niger demande au commandant de cercle de Dosso « *s'il était possible de réduire le nombre de cantons du cercle et de relever en même temps le traitement des chefs indigènes qui doivent demeurer après réorganisation des circonscriptions*[2] ».

En réponse au lieutenant-gouverneur du Niger, dans son rapport n° 155 du 22 mars 1924, le commandant de cercle de Dosso fait la proposition suivante : j'indiquerai d'abord quelles sont les divisions actuelles du cercle, comment elles ont été constituées, ensuite, les modifications qu'il y aurait lieu d'apporter, aussi bien pour simplifier que pour renforcer notre administration. Au total, 20 cantons pour le cercle : subdivision de Dosso, 4 cantons ; subdivision de Dogondoutchi, 7 cantons ; subdivision de Gaya, 9 cantons. Morcellement exagéré et qui ne correspond plus à des nécessités politiques qu'ethniques. Comme il convient de respecter les situations acquises et de réduire le nombre des cantons au fur et à mesure seulement

---

[1] *ANN : Rapport du chef de bataillon Rivet, commandant la région de Niamey, sur sa tournée d'inspection dans les cercles du Djerma et de Dosso.*
[2] Lettre n° 117/BP du 29 janvier 1924

de la disparition des chefs indésirables, la réorganisation proposée comportera des phases intermédiaires et ne pourra être pleinement réalisée que dans un avenir plutôt éloigné.

D'une façon générale, nous pourrions politiquement procéder ainsi qu'il suit à la disparition d'un chef que nous n'avons aucun intérêt à remplacer : les notables désignent un successeur suivant la coutume, mais ne lui donnez pour notre part aucune investiture officielle, si ce n'est celle de chef de village ; supprimez toutes allocations et remises qui constituent en réalité leur reconnaissance par l'autorité française et donnez nos instructions, sans heurt et progressivement par l'intermédiaire du chef à qui nous voulons confier le commandement de la province.

Dosso : Une seule province pour la subdivision, celle de Dosso, qui comporterait les cantons de Goubeye, Sokorbé et Mayaki Koira et peut-être le Sambéra à moins qu'il ne soit rattaché au pays Dendi (Gaya), chef de province : le Djermakoye.

Dogondoutchi : Il ressort que le pays maouri pourrait être divisé en deux provinces seulement, l'Aréwa-Nord et l'Aréwa-Sud. La province de l'Aréwa-Nord serait constituée par le canton de Dogondoutchi tel qu'il existe actuellement avec son chef Gao. L'Aréwa-Sud comprendrait les cantons de Tibiri, Beibei, Douméga, Likdo, Kara-Kara et Zabori. Le plus important de ces cantons, celui de Tibiri, a en même temps à sa tête le chef le plus influent et le plus apte au commandement. Il est noté comme aimé et estimé de ses administrés. C'est le nommé Harouna. C'est donc lui que je proposerais pour être éventuellement le chef de la nouvelle province (avec chef-lieu à Tibiri ou à Beibei).

Gaya : Il ne subsisterait également dans la subdivision que deux provinces : celle du « pays Dendi » composé du Bas-Fogha, Gaya, la région du fleuve, Bengou, Bana, éventuellement Sambéra ; chef Beidou et celle du Haut-Fogha avec les petits cantons de Kaora-Débé, Yelou, Koma, Bara, Guéza, Dioundou ; chef Bako.

Peuhls : Les Peuhls, mi-sédentaires, de coutumes particulières, vivant en marge des autres groupements et répandus dans tout l'ensemble du cercle, continueraient à relever de leurs chefs de groupements sous l'autorité supérieure des chefs de provinces.

En conclusion à la réorganisation proposée, le commandant de cercle de Dosso écrit : « Le projet a été établi après avis des commandants de subdivision de Dosso et Dogondoutchi, après avoir compulsé les dossiers des chefs, les rapports politiques, les archives et les monographies des subdivisions, et d'après les connaissances que j'ai pu acquérir du pays. Il tient compte des aspirations générales des diverses races, en négligeant évidemment les intérêts trop particuliers de certains chefs et prétendants appelés à disparaître. Il a été étudié dans l'intérêt général ; l'autorité des chefs qui subsisteront se trouvera étendue et renforcée, et notre administration en sera simplifiée. Il ne bouleverse actuellement rien, prévoit l'avenir, et son application ne devant se faire que progressivement, ce ne peut être que dans de nombreuses années qu'il sera pleinement réalisé. Ses avantages se feront surtout sentir si nous pouvons compter sur des chefs qui auront de chef autre chose que le nom. Il faut souhaiter que plus tard, les revenus des principaux chefs de province leur permettent d'avoir des moyens de locomotion comme les chefs de la Nigeria anglaise et qu'ils puissent ainsi se porter rapidement aussi bien au chef-lieu du cercle qu'à l'extrémité de leur province. »

Suite à la proposition du commandant de cercle de Dosso, le gouverneur du Niger approuve le principe de réorganisation territoriale. Il écrit en substance : « J'approuve, en principe, les réorganisations territoriales que vous me proposez, mais je ne puis, pour le moment, y donner entièrement suite. La suppression de cette foule de petits cantons, et le regroupement de leurs territoires, en une circonscription, sous les ordres d'un seul chef, ne peut se faire que petit à petit en profitant des occasions qui se présentent (décès de chefs, révocations, licenciements pour incapacité ou infirmités). J'approuve votre manière de voir en ce qui concerne le canton de Kara-Kara dont le chef est décédé. Ce chef ne sera pas remplacé, et les habitants de ce canton recevront désormais vos ordres comme vous me le proposez, par l'intermédiaire du chef du canton de Tibiri, mais étant donné la distance qui sépare ces deux cantons, il conviendra de ne les y habituer que progressivement, afin de ne pas les brusquer[1] ».

En 1926, le commandant de Cercle de Dosso demande au gouverneur du Niger à Zinder, de bien vouloir nommer chef de province de Dosso le chef de canton actuel le Djermakoye Seydou.

« Cette nomination ne constituera pas une innovation, car jusqu'en 1913, le Djermakoye était chef de province ayant sous son autorité les cantons de Dosso, Kiota, Sokorbé et Mayaki Koara. À la mort de Djermakoye Aouta, le commandement de son successeur Moussa avait été diminué dans le but politique[2] ».

---

[1] Lettre n° 583 B.P. du 4 juin 1924.
[2] Lettre du 18 février 1926, commandant le Cercle de Dosso, au gouverneur du Niger à Zinder.

Par décision n° 126 du 16 mars 1926, l'ancienne province du Djerma est rétablie. Elle comprend les quatre cantons actuels de Dosso, de Goubeye, de Sokorbé et de Mayaki Koara. Seydou, chef de canton de Dosso, est nommé chef de la province de Dosso avec le titre de Djermakoye.

5.3. Carte du cercle de Dosso par provinces projetées (1924)

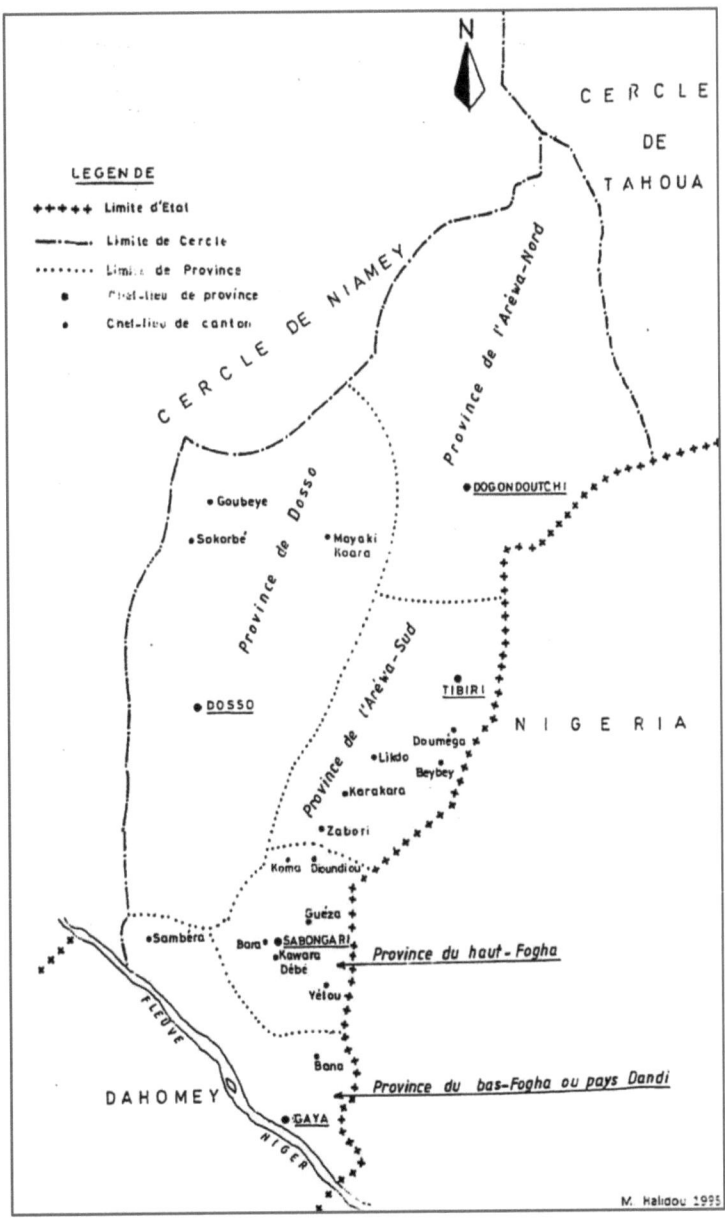

5.4. Les cantons supprimés dans la circonscription de Dosso (1905-1941)

À l'instar de tout le Niger, dans la circonscription de Dosso, l'administration coloniale a projeté de réduire le nombre de chefs de cantons par la suppression de petits cantons dont l'importance ne dépasse pas celle d'un gros village, et leur rattachement à d'autres plus importants, de manière à centraliser l'autorité et à ne la départir qu'à des chefs bien pointés.

Entre 1904 et 1941, onze (11) cantons ont été supprimés dont (2) cantons fusionnés :

– En 1905, les villages de l'ancien canton de Diabokiria sont définitivement rattachés au commandement de Bairo. Le chef Bairo a été avisé par une lettre en arabe des villages qui étaient rattachés à son canton et de l'impôt que chacun d'eux avait à lui payer ;

– Canton de Nassaraoua, supprimé et rattaché au canton de Tibiri par décision n° 29 A du 27 février 1918 ;

– Canton de Bengou, supprimé par arrêté n° 46 du 20 mai 1922 ; Par décision n° 1155 AP du 21 novembre 1935, le village de Bengou dépendant du canton de Gaya est rattaché au canton de Bana ;

– Canton de Koma, supprimé et rattaché au canton de Dioundiou par arrêté n° 462 du 18 mars 1933 ;

– Canton de Likdo, supprimé et rattaché au canton de Bei Bei par arrêté n° 716 RP du 4 août 1934. Le canton ainsi formé prend l'appellation de « Takassaba » (Il s'agit d'une fusion).

– Canton de Douméga, supprimé et rattaché au canton de Tibiri par arrêté n° 803 AP du 2 août 1935 ;

– Canton de Guéza, supprimé et rattaché au canton de Dioundiou par arrêté n° 594 du 10 mai 1939 ;

– Canton de Bara, supprimé et rattaché au canton de Kaora-Débé par arrêté n° 594 du 10 mai 1939 ;

– Canton de Sambéra, supprimé et rattaché au canton de Dosso par arrêté n° 657 du 30 mai 1940 ;

– Canton de Kaora-Débé, supprimé et rattaché (avec Bara) au canton de Yélou par arrêté n° 318 AP du 1er avril 1941[1].

---

[1] Selon le journal *Le Républicain* n° 119 du jeudi 14 octobre 1993, « 111 cantons ont été supprimés au Niger. Entre 1908 et 1937, 18 cantons ont été supprimés et rattachés à d'autres dans la circonscription administrative de Diffa. (D. M. Marthé, thèse de doctorat d'histoire, 2014, p. 231).

5.5. Les différentes chefferies administratives dans la région de Dosso

Dans l'actuelle région de Dosso, les chefferies administratives se classent en quatre catégories :

<u>1 sultanat</u> : Province, constituée des cantons de Dosso, Falwel (Mayaki Koara), Goubey (Loga) et Sokorbé. Devenue sultanat par ordonnance n° 2010-52 du 17 septembre 2010, portant changement des provinces en sultanats.

<u>15 cantons</u> : Bana, Birni-N'Gaouré, Dioundiou, Dogondoutchi, Falwel (Mayaki Koara), Gaya, Goubey (Loga), Karakara, Kiota (Harikanassou), Koygolo, Sokorbé, Takassaba, Tibiri, Yélou, Zabori.

<u>3 groupements peuls</u> : Dogondoutchi, Takassaba, Tibiri.

<u>1 chefferie particulière</u> : Kona, village de Dogondoutchi.

CHAPITRE 6 :

La subdivision de Dogondoutchi

6.1. Les repères chronologiques

En 1902, les Anglais occupent Bey-Bey, Guiwayé et Matankari. À la suite de plusieurs accords, les Anglais évacuèrent leurs postes au profit des Français. « *Notre entrée en puissance dans une partie des territoires cédés par l'Angleterre (convention de 1904) a amené en novembre l'occupation de Matankari*[1] ».

En 1905, le sergent français Villery, venu de Sandiré, occupe le poste de Matankari. « *L'occupation de Matankari vient de se faire dans d'excellentes conditions ; nous avons été très bien reçus par les populations et tout comme à penser que l'administration de cette région ne soulèverait aucune difficulté*[2] ».

À la suite de la convention du 29 mai 1906 (c'est la frontière actuelle Niger-Nigeria), le 28 avril 1907, l'abornement de la frontière franco-anglaise est terminé dans le Dallol Mawri.

Par décision n° 117 du 23 août 1907, l'adjudant Bœuf est désigné pour prendre le commandement du poste de Matankari.

L'Arrêté général du 31 décembre 1907, rattache les territoires de la Northern Nigeria y compris le canton de Matankari au cercle de Dosso.

Le 11 janvier 1908, le poste de Matankari est transporté à Dogondoutchi, là où passait la grande piste Ouest-Est qui venait de se construire et qui évite Matankari trop au Nord. Par la force des choses, le chef-lieu de canton quitte Matankari pour Dogondoutchi et à partir de cette époque le canton de Matankari prend le nom de canton de Dogondoutchi.

---

[1] ANN : 1 E 2. 1. Région de Niamey, rapport politique 1905.
[2] ANN : 15. 2. 6. Région de Niamey, rapport politique 1905.

Par décision n° 174 du 10 décembre 1909, le Lieutenant Laibe prendra à compter du 7 décembre 1909 les fonctions du commandant du poste de Dogondoutchi en remplacement du Lieutenant Fourcade.

Par décision n° 185 du 31 décembre 1909, le sergent-major Pérette prendra à compter du 24 décembre 1909 les fonctions de commandant du poste de Dogondoutchi en remplacement du lieutenant Laibe.

Par AGG n° 672 du 22 juin 1910, le poste de Dogondoutchi devient un district dépendant du cercle de Niamey et constitué uniquement du seul canton de Dogondoutchi.

L'adjudant Cohade a pris le commandement du district de Dogondoutchi à la date du 11 juillet 1910 en remplacement de l'adjudant Pérette.

L'arrêté n° 1608 du 29 octobre 1912 supprime le secteur de Yéni et organise le secteur de Dogondoutchi. Le district de Dogondoutchi est transformé en secteur, comprenant le district actuel et les cantons de Tibiri, Nassaraoua, Douméga, Beibei, Lido, prélevés sur le secteur actuel de Dosso[1].

Ainsi donc, les cantons de Nassaraoua, Tibiri, Douméga, Beibei et Lido relevant du secteur de Dosso passent au secteur de Dogondoutchi.

Par arrêté local n° 171 du 20 décembre 1923, le secteur de Dogondoutchi, agrandi des cantons de Kara-Kara et de Zabori, devient une subdivision du cercle de Dosso.

<u>Création d'une école du district de Dogondoutchi (1909)</u>

L'enseignement donné est élémentaire. Il est fait surtout de cours de français usuel ; on apprend aux élèves à causer et à compter en français.

Le sous-officier, chef de poste, remplit les fonctions d'instituteur.

Nombre d'élèves fréquentant l'école (12)

1) Kaka, 18 ans, fils de Koché de Matankari, chef de canton.
2) Samna, 10 ans, fils de Samna de Maïzari, chef de village.
3) Bauna, 12 ans, fils de Bozari de Bozaraoua, chef de village.
4) Kitounnou, 12 ans, fils de Kona de Dogondoutchi, chef de village.
5) Saïbou, 12 ans, fils de Malli, chef de quartier.
6) Batouré, 9 ans, fils de Tchiffa Banizombo, chef de village.
7) Dan Baggi, 10 ans, fils de Zarneï Dogondoutchi, cultivateur.
8) Salifou, 9 ans, fils de Kaka Dogondoutchi, cultivateur.

---

[1] JO/AOF n° 413 du 09-11-1912 page 697.

9) Maggi, 13 ans, fils de Garo Dogondoutchi, cultivateur.
10) Malli, 12 ans, fils de Daouda Dogondoutchi, cultivateur.
11) Ama, 12 ans, fils de Kaina Dogondoutchi cultivateur.
12) Mayaki, 12 ans, fils de Mayaki Abdou Dogondoutchi, chef de canton.

En mars 1911, le nommé Kaka, de 18 ans, fils du chef de canton, a été proposé pour remplir les fonctions de moniteur à l'école de Dogondoutchi.

Par décision n° 169 du 27 mars 1927 est constituée la province de Dogondoutchi qui comprend les cantons de Dogondoutchi, Tibiri, Kara-Kara, Douméga, Likdo, Zabori. Le chef de canton, Gao Tassaou, est nommé chef de province avec le titre de Maouri-koy[1].

Après le décès de Gao Tassaou en 1930, cette province tombe en désuétude :

- Aucun des chefs qui se sont succédé n'a porté le titre de chef de province.
- En 1933, les cantons de Karakara et Zabori ont été rattachés à la subdivision de Gaya.
- Suppression des cantons de Lido en 1934 et Douméga en 1935.
- L'arrêté n° 0035 A.P. du 11 janvier 1936 réorganise l'administration indigène au Niger.
- L'arrêté n° 2690/AP du 30 mars 1956 crée le cercle de Dogondoutchi qui comprend les territoires dépendant de la subdivision de Dogondoutchi (canton de Dogondoutchi, Tibiri et Takassaba).

Selon Oumarou Kaza Gaoh, « à la pénétration coloniale, la population de l'Aréwa est estimée à 40 000 habitants répartis entre deux groupes bien distincts :
— Les Azna, population autochtone qui avait accueilli Ari, vivaient essentiellement dans de petits villages avec l'animisme comme seul lien. Leur effectif était estimé à 15 000 habitants ;
— Les Arawa vivaient essentiellement dans les gros villages. Leur nombre était estimé à 25 000[2] ».

Ce chiffre est contestable ! En effet, sur un fragment de 15 551 individus recensés dans le canton de Dogondoutchi en 1946 par le chef de la Subdivision de Dogondoutchi, SÉRÉ DE RIVIÈRES, on dénombre les groupes suivants ainsi répartis :

---

[1] Pourquoi le canton de Bei Bei ne fait-il pas partie de cette province ?
[2] Dynastie des Souverains Arawa 1974-2014. P. 16. 2015.

Tableau de répartition par groupe

Maouri	3 074
Goubé	6 008
Kourfey	2 127
Gober	1 776
Adranké	1 450
Bella	649
Haoussa	72
Zarma	11
Sonray	3

Source : ANN. 6. 3. 38. 1946.

6.2. Carte du secteur de Dogondoutchi en 1912

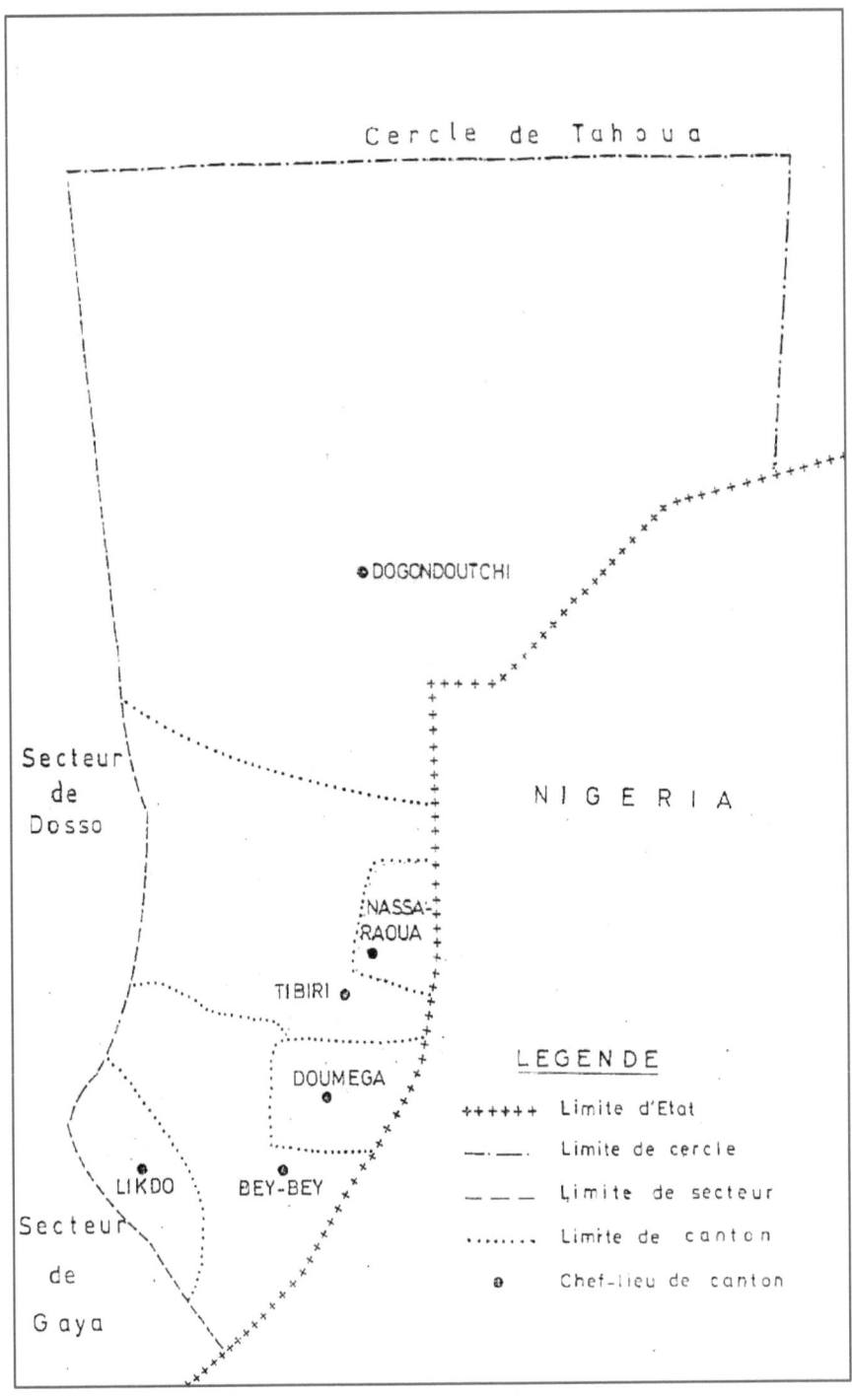

6.3. La chefferie particulière Saraounia de Lougou

Les Saraounia de Lougou ont incarné l'autorité politique et le pouvoir religieux. Cette organisation prend la forme d'une «*démocratie religieuse*». (M. H. Piault, 1970. P. 115).

L'intrusion européenne met brusquement fin au règne de la Saraounia comme si de rien n'était ; si brusquement qu'en moins d'un demi-siècle son histoire apparaît légendaire, et marque l'avènement, non sans troubles et mesquineries, des Arawa avec la complicité coloniale. (S. Barmou, 1980-1981 P. 32-33).

L'organisation administrative mise en place par les français reposait sur les chefs coutumiers, auxquels était assignée la tâche de servir d'intermédiaire auprès des autochtones. Dans l'Arewa, c'est le Sarkin Arewa qui fut nommé chef de canton, il devint de ce fait l'unique interlocuteur des Français, au détriment notamment de la Saraounia de Lougou, que ceux-ci choisirent d'ignorer. On peut en déduire que l'équilibre fragile entre les deux pôles d'autorité fut rompu au profit du Sarkin Arewa, ce qui provoqua (du moins peut-on le supposer) un certain malaise parmi les Gubawa (concentrés dans le Nord de l'Arewa)[1].

Isolée, et fief confisqué, malgré tout, les Saraounia n'ont pas cessé de lutter et de défendre leur identité.

Lors d'une conférence débat organisée le samedi 4 décembre 1993 par le Réseau Sahélien de Recherche, Diffusion et chargé de publications pluridisciplinaires (RESADEP), conférence animée par AMIROU GARBA SIDIKOU chef de canton de Kouré, secrétaire général de l'Association des chefs traditionnels du Niger (ACTN), devant un parterre d'intellectuels, à une question de savoir, «*s'il y a des cas de chefferie au Niger dirigée par une femme*» ? Le conférencier répond : «*comme vous je ne connais que Saraounia Mangou*».

La Loi n° 2015-01 du 13 janvier 2015[2], modifiée par la loi N° 2019-57 du 25 novembre 2019, portant statut de la chefferie traditionnelle en République du Niger reconnaît la particularité de certaines chefferies

---

[1] FINN FUGLESTAD. Les Hauka : une interprétation historique. In cahiers d'études africaines, 58, XV-2, pp. 221-212

[2] Le sexe féminin vote pour l'élection de chefs de quartiers, de villages, de tribus, les chefferies particulières et les fractions.
Pendant son séjour au Niger, la Vice-Secrétaire Général des Nations Unis, la Nigérianne Mme Amina Mohamed a été symboliquement intronisée « Saraounia » par l'association des chefs traditionnels du Niger. In Sahel N° 9554, du lundi 9 juillet 2018 P. 16.

traditionnelles pour des raisons historiques, culturelles et sociopolitiques. La chefferie Saraounia de Lougou est restée ignorée.

6.3.1. La spécificité du village de Lougou

Le village de Lougou veut une mention spéciale ; il regroupe jusqu'à maintenant des gens repartis sur une très grande surface des quartiers éloignés. Or c'est le village le plus traditionnellement ancien des Goubé et des Azna. Plusieurs chefs de subdivision ont envisagé d'y demander la création d'un canton. Lougou conserve son prestige, cela compense ce que perd la logique vu son homogénéité et son particularisme, il est donc favorable de laisser tel qu'il était[1].

6.3.2. Le rapport entre les Azna de Lougou et le chef de canton de Dogondoutchi Arzika Gao (1931-1941)

Il est écrit dans le rapport politique de l'année 1930 : l'inimité entre les hommes de Lougou (aznas autocthtones) et ceux de Dogondoutchi-Matankari (maouris conquérants venus du Bornou) existait avant notre arrivée dans le pays... Le chef de canton Arzika Gao oublie peut-être que toute cette région Azna est sous l'emprise de la féticheuse Saraounia, et que si celle-ci a perdu de son prestige, elle garde encore beaucoup d'autorité sur ces populations. Arzika Gao ne la ménage peut-être pas suffisamment, jaloux qu'il est de l'autorité qu'elle a su conserver. La visite du chef de Subdivision a apaisé les esprits, et ainsi le calme n'a pas cessé de régner. Quant à Arzika Gao, il lui a été rappelé de ne pas trop jouer à l'affranchi avec les belliqueux Azna »[2].

---

[1] ANN 1 E 33. 62. Rapport de tournée effectuée du 22 au 31 Mai 1946 dans la subdivision de Dogondoutchi par le chef de subdivision SERE DE RIVIERES.
[2] ANN : 1E 17.8. 1934. Subdivision de Dogondoutchi : inimitié entre les hommes de Lougou et ceux de Dogondoutchi-Matankari.

6.3.3. La visite de la Saraounia de Lougou Akarkamé (1932-1937) au commandant de la subdivision de Dogondoutchi (1934)

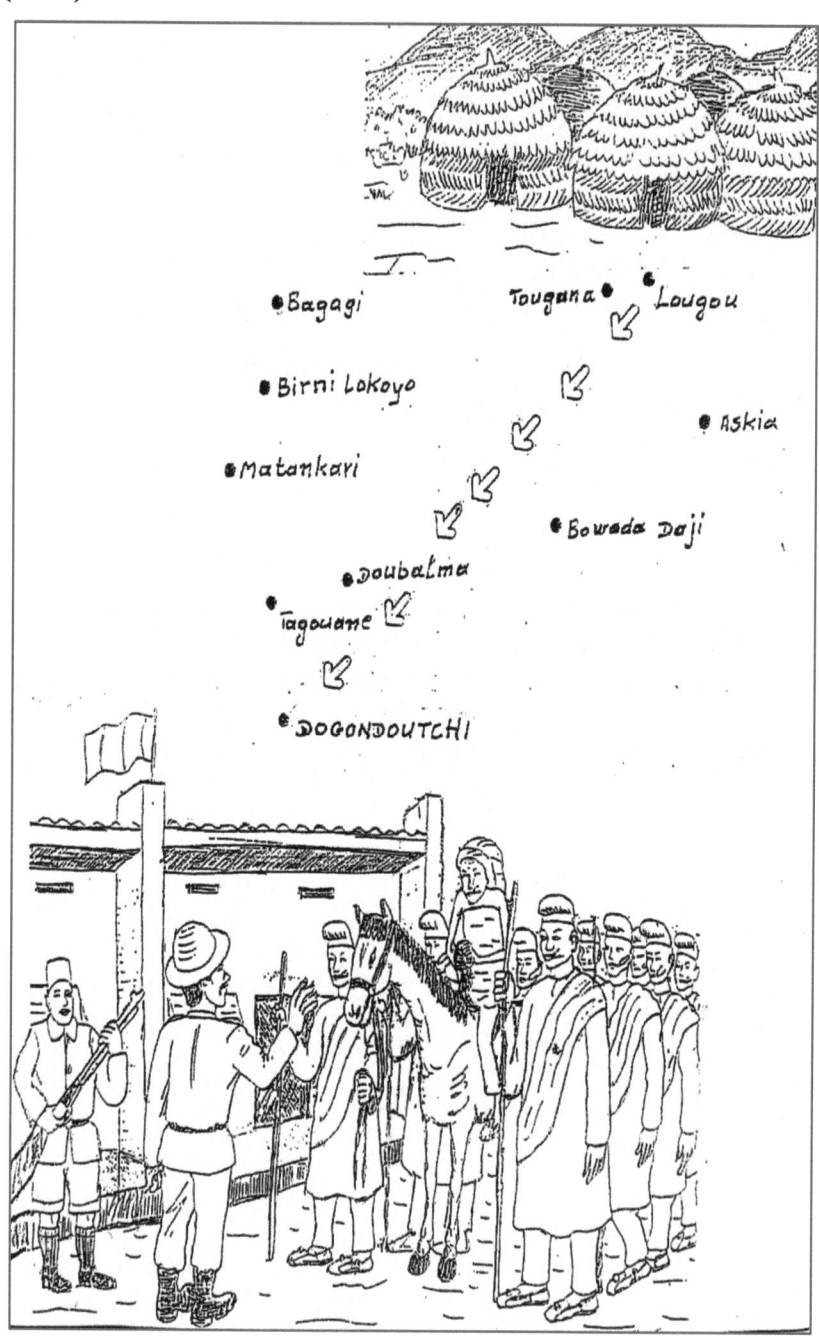

Voici comment le Commandant de subdivision de Dogondoutchi a décrit cette visite : « Vieillie, usée courbée en deux, elle se fit hisser sur son cheval pour venir trouver le chef de subdivision. La tête recouverte du rituel pagne blanc, elle arrive entourée de ses vieux et "fidèles" partisans, qui l'entourent d'une vénération telle qu'aucun indigène n'en a jamais témoigné au Sarkin Aréoua. Le chef de subdivision eut avec elle un long entretien, au cours duquel il put se rendre compte que si Saraounia vieillit, la tête est toujours jeune. Sensible au cadeau qui lui fut remis, elle a promis de donner à ses hommes de bons conseils. L'influence de la Saraounia est encore réelle, sans doute ; elle est à surveiller, mais il faut aussi compter avec elle et savoir l'utiliser. Soit dit en passant, que si le pays maouri, reste toujours réfractaire à l'islam malgré sa situation au milieu de pays musulmans, c'est bien grâce en partie à cette influence persistante des féticheurs[1] ».

Dans son rapport de tournée du 5 septembre 1949, le chef de Subdivision de Dogondouthi écrit : « Les Azna qui peuplaient cette région avant l'arrivée des Maouri furent longtemps en opposition avec ces derniers. À plusieurs reprises ils essayèrent, par des manœuvres plus ou moins détournées de se libérer de leur tutelle. Un Chef de Subdivision, appuyant leur désir d'indépendance, avait même projeté de créer un canton Azna, scindant en deux parties sensiblement égales le vaste fief des Gao, qui groupe plus de 56 000 habitants[2] »

6. 3. 4. Lettre de la Saraounia de Lougou à SEM le Président de la République du Niger

L'ancienne collectivité territoriale de Dogondoutchi versait à la Saraounia une somme de 20 000 frs par mois. Depuis l'avènement de la décentralisation elle ne perçoit cette somme que très rarement des communes de l'ancien Arrondissement de Dogondoutchi.

Par lettre N° 083/CRDKI/09 du 22 juin 2009, la Saraounia de Lougou a demandé à son SEM le Président de la République d'en tenir compte de sa situation.

Suite à cette requête, sur instruction de SEM le Président de la République, le Directeur de Cabinet de la Présidence de la République demande à Monsieur le Ministre d'Etat, Ministre de l'Intérieur de la

---

[1] ANN : 1E 17.8. 1934. Subdivision de Dogondoutchi : inimitié entre les hommes de Lougou et ceux de Dogondoutchi-Matankari.
[2] ANN : 1 E 38. 14. Rapport de tournée dans le N. E. de la subdivision de Dogondoutchi du 24 au 30 Août 1949.

Sécurité Publique et de la Décentralisation, d'assurer la prise en charge de la Saraounia selon le décret 2009-126/PRN/MI/SP/D du 23 avril 2009, modifiant et complétant le décret n° 93-85/PM/MI du 15 avril accordant des indemnités mensuelles aux autorités coutumières[1].

Par lettre en date du 15 novembre 2016, à travers son représentant auprès de l'administration, la Saraounia avait demandé à Monsieur le Ministre d'Etat, Ministre de l'Intérieur, de la Sécurité Publique, de la Décentralisation et des Affaires Coutumières et Religieuses, la régularisation de sa situation[2].

La visite de Boubou Hama Président de l'Assemblée Nationale du Niger à la Saraounia de Lougou Gado Naza (1947-1983)
Le 5 février 1967, en compagnie du Député Amadou Gao, originaire de Dogondoutchi, j'ai pu, pendant près de deux heures, prendre un contact direct avec la Saraounia entouré de ses conseillers qui m'ont dit devant elle ce que j'ai rapporté sur cette souveraine sans domaine, mais quand même influente, consultée et écoutée. (B. Hama, 1967, P. 508).

La visite de l'Emir du Daura (Nigéria) Oumar Farouk à la Saraounia de Lougou Algima (1983…)
Le Vendredi 27 Mars 2009, l'Emir du Daura (Nigéria) Oumar Farouk a rendu une visite de courtoisie à la Saraounia de Lougou où il eut un long entretien avec elle. La Saraounia a offert à son hôte un cheval.

La délégation de la Saraounia de Lougou aux jeux de la francophonie.
À l'occasion des jeux de la Francophonie qui ont eu lieu en 2OO5 à Niamey, une délégation de la Saraounia a organisé une marche du 25 novembre au 5 décembre 2005 de Lougou à Niamey. La marche symboliserait la migration de la première Saraounia Kel Kasa, du royaume de Daura jusqu'à la région du Dallol Mawri.

La délégation de la Saraounia de Lougou à la fête tournante Dosso Soga.
À l'occasion de la fête tournante du 18 décembre 2014, (Dosso Sogha), une délégation de la Saraounia a participé au défilé.

---

[1] Bordereau d'envoi N° 000099/PRN/DIR/CAB du 15 Juillet 2009.
[2] Enregistrement à l'arrivée : N° 11895 du 15 Novembre 2016.

6.4. La suppression et fusion de cantons dans la subdivision de Dogondoutchi (1918-1935)

6.4.1. La suppression du canton de Nassaraoua

État des villages en 1908

Noms des villages	Noms des Chefs de villages	Nombre de contribuables	Taux de l'impôt	Montant de l'impôt à percevoir	Remises aux collecteurs	Somme nette revenant au budget
Beaugaraja	Djoma	42	0.00	16.00	0.16	15.84
Doumani	Goumandei	30	,,	12.00	0.12	11.88
Angoal Manzouja	Mazouda	15	,,	6.00	0.06	5.94
Nassaraoua	Gao	505	,,	202.00	2.02	199.98
Sarmatjoucii	Barazé	35	,,	14.00	0.14	13.86
Combo	Barazé	85	,,	34.00	0.34	33.66
Confaudei	Yadui	25	,,	10.00	0.10	9.90
		735		294.00	2.94	291.06

Source : ANN : État dressé le 26 mars 1908 par le capitaine Milot, commandant le cercle de Dosso.

Le canton de Nassaraoua a été formé par l'administration coloniale française après l'abornement de la frontière franco-anglaise dans le Dallol Mawri en 1907. Selon l'état de contribuables dressé le 26 mars 1908 par le capitaine Milot, commandant le cercle de Dosso, le canton de Nassaraoua regroupe 7 villages dont 735 personnes imposables. Le nommé Gao est le premier chef de canton de Nassaraoua reconnu par l'administration française. Il fut succédé en 1911 par Moussa dit Sarkin-Foulani.

Dans sa célèbre circulaire du 18 août 1917, le gouverneur général de l'A-OF, écrit : « *Le chef indigène est jugé sur sa réputation du moment, c'est-à-dire sur des potins, je veux qu'il soit jugé sur des notes* ».

L'examen par le lieutenant-colonel commissaire du gouvernement général au Territoire Militaire du Niger de la fiche annuelle de renseignement de 1917 du chef de canton de Nassaraoua a donné lieu à l'observation suivante : « *Y a-t-il nécessité de conserver un canton de si peu d'importance ? Est-il possible de le rattacher à un canton contigu ?* » En réponse à la question posée par le commissaire du gouvernement général, par correspondance n° 16 du 5 février 1918, le commandant du cercle de Niamey écrit : « Après avoir pris l'avis du commandant de la subdivision de Dogondoutchi, je ne vois aucun inconvénient à réunir ce canton à celui de Tibiri dans lequel il est englobé. Nassaraoua est constitué, en tant que canton, par un de ces petits groupements peuhls, oscillant, depuis des années, d'un côté à l'autre de la frontière et qui avait fini par se sédentariser (autant que peuvent le faire des Peuhls) de ce côté-ci. Aujourd'hui, cette sédentarisation parait assez confirmée pour que la jonction complète Tibiri soit pratiquée ».

Par décision n° 29 A du 27 février 1918, sur la proposition du commandant de cercle de Niamey, le canton de Nassaraoua est supprimé. Les villages de ce canton sont rattachés au canton de Tibiri.

6.4.2. La suppression du canton de Kara-Kara

Les cantons de Kara-Kara et de Zabori qui depuis 1912 faisaient partie du secteur de Gaya furent rattachés à la subdivision de Dogondoutchi par l'arrêté local du 20 décembre 1923. Suite à la demande du lieutenant-gouverneur du Niger, en 1924, le commandant de cercle de Dosso a étudié la question de la suppression de certains cantons et leur regroupement sous l'autorité d'un chef, à qui serait confié le commandement de la province. Le canton de Kara Kara fait partie de ceux qui d'après la proposition constitueraient la province de l'Aréwa-Sud, ayant pour chef Samna Harouna du canton de Tibiri. *« Que le chef de Kara Kara, décédé le 4 mai, ne soit pas remplacé comme chef de canton, et que les compétiteurs éventuels à sa succession, ne soient reconnus que comme chefs du village de Kara Kara et de les habituer à recevoir progressivement les instructions par l'intermédiaire du chef de canton de Tibiri Samna Harouna[1] »*.

Le canton de Kara-Kara fut supprimé et rattaché au canton de Tibiri de 1924 à 1926. L'essai de la réorganisation du cercle de Dosso en cinq provinces n'ayant pas donné les résultats escomptés, par décision n° 244 du 23 juin 1926 du commandant de cercle de Dosso, le canton de Kara-Kara qui avait été rattaché antérieurement au canton de Tibiri est rétabli. Le nommé Manomi est désigné comme chef du canton de Kara-Kara. Par arrêté n° 270 en date du 17 mars 1933, les cantons de

---

[1] ANN : 5. 7. 6. 1916-1924.

Kara Kara et Zabori sont détachés de la subdivision de Dogondoutchi et rattachés à la subdivision de Gaya.

6.4.3. La constitution du canton de Takassaba

La réorganisation des chefferies traditionnelles a fait en 1930, dans tous les cercles de la colonie du Niger, l'objet d'une étude approfondie tendant à dégager les réformes à apporter suivant les nécessités politiques, administratives ou économiques du moment.

Les cantons de Bey-Bey et Lido ont été fusionnés pour constituer le canton de Takassaba. « Par arrêté n° 716 A.P. du 4 août 1934, le canton de Likdo est supprimé en tant qu'entité administrative, et rattaché au canton de Bei-Bei, sous l'autorité du chef de cette circonscription. Le canton ainsi formé prend l'appellation de canton de Takassaba ». Les deux cantons ont une origine commune qui remonte au fondateur de la principauté de Takassaba.

6.4.4. La suppression du canton de Douméga

État des villages en 1908

Noms des villages	Noms des Chefs de villages	Nombre de contribuables	Taux de l'impôt	Montant de l'impôt à percevoir	Remises aux collecteurs	Somme nette revenant au budget
Saouada	Basso	75	0.40	30.00	0.30	29.70
Joutama	Dotjabautjali	55	,,	22.00	0.22	21.78
Ingoal Bouki	Serifindia	45	,,	18.00	0.18	17.82
Douméga	Kalla	110	,,	44.00	0.44	43.56
Tala Birni	Tangalaudima	175	,,	70.00	0.70	69.30
Ingoal Joubi	Joubi	55	,,	22.00	0.22	21.78
Lidodam	Zanoa	60	,,	24.00	0.24	23.76
Laïzari	Tjoudian	105	,,	42.00	0.42	41.58
Calambaoua	Baudarmalji	45	,,	18.00	0.18	17.82
Uadjadéatji	Salac	90	,,	36.00	0.36	35.64
Ingoal Ouri	Ali	25	,,	10.00	0.10	9.90
Sioudaoua	Sami	100	,,	40.00	0.40	39.60
Tala Hani	Ballali	30	,,	12.00	0.12	11.88
Yarjatou	Serifin Consdou	25	,,	10.00	0.12	10.88
		1250		500.00	5.00	495.00

Source ANN : État dressé le 26 mars 1908 par le capitaine Milot, commandant le cercle de Dosso.

Le canton de Douméga a été formé en 1907.

Kaka Daoura fut le premier chef de canton de Douméga reconnu par l'administration coloniale française.

En 1908 ce canton regroupe 14 villages, 1250 contribuables.

« Population imposables en 1930 : 2.562 contribuables[1] ».

La fiche de renseignements de l'année 1910 de Kaka Sarkin Arewa chef du canton de Douméga donne les renseignements suivants sur sa généalogie son origine sa famille : *« Fils de Yaji Sarkin Arewa qui commandait les trois groupements de Douméga, Nassaraoua Tibiri, petit fils de Gagara premier chef des 3 groupements (...) A toujours son bon sens malgré son grand âge. Son fils Baré est un honnête homme qui nous aime et maintient la tranquillité dans son canton*[2] ».

Le chef de canton de Douméga Kaka Daoura est décédé en février 1911. Il fut succédé par Nabara Maïnassara, correspondance N°55 du 27 mars 1911. Nabara réside à Birni N'Fala parce qu'il n'est pas en bons termes avec Mayaki le chef du village de Douméga. Dans son rapport politique de janvier 1913, adressé au commandant de cercle de Niamey, le commandant de secteur de Dogondoutchi écrit : *« Je ne suis pas très comptent du chef de Douméga. Je me propose à la première faute de vous demander d'une façon absolue, définitive, urgente son remplacement*[3] ».

Par lettre N°33 du 27 juin 1915, le commandant de secteur de Dogondoutchi informe l'administrateur commandant le cercle de Niamey, que le chef de canton de Douméga Nabara s'est rendu coupable de propagande contre leurs intérêts. *« Le chef de canton a fait passer de case en case son griot Dammata (ou Namata ?) Chaibou qui déclarait ceci : Le Commandant du Secteur a demandé à Nabara des tirailleurs mais Nabara ne veut pas prendre vos enfants, il dira au Commandant qu'il n'a pu en trouver. Mayaki (Douméga) lui a obéi, aussi les parents des dix hommes qui ont été pris n'ont qu'une chose à faire, c'est de partir en Nigeria avec leur biens, Nabara ne dira rien... Une telle conduite étant inadmissible de la part d'un chef de canton »*.

---

[1] Correspondance n°920 A.G. I. du 20 novembre 1930. Le lieutenant-gouverneur du Niger au gouverneur général de l'A-OF.

[2] Certains passages sont contraires à la vérité : le Sarkin Arewa Yaji était souverain de Nassaraoua au environ de 1819-1854 et le Sarkin Arewa Gagara au environ de 1808-1815. Or, à cette époque le village de Tibiri n'existe pas. Ce village est fondé au environ de 1857 par Samna Karhe. De sa création à ce jour, aucun Sarkin Arewa n'avait co mmandé ce village.

[3] ANN : 6. 1. 6. 1906-1916. Poste de Dogondoutchi.

J'ai l'honneur de vous prier de bien vouloir demander à Monsieur le Colonel Commissaire du Gouvernement Général au Territoire Militaire du Niger et cela à titre d'exemple :

1er la destitution de Nabara.

2e son envoi pour un certain laps de temps en résidence obligatoire dans la région de Tahoua si possible les habitants n'étant pas de même race...Je considère que la bonne administration du canton de Douméga ne peut que gagner à la révocation de Nabara.

Par lettre n°140 en date du 5 juillet 1915 adressée au Commissaire du Gouvernement Général au Territoire Militaire du Niger à Zinder, l'Administrateur Commandant le cercle de Niamey écrit : *« J'ai l'honneur de vous transmettre, en l'approuvant d'un avis favorable la proposition de destituer Nabara chef du canton de Douméga pour les motifs exposés par M. le Commandant du secteur de Dogondoutchi (...) Je ne considère pas l'attitude de Nabara comme réellement anti-française c'est plutôt un moyen qu'il a jugé pratique d'augmenter sa clientèle[1] ».*

Le Commissaire du Gouvernement Général au Territoire Militaire du Niger approuve la proposition de destituer Nabara chef de canton de Douméga pour les motifs exposés par le Commandant du Secteur de Dogondoutchi et faire commander par intérim le canton par Mayaki.

Par lettre N°179 du 13 Août 1915, le Commandant de Cercle de Niamey soumet à l'approbation du Gouverneur Général au Territoire Militaire du Niger, la nomination de Mayaki comme chef de canton de Douméga en remplacement de Nabara révoqué.

« Le chef de canton Nabara et son griot Chaibou ont été condamné à 2 ans d'interdiction de séjour, en résidence obligatoire à Zinder[2] ».

Par décision n°9A du 22 janvier 1916, il est interdit au nommé Nabara du séjour dans le cercle de Niamey pendant une période de deux années à compter du 5 février 1916 date à laquelle se terminera son emprisonnement.

Dans le cadre de l'organisation administrative du territoire, tendant à dégager les réformes à apporter suivant les nécessités politiques, administratives ou économiques du moment dans tous les cercles de la colonie du Niger, en 1935, après enquête du Chef de subdivision de Dogondoutchi et du Commandant de cercle de Dosso, le canton de Douméga a été supprimé.

---

[1] ANN : 8B2 de 1 à 20 (1909-1926).
[2] ANN : 6B1. 1 à 6 B2. (1912-1919).

Avant sa suppression, le canton de Douméga a fait l'objet de rapport, dont voici quelques extraits :

Bulletin politique du 1ᵉʳ trimestre 1931 : « Canton de Douméga : le chef de subdivision sollicite la suppression de cette poussière de canton et son rattachement à Tibiri[1] ».

Bulletin politique du 2ᵉ trimestre 1931 : « Douméga, canton insignifiant et mal commandé[2] ».

Rapport politique année 1931 : « Douméga, canton peu important[3] ».

Compte rendu de tournée, avril 1933 : « Canton insignifiant de Douméga[4] ».

Rapport de tournée du 22 décembre 1934 : « Le canton de Douméga devant être rattaché à celui de Tibiri ainsi que cela était autrefois. La meilleure solution serait de rattacher dès maintenant ce canton à Tibiri [...] Aucun danger d'exode ni de réactions quelconques. Le chef de subdivision croit connaître suffisamment les indigènes de ce canton pour affirmer que la grosse majorité d'entre eux sera en faveur de cette décision [...] Gagara, fils de Mayaki Baré est d'un excellent esprit et connaît d'ailleurs depuis longtemps le sort futur du canton de Douméga ; il se contentera aisément du titre de chef de village de Douméga, et d'un titre honorifique quelconque que ne manquera pas de lui décerner le chef de Tibiri[5] ».

Rapport de tournée du 13 au 22 juin 1935 dans le canton de Douméga pour le rattachement de celui-ci au canton de Tibiri : (introuvable)[6].

Selon la tradition orale, avant la suppression du canton de Douméga, « le commandant de subdivision de Dogondoutchi a séjourné dans le canton et il les a informés que leur canton serait supprimé. Les chefs de villages ont été invités à se prononcer pour leur rattachement soit au canton de Takassaba, soit à celui de Tibiri ; l'unanimité est faite pour leur rattachement au canton de Tibiri[7] ».

Par arrêté n° 833 A. P. du 20 août 1935, vu la proposition du commandant de cercle de Dosso, vu l'avis favorable émis par les chefs

---

[1] ANN : 6. 2. 4.
[2] ANN : 6. 2. 5.
[3] ANN : 6.2.6.
[4] ANN : 6.3.4.
[5] ANN : 6.3.13.
[6] Il a été visé dans la bibliographie du rapport de mission dans le Dallo-Mawri et Fogha par R. Rochette, 1964.
[7] Information donnée en mai 1999 par Maïnassara Mayaki dit Maïssango, 84 ans.

de cantons, notables et chefs de villages, préalablement consultés, le canton de Douméga (subdivision de Dogondoutchi, cercle de Dosso) est supprimé en tant qu'unité administrative et rattaché au canton de Tibiri, sous l'autorité du chef de cette circonscription.

Après la suppression de ce canton, le nommé Nabara Baré, moniteur de l'enseignement en service à Konni, fils de l'ancien chef de canton supprimé de Douméga, par requête en date du 8 novembre 1935 adressée au lieutenant-gouverneur du Niger à Niamey/sous couvert de Monsieur l'Inspecteur des écoles, chef de service de l'enseignement au Niger, a sollicité d'envisager sa nomination comme chef de canton de Douméga. Voici un extrait de cette lettre : « Ayant appris officieusement la mise en retraite de mon père et le rattachement de notre canton Douméga à celui de Tibiri, pour ce fait, je viens très respectueusement sollicité de votre haute autorité d'envisager ma nomination comme chef de canton de Douméga. Ayant appris, d'autre part, que ce rattachement a été causé par suite de l'inertie de mon vieux père, chose imaginaire qui n'est qu'un complot formé par l'interprète de Doutchi Maïzoumbou d'accord avec le chef de canton de Dogondoutchi [...] Étant devenu homme et ayant acquis une certaine connaissance sur l'administration d'un canton, je me sens capable de remplacer mon père afin de pouvoir conserver notre canton. Étant envoyé à l'école à cet effet ; et je pense qu'à mon âge (27), on doit connaitre la vie et pouvoir être placé en tête d'un canton. Mon espoir se base toujours sur cette fonction de chef dont j'ai l'honneur de solliciter et crois devoir mériter. Dans l'attente d'une suite favorable, veuillez agréer Monsieur le Gouverneur, l'assurance de mon plus profond respect ».

En réponse à cette requête, le lieutenant-gouverneur du Niger écrit deux lettres :

<u>Lettre n° 249/A.P. du 19 novembre 1935, adressée à Monsieur l'Administrateur, commandant le cercle de Dosso</u> : « J'ai l'honneur de vous faire connaître que le nommé Nabara Baré, fils de l'ancien chef de canton de Douméga, vient de m'adresser une requête tendant à sa nomination comme chef de canton de Douméga. L'intéressé prétend que la suppression du canton dont il s'agit n'a pu intervenir qu'à la suite des intrigues du chef de canton de Dogondoutchi et de l'interprète Maïzoumbou. J'ai répondu à Nabara Baré que le remaniement territorial du 20 août 1935 a été effectué en parfaite connaissance de cause et en complet accord avec les populations intéressées. La question est donc réglée définitivement et ne saurait être reprise en aucun cas.

Vous voudrez prévenir le chef de subdivision de Dogondoutchi des doléances de Nabara Baré en le mettant en garde contre l'agitation que cet agent pourrait créer en sa faveur dans l'ancien canton de Douméga ».

Lettre n° 1831/A.P. du 19 novembre 1935, adressée à Monsieur Nabara Baré, moniteur d'enseignement, en service à Konni s/c de M. l'Administrateur, commandant le cercle de Konni : « En réponse à votre lettre en date du 8 novembre 1935 par laquelle vous sollicitez le poste de chef de canton de Douméga, j'ai l'honneur de vous faire connaître qu'il ne m'est pas possible de vous donner satisfaction.

Le canton de Douméga a été rattaché à celui de Tibiri par arrêté en date du 20 août 1935 après enquête du chef de subdivision de Dogondoutchi et du commandant de cercle de Dosso. Les chefs de familles préalablement consultés au cours du mois de juin se sont prononcés à l'unanimité pour le rattachement de leur canton à celui de Tibiri [...] Cette mesure, que des nécessités politiques imposaient, n'a nullement été prise contre votre père qui n'a pas démérité. Aussi bien, le traitement de ce bon et loyal serviteur a-t-il été maintenu malgré la suppression de ses fonctions de chef de canton. Dans ces conditions, je ne puis revenir sur une question définitivement réglée en parfait accord avec les populations intéressées. »

6.5. Allocation annuelle en (FF) accordée aux chefs de cantons de la subdivision de Dogondoutchi (1918-1938)

L'arrêté du gouverneur général de l'A-OF en date du 26 novembre 1918 fixe dans le territoire du Niger le mode de recouvrement de l'impôt personnel indigène et allouant aux chefs indigènes des remises comme collecteurs et une allocation pour les rémunérer de leurs services.

Solde annuelle par canton

Cantons	1918	1919	1921	1923	1925	1926	1930	1931	1938
Bey-Bey	120	120	240	240	240	360	600	9 00	-
Dogondoutchi	720	720	900	900	900	1 800	6 000	7 000	11000
Douméga	120	120	180	180	180	300	600	900	-
Kara Kara	180	180	180	240	-	360	600	900	1 400
Likdo	120	120	180	180	180	300	600	900	-
Nassaraoua	120	-	-	-	-	-	-	-	-
Takassaba	-	-	-	-	-	-	-	-	2200
Tibiri	360	360	480	480	480	1 200	1 500	2 000	3 500
Zabori	120	120	180	180	180	-	600	900	1 100

Source : Compilation des documents des Archives nationales du Niger (ANN).

6. 6. La mise au point

Certaines affirmations apparues avec trop de complaisance, pourraient être le point de départ d'une désinformation. C'est pourquoi on se trouve amené à faire la mise au point.

Dans le livre, « LE NIGER DU VIIe AU XXe SIECLE, 2010. P. 342 » l'auteur écrit : « *l'Aréwa d'aujourd'hui comprend au Niger les actuels cantons de Dogondutsi, Takatsaba, Karakara, Zabori, et le Katarma qui s'étendait sur les zones de Tangaza et de Yeldu au Nigéria (Etats de Kabi et de Sokoto)* »

L'Aréwa d'aujourd'hui comprend les cantons de Dogondoutchi, Karakara, Takassaba, Tibiri et Zabori[1]. Administrativement le Katarma n'existe pas.

Dans le livre, « LES RELATIONS ENTRE DOSSO-KEBBI ET SOKOTO, DECEMBRE 2016 P. 442 », les auteurs ont écrit : « *Les généalogies des chefferies des cantons maouri (Guéchémé, Dogondoutchi, Takassaba, Tibiri, Lido, Karakara, Zabori) comportent trois à six générations communes. Autrement dit, elles se réclament des mêmes ancêtres qui sont : Ari-Akazama-Salma ou de Ari-Akazama Salma-Koli-Mainassara-Albarka. Le conflit dans le processus de*

---

[1] Cf, l'arrêté N°48/MI/DAPA du 14 mai 1984 fixant les modalités d'application du décret N°83-139 /PCMS/MI du 13 octobre 1983 portant statut de la chefferie traditionnelle en République du Niger. (JORN du 1er juin 1984 P. 415).

succession des chefferies du monde Arawa est leur caractéristique commune...Cette référence à des ancêtres communs unifie les chefferies maouries ».

La chefferie Samna de Tibiri n'a pas de lien dynastique avec les chefferies citées. Elle a une origine différente des autres. Donc elle n'a pas un processus de succession commun du monde Arawa. C'est la fusion de deux cantons (Lido et Bei Bei) qui constituent le canton de Takassaba[1]. Administrativement, « Guéchémé[2] » est le chef-lieu du canton de Takassaba.

Dans le livre, « <u>DYNASTIE DES SOUVERAINS ARAWA 1974-2014 (2015)</u>, l'auteur, dans son tableau généalogique, *« rattache la Dynastie des Samna de Tibiri aux Souverains Arawa »*. La chefferie Samna de Tibiri n'a pas de lien dynastique avec les souverains Arawa.

---

[1] Arrêté N°716 A. P. du 4 août 1934.
[2] Arrêté N°O51/MI/DAPA du 27 mars 1975.

CHAPITRE 7 :

Le groupement peul de la subdivision de Dogondoutchi

7.1. Généralités

La circonscription de Dogondoutchi abrite plusieurs communautés de Peul d'origine différente et installées à des périodes différentes. Ils sont divisés en tribus sous les ordres de chefs choisis par eux.

Ils proviennent du Nigeria, composés des Peuls de Sokkoi et de Baguida qui, depuis l'occupation française, se sont fixés. De nombreuses tournées faites en 1908 ont permis de reconnaître tous leurs gîtes habituels. Ceux-là acquittent avec facilité des droits de pacage qu'ils trouvent moins élevés que ceux qu'ils paient au Nigeria. En outre, ils manifestent un certain désir de se fixer dans le secteur où l'eau et les pâturages sont en abondance. Des palabres ont eu lieu entre le commandant du poste et les Peuls qui ont demandé le taux des droits à payer et affirment leur intention de se fixer définitivement dans le secteur.

7.2. La répartition des tribus peules en 1910

« En 1910, le commandant du poste de Dogondoutchi a procédé au recensement des Peuhls, habitant d'une façon permanente le Mawri à seule fin de les attirer dans le pays. Il leur a été dit que ce recensement servirait à établir un rôle d'impôt de capitulation et qu'il ne serait plus astreint à payer le "yangali" (en haoussa). Les Peuls du Mauri ont manifesté une grande joie et se sont empressés de venir se faire inscrire au poste. Dès que ce travail sera terminé, le commandant du poste a dressé au commandant du cercle les États du recensement dispensé et demandera la nomination d'un chef que les Peuhls ont choisi et qu'ils ont présenté au poste. C'est le nommé Rouga Niouka ou (Youka ?), notable peuhl né dans le Mauri et est, parait-il, influent et très écouté parmi ses frères. Le chef peul Rouga Niouka, ayant reçu son titre officiel de chef des Peuls du Mauri, commence à faire entrer d'une façon normale les droits de pacage[1] ».

J'étais dans l'obligation d'infliger une punition de 15 jours de prison au chef peul de Dogondoutchi pour asile donné à son troupeau au Nigeria moyennant rétribution, et ce, afin de les soustraire au payement de ses droits de pacage. À sa sortie de prison, ce chef Rouga Niouka venait me trouver et me remettrait son papier de chef...

Tableau de répartition des tribus

Tribus de	Noms des chefs	Population imposable
Dogondoutchi	Niouka	881
Bebeye	Falodjé	400
Douméga	Aliou Sambaré	131
Likido	Rouga	80
Nassaraoua	Ousman	128
Tibiri	Boubakar Dabo	128
Roukoudjé	Ego	30
TOTAL		1 778

ANN : 8B2. 1 à 20 (1909-1926).

7.3. La situation des chefs supérieurs peuls en 1933

Dans son rapport en date du 23 août 1933 adressé au commandant de cercle de Dosso, le chef de la subdivision de Dogondoutchi dresse la situation des chefs supérieurs peuhls. Il écrit : « Le rôle exact des supérieurs peuls est en principe le même que celui des chefs de cantons sédentaires. Ils ont pouvoir de commandement sur les chefs de sous-groupements placés sous leurs ordres, collectent le cas échéant l'impôt

---

[1] ANN : 6. 1. 6. *Poste de Dogondoutchi 1909-1916. Rapports trimestriels et mensuels.*

dans un des sous-groupements dont ils peuvent être le chef, et perçoivent enfin les remises. Au cours des tournées effectuées tout dernièrement dans la plus grande partie de la subdivision, tous les chefs de sous-groupements peuhls ont été convoqués, et il leur a été demandé s'ils consentaient à ce que les ordres leur soient transmis par les chefs de cantons sédentaires de leur lieu de nomadisation, ou bien qu'ils préféraient le maintien de l'ancienne organisation. Voici fidèlement, quelles ont été chacun leurs réponses : 23 chefs de sous-groupements sur 31 sont donc favorables au rattachement, 2 absents n'ont pu être consultés, les 6 autres sont partisans du maintien de l'ancienne organisation [...] Nous n'avons incontestablement que des avantages à retirer de la suppression des chefs supérieurs peuls. Je crois même traduire l'opinion générale en affirmant que cette mesure officielle est vivement souhaitée par tous. Sans doute, les chefs de canton, sédentaires, en échange du service assuré, y trouveront-ils leurs petits avantages dont le premier sera la remise sur l'impôt ».

7.3.1. Le groupement du canton de Dogondoutchi

9 chefs sous-groupements :

1° Baoua, chef du sous-groupement de Kiéssé (je désire dépendre du chef de canton Arzika et non d'un chef supérieur qui nous pille).

2° Mizingnaoua, chef du sous-groupement de Birni-Lokoy (même réponse).

3° Goro Gaya, chef du sous-groupement d'Angoual Goubé (même réponse).

4° Alou, chef du sous-groupement de Soukoukoutane (même réponse).

5° Atikou, chef du sous-groupement de Kaouara (même réponse).

6° Kari, chef du sous-groupement de Koré (même réponse).

7° Sambo, chef du sous-groupement de Zigola (même réponse).

8° Assouman, chef du sous-groupement de Bougou (même réponse).

9° Sanguina, ex-chef supérieur intérimaire du groupe relevé de ses fonctions, chef actuel du sous-groupement de Dogondoutchi (moi je suis avec Dieu et le commandant).

7.3.2. Le groupement du canton de Tibiri

6 chefs sous-groupements :

1° Koiranga, chef du sous-groupement de Roukoudjé (c'est le chef de canton de Tibiri lui-même qui m'a nommé chef de sous-groupement. Je ne puis donc dépendre que de lui).

2° Altiné, chef du sous-groupement de Golo (je désire recevoir les ordres du chef de canton de Tibiri).

3° Altiné, chef du sous-groupement de Madotchi (même réponse).

4° Boubacar, chef du sous-groupement de Tibiri (même réponse).

5° Garbei, chef du sous-groupement de Doula (absent, n'a pu être consulté).

6° Baoua, chef supérieur du groupe, seul en fonction de sa catégorie, chef du sous-groupement de Tombo (je vis en très bonne intelligence avec le chef de canton de Tibiri Samna. C'est lui qui m'aide à faire entrer l'impôt du groupe, et me donne toujours de bons conseils, je n'aurai donc aucune objection à recevoir officiellement les ordres de lui puisqu'en fait il me les donne).

7.3.3. Le groupement du centre, constitué des Peuls du canton de Likdo, Douméga et de Bei Bei

<u>Peuls du canton de Likdo</u> : 3 chefs sous-groupements :

1° Maouri, chef du sous-groupement de Kalgo (étant donné que nous habitons dans ce canton, j'aime mieux recevoir les ordres du chef sédentaire).

2° Gora, chef du sous-groupement de Goulma (même réponse).

3° Hamma, chef du sous-groupement de Tombo N'Dogo (même réponse).

<u>Peuls du canton de Douméga</u> : 3 chefs sous-groupements :

1° Manouga, chef du sous-groupement de Birni-N'Fala (je désire recevoir les ordres du chef de canton de Douméga).

2° Kinassa, chef du sous-groupement de Zazatou (même réponse).

3° Matioudou, chef du sous-groupement de Douméga (j'aime mieux qu'on forme un groupement supérieur pour les Peuls du canton de Douméga, avec un chef choisi par nous).

<u>Peuls du canton de Bei Bei</u> : 10 chefs sous-groupements :

1° Allou, chef du sous-groupement de Ballam (je désire recevoir les ordres du chef de canton de Bei Bei).

2° Goubé, chef du sous-groupement de Guéchémé (même réponse).

3° Amadou, chef du sous-groupement de Fadama (même réponse).

4° Tiabo, chef du sous-groupement de Guiwai (même réponse).

5° Sanguina, chef du sous-groupement de Toullou (absent).

6° Saguio, chef du sous-groupement de Zamazoumbi (je désire le maintien de l'ancienne organisation et la nomination d'un chef supérieur, car nous n'avons plus).

7° Oumarou, chef du sous-groupement de Boé-Boé (j'aime mieux un chef peul).

8° Oumarou, chef du sous-groupement de Gariganga (même réponse).

9° Dédé, chef du sous-groupement de Kanda (même réponse).

10° Zimirao, chef du sous-groupement de Youngana (même réponse).

L'ex-chef supérieur du groupe du centre, le nommé Rouga Djibo, a été condamné en 1932. Zimirao actuellement chef du sous-groupement de Youngana serait le prétendant éventuel au grade de chef supérieur.

Dans son rapport politique annuel 1933, le commandant de cercle de Dosso écrit : « Les chefs supérieurs des groupes peuls ont été supprimés et les sous-groupements rattachés aux cantons sédentaires. Ils œuvrent sous l'autorité des chefs de cantons.

Cette décision a été acceptée avec joie par tous les Peuls, seuls les candidats chefs supérieurs ont regretté de voir diminuer ainsi le champ de leurs exactions. Les chefs des sous-groupes ne sont en réalité que des chefs de villages et que leur nomination dépend donc du commandant de cercle[1] ».

Dans son bulletin politique du 3ᵉ trimestre 1933, le commandant de cercle de Dosso dresse au gouverneur du Niger l'organisation des Peuls dans la subdivision de Dogondoutchi. Il écrit : « À Dogondoutchi, une question importante se pose : celle de l'organisation des Peuls. Actuellement, ils sont répartis en trois groupes ;

1° Le groupe de l'Aréwa Nord qui comprend les Peuls nomadisant dans le canton de Dogondoutchi.

2° Le groupe de Tibiri, Peuls du même canton ;

3° Le groupe du centre réunissant les nomades des cantons de Bei-Bei, Likdo et Douméga. Ces trois groupes avaient à leur tête un "chef supérieur", équivalent de nos chefs de canton, mais dont la nomination <u>n'a jamais fait l'objet d'une décision de Monsieur le Gouverneur.</u>

À leur tour, les groupements sont divisés en sous-groupements commandés par un chef. Cette organisation remonte à 1919 et n'a donné que des résultats déplorables :

---

[1] ANN : 1E.14.5. Cercle de Dosso, rapport politique annuel 1933.

– Djambaba, ex-chef supérieur de l'Aréwa-Nord purge actuellement une peine de 6 ans de prison. Son successeur Amadou vient de terminer deux ans de la même peine, enfin, le 3ᵉ promu Sangina n'a échappé à une incarcération qu'en désintéressant ses nombreuses victimes ;
– Baoua du canton de Tibiri, chef depuis deux ans, moins audacieux a, toutefois, avoué au chef de la subdivision en tournée qu'il valait un peu [...] comme les autres.
– Le groupe du centre ne possède plus de chef supérieur et les ordres sont transmis aux sous-chefs de groupements par l'intermédiaire des chefs de cantons.

Le chef de la subdivision de Doutchi me rendait compte de cette situation dans son précédent bulletin politique, proposait la suppression des chefs supérieurs et leur rattachement au canton sédentaire. J'étais, à priori, partisan de cette solution, mais avant de faire des propositions dans ce sens, j'ai demandé à M. Feral, chef de la subdivision de Dogondoutchi, de me préciser le rôle des chefs supérieurs et de prendre l'avis des chefs de sous-groupements. Or, comme on peut le voir dans le rapport joint, ces derniers sont presque tous partisans de la suppression des chefs supérieurs et de leur rattachement au chef de canton sédentaire. Bien entendu, celui-ci ne sera pas collecteur de l'impôt des Peuls comme le faisait le chef supérieur. Les chefs des sous-groupements seront considérés comme des chefs de villages et viendront eux-mêmes verser leur impôt à l'agence. Dans ces conditions, je demande l'autorisation de supprimer les chefs supérieurs et de rattacher les sous-groupements au canton sédentaire où ils résident ».

Il s'agit, d'ailleurs, d'une simple autorisation puisque la nomination des chefs peuls n'a jamais fait l'objet d'une décision de Monsieur le Gouverneur du Niger[1].

L'arrêté n° 0035 A.P. du 11 janvier 1936, qui réorganise l'administration indigène au Niger, régularise la situation des groupements.

En 1947, les chefs de groupements peuls de la subdivision de Dogondoutchi ont perçu les allocations annuelles :

✓ Baoua, chef de groupement peul du canton de Dogondoutchi, 9 600 frs ;
✓ Zimrao, chef de groupement peul du canton de Tibiri 4 800 frs
✓ Timbo chef de groupement peul du canton de Takassaba, 4 800 frs.

---

[1] ANN : 1E 14. 6. *Cercle de Dosso, bulletin politique du 3ᵉ trimestre 30 septembre 1933.*

CINQUIÈME PARTIE :

POUVOIR TRADITIONNEL ET ÉTAT POSTCOLONIAL

Chapitre 1 :

La gestion de la chefferie traditionnelle au Niger

1.1. Le régime de la Première République

La République du Niger a conservé la ligne de l'administration coloniale française, et maintenu la chefferie traditionnelle. Au Niger, la chefferie traditionnelle constitue, surtout dans les milieux ruraux où prédomine la coutume, une force sociale avec laquelle il faut compter. Mais c'est une institution très vivement contestée dans les milieux progressistes urbains. « Le régime de la Première République a largement tiré profit de la collaboration avec cette aristocratie traditionnelle pour assoir sa popularité, même si vers la fin, les rapports ont été quelque peu ternis[1] ».

« Au lendemain de l'indépendance, le régime RDA a géré le pays avec l'implication de la chefferie traditionnelle au sein de toutes les institutions à commencer par le gouvernement avec des ministères clés de l'État détenus par des chefs traditionnels en tant que membres de gouvernement. Du côté de l'Assemblée nationale, des hauts responsables étaient issus de la chefferie traditionnelle et pratiquement sur la cinquantaine de députés, vous n'avez pas moins de dix chefs traditionnels[2] ».

Pour le secrétaire général de l'Association des chefs traditionnels du Niger, Amirou Garba Sidikou, « pendant la période du RDA, le chef était tenu totalement à l'écart de la vie des cantons. On ne faisait appel au chef que pour récupérer l'impôt. Le chef n'est associé ni au comité

---

[1] « Chefferie traditionnelle ». In le *Paon africain* n° 61 du 17 janvier 1994, p. 8
[2] « Chefferie traditionnelle et décentralisation ». In SEEDA n°s 36-37, janvier-février 2007, p. 11.

de village, ni au comité de canton, ni au comité d'arrondissement[1] ». Dans sa circulaire n° 1399/MI-CAB-CF du 17 août 1965 adressé à Messieurs les Commandants de cercle, les chefs de circonscriptions, le ministre de l'Intérieur donne des directives nécessaires à la nomination des chefs traditionnels. « L'évolution irréversible de notre jeune Nation vers des structures administratives déconcentrées où la participation de la population aux institutions locales qui la régissent doit être plus importante, nous commande d'introduire des règles plus libérales et plus démocratiques dans la désignation des chefs. Ceux-ci seront nommés selon les normes règlementaires habituelles, mais si la Commission qui sanctionnera les votes sera toujours présidée par le chef de circonscription, elle comprendra en outre, à titre "d'observateurs" et sans voix délibérative, les membres des comités du parti et les députés locaux. Bien sûr, ces éléments politiques n'auront aucune autorité, aucun moyen pour vous influencer en quoi que ce soit, mais leur seule présence ne suffira pas à ce que soit respecté dans les faits le jeu des principes de la démocratie. Les notables resteront effectivement les seuls responsables, selon l'usage et la coutume, du choix des candidats. Parmi ceux-ci, sera recherché et préféré celui qui, par des voies naturelles d'hérédité et de la filiation, a réellement vocation à la qualité de chef ».

1.2. Le régime militaire

Avec l'avènement des militaires en 1974, la question revêt une dimension nouvelle. Les autorités militaires s'étaient fixé comme tâche la dynamisation de l'institution. L'objectif à travers cette entreprise était bien entendu d'arriver à contrôler au mieux la chefferie et d'en faire un relais efficace. « Quand les militaires ont supprimé les activités des organisations politiques, il s'est créé un vide. Qui serait l'interlocuteur du sous-préfet ? Qui va prendre la place du conseil d'arrondissement ? À partir de ce moment, les chefs ont pris leurs responsabilités au niveau des cantons. Ils ont participé à toutes les actions du développement en tant qu'animateurs et surtout en tant que mobilisateurs des populations[2] ».

---

[1] Conférence-débat, 6 décembre 1993.
[2] Conférence-débat organisée le 6 décembre 1993 par le Réseau Sahélien de Recherche, Diffusion et chargé de publications pluridisciplinaires (RESADEP).

Par note en date du 2 mai 1974 à l'attention de Monsieur le Ministre de l'Intérieur, le directeur des Affaires politiques et administratives fait un bref rappel du système en vigueur avant de se prononcer sur l'opportunité de l'institution d'un nouveau procédé. L'auteur estime « qu'il ne semble pas opportun de modifier le mode de désignation des chefs traditionnels. Il suffit de recruter des chefs répondant de la coutume et de la caution des populations. L'administration veillera à l'application objective des règles en vigueur ».

L'arrêté n° 071/MI/DAPA du 5 juin 1974 modifie l'arrêté n° 2566/APA du 16 novembre 1955 portant réorganisation de la chefferie au Niger. Le chef est choisi selon la coutume par un collège électoral formé par l'ensemble des chefs de villages ou de tribus. Le chef est désigné par la majorité des membres de ce collège électoral.

Le ministre de l'Intérieur vérifie que le choix du collège électoral s'est effectué régulièrement et dans les formes voulues, et le ratifie par un arrêté. Nul n'acquiert la qualité de chef sans la sanction du ministre de l'Intérieur. Si le ministre de l'Intérieur estime que la désignation du chef n'a pas été faite selon les règles établies, il invite le collège électoral à se prononcer à nouveau. L'arrêté n° 5/MI/DAPA du 9 janvier 1976 modifie l'arrêté n° 71/MI/DAPA du 5 juin 1974 réorganisant la chefferie au Niger. Les deux premiers alinéas de l'article 10 de l'arrêté n° 71/DAPA du 5 janvier 1974 sont remplacés par les dispositions suivantes : Le chef de canton ou de groupement est choisi selon la coutume par un collège électoral formé par l'ensemble des chefs de villages ou de tribus. Il est désigné à la majorité relative des voix exprimées par les membres dudit collège, la désignation ne pouvant avoir lieu qu'en présence des quatre cinquièmes au moins des membres formant le collège électoral. Lorsque ce quorum n'est pas atteint, les élections doivent être reportées à une date ultérieure. Le désistement d'un ou plusieurs candidats en faveur d'un autre n'entraîne en aucune manière le transfert des voix ; les électeurs, ayant voté pour un candidat qui désiste par la suite, doivent librement faire leur choix parmi les candidats restants.

En 1983, le régime militaire change le mode de désignation des chefs traditionnels. Les autorités invoquent le coût des campagnes, contraire au bon sens, à la raison. Les chefs traditionnels ne sont plus élus, mais nommés par arrêté du ministre de l'Intérieur, conformément à l'article 17 du décret n° 83-139/PCMS/MI du 13 octobre 1983, qui dispose : « Le chef de canton ou de groupement est nommé par arrêté du ministre de l'Intérieur, sur proposition du préfet après enquête menée par le préfet et le sous-préfet concernés, parmi les candidats à la chefferie. Les modalités de la procédure de nomination sont fixées par arrêté du ministre de l'Intérieur ».

1.3. L'ère démocratique

Relativement à ce nouveau contexte politique, il a été demandé à la chefferie traditionnelle de se tenir à l'écart du jeu politique, pour leur dignité. En janvier 1991, quand les chefs se sont réunis en assemblée générale à Maradi, ils ont décidé de ne pas se mêler dans les tribulations des partis politiques. La Conférence nationale souveraine tenue du 29 juillet au 3 novembre 1991 avait décidé de doter la chefferie traditionnelle d'un statut. Le gouvernement de transition issu de la Conférence nationale souveraine a édicté de nouvelles règles régissant la chefferie traditionnelle. Il s'agit de l'ordonnance n° 93-28 du 30 mars 1993. Le souci du législateur est d'adapter les conditions de nomination des chefs traditionnels au contexte démocratique dans lequel évolue notre pays depuis la conférence nationale. En octobre 1993, une délégation de l'Association des chefs traditionnels du Niger conduite par son secrétaire général Amirou Garba Sidikou a été reçue par le président de l'Assemblée nationale et le Premier ministre. L'Association « *demande aux administrateurs de respecter les textes régissant le statut de la chefferie traditionnelle[1]* ».

En décembre 1993, Amirou Garba Sidikou, chef de canton de Kouré, secrétaire général de l'Association des chefs traditionnels du Niger (ACTN), devant un parterre d'intellectuels, a essayé de traiter de la problématique de la chefferie traditionnelle au Niger, hier et aujourd'hui. Le conférencier a aussi évoqué le rapport entre les chefs traditionnels et les administrateurs. « C'est curieux aujourd'hui quand on regarde, le colon connaît mieux nos mœurs et coutumes que l'administrateur d'aujourd'hui... C'est le gouverneur Van Vollenhoven d'origine allemande qui en 1917 tente d'attirer l'attention de ses collaborateurs sur la manière de vivre avec la chefferie surtout de l'utiliser pour mieux faire passer le message... Il avait aussi exigé dans le choix des chefs qu'on tienne compte de la coutume et des règles d'intronisation qu'il fallait strictement s'en tenir à la manière de faire

---

[1] In *Sahel Dimanche* n° 542 du 15 octobre 1993, p. 2.

de la société. Il s'était aperçu qu'il suffisait d'une erreur pour que la chose soit contestable[1] ».

1.4. La décentralisation

« La vie politique africaine est entrée dans la voie des institutions communales. Mais partout ailleurs, le chef traditionnel demeure, aujourd'hui comme hier, et peut-être même plus qu'hier, l'auxiliaire nécessaire de l'administration. Sur lui repose la lourde responsabilité de transmettre aux populations les directives qu'il a reçues par l'intermédiaire de la hiérarchie administrative[2] ».

Avec la montée des démocraties, l'avènement du multipartisme, la chefferie prend un coup de vieux. La charge devient de plus en plus lourde. Le chef est apparemment écrasé par le préfet ou le maire. De nouveaux rouages sont huilés par la politique. Les instances du pouvoir sont entremêlées : coutume, parti, administration. Le discours politique s'arme de plus en plus des grands principes sur les droits de l'homme : l'égalité des races, des sexes, des individus. Les membres du parti faisant étalage de leur force qu'ils semblaient prendre de la démocratie.

La communalisation intégrale, issue de la loi n° 2003-035 du 27 août 2003 portant composition et délimitation des communes au Niger, a prévu la mise en place de 265 communes urbaines et rurales ; modifiée et complétée par l'ordonnance n° 2009-03 du 18 août 2009 portant composition et délimitation des communes. Ce qui porte à 266 communes.

La chefferie tant, de la colonisation à nos jours, intégrée dans l'organisation administrative de la République du Niger et placée sous la tutelle des circonscriptions et des collectivités territoriales, « les coutumiers vont devoir désormais collaborer avec un administrateur civil (en l'occurrence le maire) dont la légitimité est issue des urnes. Il n'est un secret pour personne que la gestion des collectivités territoriales décentralisées au niveau desquelles on a une superposition du maire et du chef de canton, partageant un même territoire, une même communauté, les mêmes administrés, pose des problèmes de conflits de compétences. Dans beaucoup de cas, la gestion communale se

---

[1] Conférence-débat organisée le 6 décembre 1993 par le Réseau sahélien de recherche, diffusion et chargé de publications pluridisciplinaires (RESADEP).
[2] Extrait : Lettre du ministre de la France d'Outre-Mer au Haut-Commissaire de la République en A-OF à Dakar (1947).

caractérise par une cohabitation difficile, très difficile, voire des rapports conflictuels. Aujourd'hui, malgré l'absence d'études formelles sur la question, on sait que les communes qui marchent le mieux, c'est là où il y a une parfaite harmonie entre le maire et le chef. Les communes qui sont en perpétuel conflit restent les communes les plus attardées[1] ».

L'ordonnance n° 93-028 du 30 mars 1993, portant statut de la chefferie traditionnelle du Niger, est intervenue dans un contexte d'État centralisé et d'exception au Niger. Elle visait, d'une part, à prendre en compte dans l'ordonnancement juridico-administratif et institutionnel des entités spatio-historiques, socio-économiques et culturelles, appelées alors collectivités coutumières ou traditionnelles. Mais, au fil du temps et surtout avec l'avènement de l'État de droit, de la démocratie et de la décentralisation territoriale, ce texte de base s'est révélé inapte, inadapté et ne permet pas à la chefferie traditionnelle d'être en phase avec les mutations inexorables de son contexte de rayonnement. En vue de son adaptation au nouvel environnement juridique, administratif, politique et territorial dans lequel la chefferie traditionnelle est désormais appelée à évoluer, certaines dispositions de l'ordonnance n° 93-028 du 30 mars 1993 précitée ont été revues, corrigées par la loi n° 2008-22 du 23 juin 2008, portant statut de la chefferie traditionnelle au Niger. Cette dernière est abrogée par la loi n° 2015-15 du 13 janvier 2015, puis modifiée par la loi n° 2019-57 du 25 novembre 2019, à son article 8 et 10.

L'ordonnance n° 2010-52 du 17 septembre 2010 porte changement de dénomination des provinces en sultanats[2].

---

[1] Cf. Journal <u>SEEDA</u> n°s 38-39, juillet août 2007, et n° 40, août 2007.
[2] De l'arabe SULTAN, empereur des Turcs : Le sultan Ibrahim. Titre de dignité qui se donnait à plusieurs princes mahométans. Le titre de sultan fut donné primitivement par les califes de la dynastie abbasside aux princes seldjoukides, qui exerçaient dans leur empire le pouvoir temporel. Le premier sultan fut Toghrul-Beg, et ce titre devint héréditaire dans la famille seldjoukide ; il se généralisa plus tard, et fut porté par les souverains de Turquie (jusqu'en 1923), du Maroc, et par de petits princes sans autorité, comme le sultan des Camores, le sultan de Zanzibar, les parents des khans kirghiz-kazaks descendants de Gengis Khan (Source : Larousse du XXe siècle 1954, p. 525).

1.5. La classification des chefferies au Niger

Selon le Secrétaire Général de l'Association des chefs traditionnel du Niger, "toutes les chefferies se classent dans leurs origines en quatre catégories[1]" :

1) Il y a d'abord les chefferies issues de l'occupation de la terre ; à ce niveau c'est la possession de la terre qui détermine l'autorité et la puissance.

2) Il y a ensuite celles issues des conquêtes ; cette catégorie est différente de la première, car il s'agit d'un pouvoir rigoureux.

3) En troisième position nous avons au Niger, des chefferies nées sous la bannière de l'islam.

4) Il y a enfin les chefferies créés par l'administration coloniale.

1.6. La classification des logements de chefferie au Niger[2]

Les concessions et les immeubles qui y sont construits où logent habituellement les chefs de canton et de groupement sont classés en :

Sont déclarés biens de chefferie : les concessions et immeubles qui ont été construits par les moyens humains dont ont pu disposer les chefs ou grâce au concours de l'administration et qui selon la tradition et la coutume sont transmissibles de chefs en chefs quel que soit l'origine de celui qui accède à la chefferie.

Sont déclarés biens de famille : les concessions et immeubles édifiés par les chefs grâce aux moyens humains dont ils ont pu disposer ou par des apports personnels et qui selon la tradition et la coutume se transmettent dans la famille quel que soit le degré de parenté de celui qui accède à la chefferie.

Sont déclarés bien personnels : les concessions et immeubles édifiés par un chef de famille devenu chef grâce à des apports personnels et qui demeurent son patrimoine. Les biens ne sont transmissibles qu'à ses héritiers légaux.

---

[1] Conférence-débat, 6 décembre 1993.
[2] Arrêté N°15/SEI du 11 octobre 1960.

1.7. Conclusion

Le souverain, appelé désormais, péjorativement d'ailleurs, chef, n'est qu'un auxiliaire et relais de l'administration. À ce titre, il ne gère et n'exerce son pouvoir qu'à travers les canaux officiels de l'administration d'où il reçoit des ordres. En somme, le chef ne conserve que les insignes et les attributs traditionnels hérités du temps de la Principauté : le turban, les tambours de guerre, le titre, la cour qui intervient dans la gestion et l'exercice du pouvoir.

De génération en génération, de gouvernement en gouvernement, la politique à l'égard de la chefferie se transforme. Désignés par la majorité des villageois, les chefs de villages élisent à leur tour les chefs de canton parmi les candidats en principe légitimes selon la coutume. Aujourd'hui pour être élu chef de village ou de canton, les candidats dépensent des sommes contraires au bon sens, à la raison. Autrefois, ce qui importait pour être chef c'était que les gens soient défendus. Aujourd'hui c'est la richesse qui compte, Un chef est choisi pour les cadeaux qu'il distribue avant son élection. C'est celui qui donne le plus qui gagne. Les hésitations et les atermoiements de l'autorité centrale sont sources de la dérive à laquelle on assiste présentement : chefs nommés et contestés par les populations, tentatives de remise en question de l'ordre établi, vieilles dynasties déchues qui tiennes coûte que coûte à briguer des titres qui ne sont pas les leurs, toutes choses rendues possibles parce que la légitimité de la coutume a été bafouée pour des raisons de politique politicienne visant à créer ces hommes pouvant garantir un électorat sûr avec lequel il faut compter.

Beaucoup de nos jeunes nés dans nos villes ont tendance à ignorer nos traditions. Le seul pouvoir reconnu est le pouvoir qu'offre l'argent, les diplômes ou la politique. Aujourd'hui on a tendance à croire que seuls quelques nostalgiques du passé continuent de penser chefferie encore qu'ils soient taxés de féodaux d'hommes d'une autre époque.

CHAPITRE 2 :

Le canton de Tibiri

2.1. Carte du canton de Tibiri en 1908

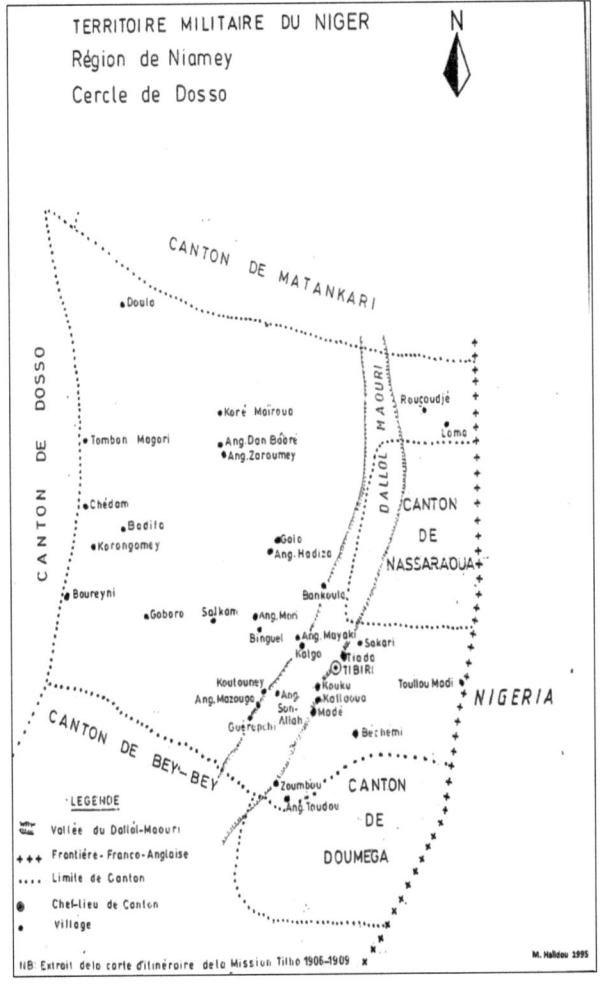

2.2. Carte du canton de Tibiri en 1995

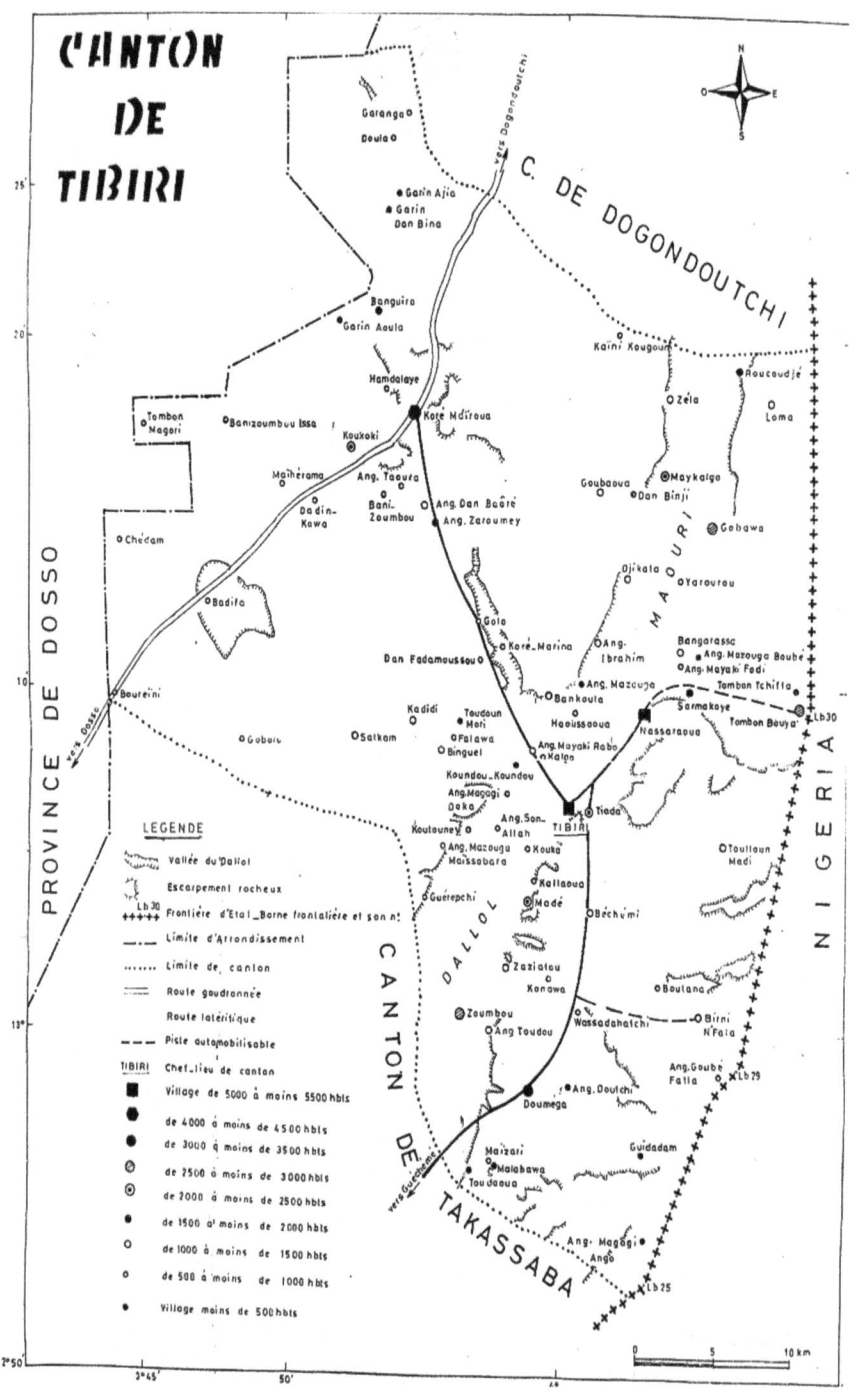

2.3. Carte du canton de Tibiri dans le Dallol Mawri

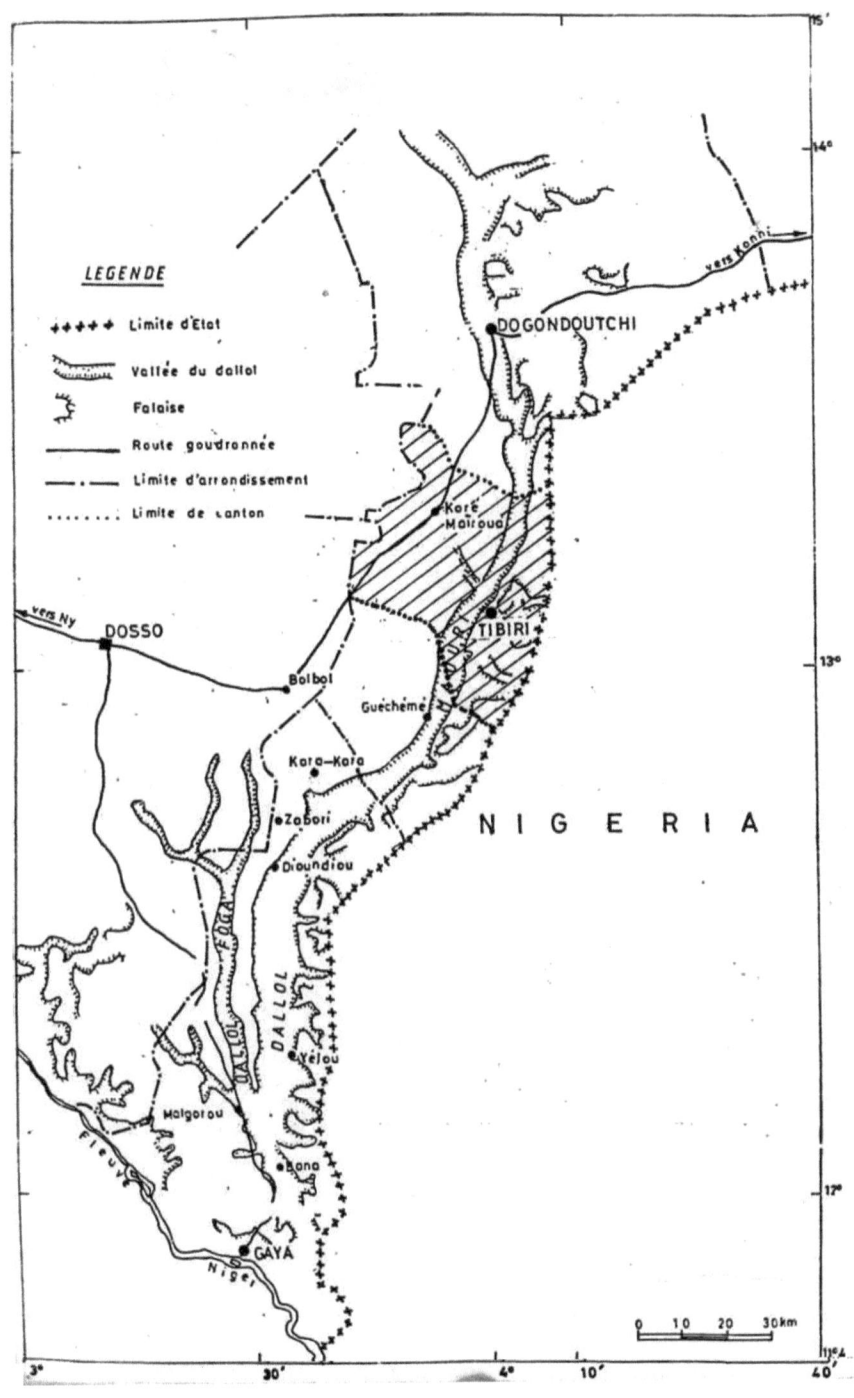

2.4. Présentation du canton

2.4.1. Création

La principauté de Tibiri fondée par Samna Karhe au environ de 1857, fut érigée par l'administration coloniale française en une entité autonome canton en 1907 après la détermination de la frontière franco-anglaise dans le Dallol Mawri.

2.4.2. Situation géographique

Situé dans l'extrême Est de la région de Dosso, le territoire du canton de Tibiri[1] est compris approximativement, d'une part entre le 13° 18'75'' et 12° 52' 05'' de latitude Nord, d'autre part 1° 24' et 1° 75' de longitude Est. Superficie approximative[2] : environ 1787 km². Longueur de la frontière commune avec le Nigeria : environ 46 km environ[3].

Il fait frontière : au Nord par le Canton de Dogondoutchi, à l'Est par le Nigeria, au Sud par le canton de Takassaba et à l'Ouest par le Sultanat de Dosso.

2.4.3. Orographie

Le trait essentiel du relief est constitué par le Dallol Mawri qui traverse le canton. Venant du Nord, il aborde le canton à la hauteur du village de Roukoudjé, direction Nord-Sud jusqu'au village de Nassaraoua. À cette latitude, il s'infléchit en direction Sud-Ouest. Il quitte le canton après le village de Douméga.

---

[1] D'après Éliane de Latour, aujourd'hui on désigne *« le Katarma, l'espace recouvert administrativement par la chefferie de Tibiri »*. Ou encore *« région recouverte administrativement par le canton de Tibiri »*. (1992, P. 12,16).
Le canton de Tibiri n'est pas une région recouverte par l'espace désigné « Katarma ». Aujourd'hui, les plus anciens villages qui existent fondés par les Rwahwawa dit « Katarmawa » (Beï Beï, Jabdagouiwa, Katarma, Madé, Maïzari, Zoumbou,) sont à cheval entre le canton de Tibiri et celui de Takassaba. Le village même de Katarma se trouve dans le canton de Takassaba. Le territoire du katarma n'est pas Géographiquement ou administrativement défini. « C'est par extension que l'on parle du Takassaba et du Katarma qui ne sont en réalité que les villages à partir desquels se sont constitués les fiefs des chefs locaux ». (M. H. Piault, 1970. P.148).
[2] D'après la planimétrie effectuée en 1988 par le service de recensement général de la population (RGP 1988).
[3] ANN : 6. 3. 53. Rapport de tournée effectué en 1952 par le chef de la subdivision de Dogondoutchi.

Le lit oriental du Dallol est marqué par une ligne de falaise discontinue jalonnée par les villages de Roukoudjé, Tiada, Tibiri, Maizari. Aux limites du canton de Takassaba et du Nigeria, un petit dallol affluent vint rejoindre le Dallol Mawri à Zaziatou. Il est marqué également par une ligne de falaise (village de Bechémi-Birni-Fala).

État des villages du canton en 1908

Noms des villages	Noms des Chefs de villages	Nombre de contribuables	Taux de l'impôt	Montant de l'impôt à percevoir	Remises aux collecteurs	Somme nette revenant au budget
Angoal adoua	Mato	30	0.40	12.00	0.12	11.88
Azia	Serkin Foulani	10	"	4.00	0.04	3.96
[illisible]	Goubé	105	"	42.00	0.42	41.58
Godi	Bozari	130	"	52.00	0.52	51.48
Binndji	Alalam Koufia	85	"	34.00	0.34	33.66
Angoal Boubé	Boubé	20	"	8.00	0.08	7.92
d° Bozari	Bozari	40	"	16.00	0.16	15.84
d° Dambare	Dambare	50	"	20.00	0.20	19.80
d° Doufada Mouija	Doufada Mouija	70	"	28.00	0.28	27.72
d° Dioundiou	Dambougui	30	"	12.00	0.12	11.88
Angoal Boutja	Mama	40	"	16.00	0.16	15.84
d° Kalgo	Gaugno	25	"	10.00	0.10	9.90
Kalaoua	Katta	130	"	52.00	0.52	51.48
Tiada	Mouza	365	"	146.00	1.46	144.54
Angoal Koutja	Bozari	15	"	6.00	0.06	5.94
Koudou Koudou	Yifa	65	"	26.00	0.26	25.74
Koutourné	Ibrahima	135	"	54.00	0.54	53.46

Source : ANN : État dressé en mars 1908 par le capitaine Milot, commandant le cercle de Dosso.

État des villages du canton en 1908 (suite)

Noms des villages	Noms des Chefs de villages	Nombre de contribuables	Taux de l'impôt	Montant de l'impôt à percevoir	Remises aux collecteurs	Somme nette versant au budget
Madu	Achim Kafi	260		104m	4.04	102.96
Niadoguia	Boué	25		1.00	0.10	9.90
Angoul Magagi	Magagi	26		1.00	0.10	9.90
do Marafi	Attarao	85		34.00	0.44	34.66
do Madetchi	Ojire Adajao	10		4.00	0.04	3.96
do Maifalle	Maifalle	45		18.00	0.18	17.82
do Magongou	Magongou	135		54.00	0.54	53.46
do Mari	Gombe	35		14.00	0.14	13.86
do Mouga	Godi	85		34.00	0.34	33.66
Koukoudje	Jao	65		26.00	0.26	25.75
Lakari	Loufa	20		8.00	0.08	7.92
Lilham	Mora	125		50.00	0.50	49.50
Louloulou	Nimbo	45		18.00	0.18	17.82
Angoul tagondi	Karagi	20		8.00	0.08	7.92
do Tantari	Samkatti	15		6.00	0.06	5.94
Tiloti	Helimalaye	20		8.00	0.08	7.92
Tibiri	Samua alou	445		178.00	1.78	176.22
Angoul Toufa	Bataré	15		6.00	0.06	5.94
Angoul Koudou	Amada	35		14.00	0.14	13.86
Zoumbou	abdou	165		66.00	0.66	65.34
		3015		1204	12.04	1191.96

En 1909, le canton a suivi des modifications. Les villages de Zoumbou et Angoual Toudou ont été détachés du territoire de Tibiri et rattachés à celui de Douméga.

En 1908, le canton regroupe 37 villages, 3010 contribuables. (Cf, tableau). Population imposables en 1930 : 9 646 contribuables[1].

2.5. Organisation administrative

2.5.1. La forme et l'exercice du pouvoir

Nous avons vu, dans l'étude de la Principauté que la guerre était au centre de l'organisation politique. Dans ce contexte, la force militaire était un élément déterminant pour la permanence et/ou l'extension du pouvoir. L'organisation du pouvoir de la chefferie Samna de Tibiri reste conforme aux textes relatifs à la chefferie traditionnelle au Niger, hormis les spécificités inhérentes à chaque chefferie. Son fonctionnement suit l'organisation administrative. Il y a le pouvoir central et la déconcentration. Le chef délègue ses pouvoirs aux représentants des hiérarchies respectives.

2.5.2. La particularité de la chefferie Samna[2]

Les prétendants à la chefferie de Tibiri doivent être choisis parmi les descendants de Karfé et doivent être de race Goubó De plus le titre coutumier de Samna est particulier à la chefferie de Tibiri.

2.5.3. L'Organisation du canton

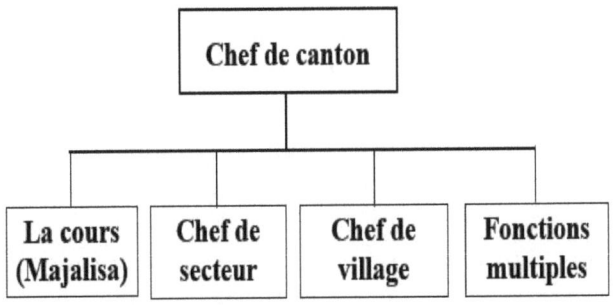

---

[1] Correspondance n° 920 A.G. I. du 20 novembre 1930. Le Lieutenant-gouverneur du Niger au Gouverneur général de l'AOF.
[2] ANN : 6. 3. 53. ANN : 6. 3. 53. P. 12

2.5.4. Le chef de canton

La nomination de chef de canton reste conforme à la loi 2015-01 du 13 janvier 2015 portant statut de la chefferie traditionnelle en République du Niger, modifiée par la loi n° 2019-57 du 25 novembre 2019, à son article 8 et 10.

« *Tout Nigérien d'une communauté coutumière traditionnelle donné, peut être candidat à la chefferie de la communauté donnée, s'il est en droit d'y prétendre selon la coutume[1]* ».

2.5.5. La cour (majalissa)

Le chef dispose du pouvoir d'organisation de sa communauté coutumière et traditionnelle. Il nomme aux différentes fonctions de sa cour conformément à la coutume et au culte de sa communauté coutumière et traditionnelle. Il est entouré d'un certain nombre de notables avec des responsabilités qui couvrent tous les secteurs socio-économique, sécuritaire, culturels et religieux de la communauté dont il a la charge.

Il faut noter également le rôle important que joue la femme dans cette cour. Elle occupait dans la hiérarchie une position très respectée.

Dans cette équipe, il y a le respect de la règle du jeu où chacun respecte la place et le rôle de l'autre. L'équipe se réunit pour prendre des décisions importantes qui concernent le canton. Pour arriver à la solution des problèmes, il y a un débat avant que le chef ne prenne la décision. Le débat chez le chef se fait en plénière. C'est là en effet un système politique dans lequel chacun trouve son intérêt en ce sens qu'il garantit largement les libertés individuelles.

Beaucoup des membres de cette cour ne sont pas toujours visibles quotidiennement, car ils ont des activités courantes. Ils ne se retrouvent donc à la cour que pour saluer le chef, lui rendre compte d'une mission, ou répondre à une convocation de ce dernier ou l'assister dans un jugement. Tous ceux qui exerçaient une responsabilité dans l'appareil administratif étaient tenus de s'y présenter le matin, saluer le chef et voir s'il avait éventuellement besoin de leurs services pour la journée. Quand le chef sortait du Palais, tout le monde se levait, et ne se rasseyait qu'une fois qu'il fut lui-même assis. Le même cérémonial se déroulait à chaque fois qu'il quittait ou regagnait son siège.

---

[1] Article 7 de la loi 2015-01 du 13 janvier 2015 portant statut de la chefferie traditionnelle en République du Niger,

Les principaux titres que nous allons donner reflètent ceux qui existaient avant la pénétration coloniale et qui restent en vigueur aujourd'hui hormis quelques réaménagements.

Oubandawaki : la plus grande charge politico-militaire destinée principalement à la protection rapprochée de Samna. Il est un des membres les plus importants du Conseil de guerre de la cour de Samna.

Sarkin Rwahi : Chef suprême des Rhwahwawa, Sarkin Rwahi est un personnage très écouté. Il est également l'un des principaux conseillers et proches collaborateurs de Samna.

Dangaladima : il a la charge la plus élevée que pourrait recevoir un prince. Il est l'adjoint de Samna, qu'il remplace en cas d'absence ou d'empêchement.

Magajiya[1] Gari : la plus importante fonction attribuée à une femme. Cette dignité était confiée à une princesse. Plus proche conseillère de Samna en matière d'affaires féminines. C'est le personnage protocolairement le plus important de la cour après Dangaladima. La première à porter ce titre est magajiya Tahi fille de Samna Kondo.

Mayaki ou Sarkin Yaki (maître de la guerre). Il assumait les fonctions de Chef d'Etat-Major. À la tête des cavaliers et des archers, il menait l'expédition et partait à l'avant-garde de l'expédition.

Bozari : il intervient dans toutes les affaires de la cour. Le mieux renseigné sur la vie du canton.

Maï-Fada : il s'occupe de tout ce qui est organisation et protocole (cérémonies, fêtes et accueil des hôtes).

---

[1] À ne pas confondre aux prostituées qui possèdent leur corporation sous l'autorité d'une *(magagiyan karuwai)* reine des prostitués.
Dans le système politique Sarauta, la femme n'est pas écartée du pouvoir.
Sultanat d'Agades : dans la société agadésienne, le titre de « *Magajiya* » était confié, de préférence à une sœur germaine du Sultan, et à défaut une de ses demi-sœurs. Tout ce qui concernait les femmes d'Agades était de sa compétence. In Histoire de l'Espace Nigérien. Association des Historiens Nigériens (A.H.N.) 2006, P.186.
Sultanat Tibiri Gobir : la Inna ou Iya, personnage protocolairement le plus important après le Sarki. Elle est pour tout le pays la responsable des affaires féminines. In Histoire de l'Espace Nigérien. Association des Historiens Nigériens (A.H.N. 2006, P. 178).
Sultanat Zinder : la sœur aînée du Sultan portait le titre de Magaram qui lui donnait le commandement sur toutes les femmes. In la Colonie du Niger. (M. Abadié, 1927. P. 206).

Maï-Foulani[1] : il s'occupe de toutes les affaires des Peuls. Il assure la liaison entre le chef et les tribus peules.

Gaoh : il régularise diverses affaires.

Bounou : chargé des questions agricoles.

Marafa : proche conseiller de Samna, il régularise diverses affaires de la cour.

Zaroumeye : titre attribué à un prince ayant fait acte de bravoure.

Magagi : Membre du conseil de la cour.

Tchiffa : homme de confiance du chef.

Aska ou Sarkin Diya : (père des enfants) s'occupe de l'éducation des jeunes (filles et garçons). Il est secondé dans sa tâche par une pléthore de Dambos. Titre attribué à un prince.

Titres attribués aux descendants de Samna qui sont alliés au pouvoir par le biais de leurs parents maternels.

De par leurs positions sociales dans le système de la parenté, ils sont l'alliés privilégiés du pouvoir.

Galadima : Conseiller et médiateur, il règle les conflits entre les princes.

Waziri : responsable des affaires du palais. (L'intendant du palais).

Baragé : chargé des chevaux de guerre et d'annoncer la guerre à l'adversaire.

2.5.6. Le chef de secteur

Le canton est érigé en secteur. Il s'agit d'un regroupement de plusieurs villages, à la tête duquel se trouve un chef de secteur, qui est le relais du chef de canton ; il est nommé par lui et lui délègue une partie de ses pouvoirs. C'est une sorte de déconcentration des attributions du chef de canton.

2.5.7. Le chef de village

Il exerce son autorité sur l'ensemble des populations recensées dans le quartier, le village, la tribu, y compris les étrangers établis dans ces localités et/ou sur les terres qui en dépendent. Le chef de quartier, de village de tribu a la charge de la collecte de la taxe municipale frappant les membres de sa communauté.

---

[1] À ne pas confondre avec Sarkin-Foulani, qui est le chef de groupement peul, jouissant d'une responsabilité administrative conformément aux textes qui régissent la chefferie traditionnelle au Niger.

2.5.8. Les fonctions multiples

Un autre groupe aux fonctions multiples sociales, économiques, culturelles et religieux vit dans l'entourage de Samna.

<u>Limam</u> : la principale personnalité religieuse qui dirige les prières, spécialement celles du vendredi et des deux grandes fêtes annuelles (Ramadan et Tabaski). Liman a la haute main sur tout ce qui concerne la religion musulmane.

<u>Maïdogarey</u> : chargé de la sécurité et de l'ordre public et, souvent, envoyé comme messager. (Barga, Garkoua, Makama, Yari) relèvent tous de Maïdogarey.

<u>Makada</u> : communément appelé chef des griots. Indispensable à la communication.

<u>Tambari</u> : qui a la charge des tambours de guerres. Les tambours de guerres retentissent à la cour de Samna à l'occasion des grands évènements, fête de Ramadan, Tabaski, et tous les jeudis soir et vendredis à l'aube.

<u>Maïdawa</u> : chef des chasseurs.
<u>Wamzam</u> : chef des coiffeurs.
<u>Sarki-Makéra</u> : chef des forgerons.
<u>Sarkin-Fawa</u> : chef des bouchers.
<u>Sarkin Bori</u> : chef du culte (ou des génies de la possession)

2.5.9. Autre titres

<u>Magidadi</u> : il jouit des bienfaits du chef. Son rôle auprès du chef est varié et indéfini. Cette fonction n'est pas héréditaire. Il ne peut prétendre au cérémonies de mise de turban.

<u>Jikadiya</u> ou <u>Bafada</u> : personnage de confiance du chef, intermédiaire entre le chef et son harem. Elle règle les conflits du gynécée, transmet les désirs du Souverain.

<u>Magagin Gari</u> : c'est une personne imminente qui s'occupe de la propreté du village.

2.5.10. Les différents Samna chefs de canton Tibiri (1906-2017)

Attributs suprêmes de la souveraineté. Tambours arrachés par les enfants de Samna Karhe auprès de l'Emir de Gwadabawa, Maïtouraré, lors de son expédition contre la cité de Tibiri en 1872.

Premier : **Samna Alou Samna Kondo, 1906-1918. (Mère Akaya).**

Suite à la mort de Samna Magagi Kondo (1902-1906), Samna Alou fut nommé par « l'administration anglaise en 1906 ». Après l'œuvre de délimitation franco-anglaise dans le Dallol Mawri en 1907, la principauté de Tibiri se retrouve dans la sphère d'influence française. Samna Alou Kondo devient le premier chef de canton de Tibiri reconnu par l'administration coloniale française.

- « *Chef intelligent, dévoué et autoritaire. A du prestige[1]* ».
- « *Jeune chef intelligent[2]* ».
- *Membre du tribunal indigène de la subdivision de Dogondoutchi par décision n° 12 A du 30 juin 1913.*

Pendant le règne de Samna Alou, le canton de Nassaraoua a été supprimé et les villages de ce canton rattachés à Tibiri par décision n° 28 A du 27 février 1918.

Au cours des opérations de recrutement militaire dans son canton (1914-1915), Samna Alou fut blessé d'une flèche empoisonnée que lui décrocha un jeune chasseur fuyant le recrutement, caché dans un buisson. Plus tard, cette blessure finit par être la cause de sa mort en octobre 1918[3].

Après la mort de Samna Alou, par télégramme-lettre n° 864 du 14 octobre 1918, le commandant de cercle de Niamey, **MERE** donne au commandant du secteur de Dogondoutchi des instructions suivantes :

---

[1] ANN : 1. E.1. 42. 1912.
[2] ANN : 6. 1. 2. 1913.
[3] Wonkoye, fils du chef de canton, fut incorporé dans l'armée française, classe 1915-N° Mle 13918. Il quitte l'armée avec le grade de sergent-chef.

ANN : correspondance départ Ny 12B1-1 à 12B1-4, 1918-1919

Transcription n° 864 Dogondoutchi 14-10-18

« Réponse à 249. Désignez pour faire intérim le parent du chef de canton de Tibiri que désigne la coutume, puis dans un délai d'une huitaine de jours, convoquez notables du canton et tous les chefs de villages pour procéder à l'élection du nouveau chef (point). Rendez-moi compte du résultat de cette élection par télégramme (point). Il serait possible que chef Nassaroua dont le canton a été joint à celui de Tibiri essaie de profiter de la mort de Samna pour présenter des revendications à un titre quelconque, n'admettez rien dans ce sens et ne laissez entrevoir aucune espérance. Rappelez le palabre que j'ai fait à Dogondoutchi à ce sujet. (point) Je ne pense pas qu'il se produise d'incidents mais dans cette éventualité, avisez-moi par fil ». **MERE**[1].

---

[1] Mere Gaston est commandant de cercle de Niamey (1915-1918).

Par télégramme-lettre n° 922 du 11 novembre 1918, le commandant de cercle de Niamey **MERE** donne au commandant du secteur de Dogondoutchi des instructions suivantes :

ANN : correspondance départ Ny 12B1-1 à 12B1-4, 1918-1919

Transcription n° 922 Dogondoutchi 11-11-1918 : « Vous prie me faire connaître par télégramme votre avis sur les candidatures pour chef du canton de Tibiri faisant objet de la lettre n° 61 (point) vous recommande tenir le plus grand compte : primo, de la coutume locale établissant l'ordre des successions, secundo, du nombre de voix obtenu par le candidat proposé en 1re ligne ». Mère.

Ensuite, par télégramme-lettre n° 204 du 15-11-18, le commandant de cercle de Niamey soumet à l'approbation du gouverneur général du territoire militaire du Niger la proposition de nomination de Harouna comme chef de canton de Tibiri :

Transcription : Territoire Zinder 15.11.1918 n° 204
J'ai l'honneur de vous rendre compte du décès du nommé Samna, chef de canton de Tibiri (subdivision de Dogondoutchi).

La coutume désigne pour lui succéder son cousin Harouna qui était également son « Dangaladima ».

La grande majorité des suffrages des notables se porte sur son nom et il me paraît posséder les qualités d'un bon chef de canton. En conséquence, je soumets à votre approbation la proposition de nommer Harouna chef de canton de Tibiri.

Signé : MERE

Deuxième : Samna Harouna Samna Kémou, 1918-1936. (Mère Saraki).

Samna Harouna Samna Kémou, *« fondateur du village de Roukoudjé vers 1890. Transféré au lieu-dit Toulou en 1941 par Maïnassara Samna Harouna[1] »*, fut désigné par la coutume et le suffrage des notables comme chef de canton de Tibiri en remplacement du chef Samna Alou décédé. Cette nomination fut confirmée par décision de nomination n° 191 A du 29 novembre 1918.

- Canton de Tibiri : « est le mieux commandé et continue à donner satisfaction au chef de subdvision. Son chef Samna Harouna a été proposé pour le titre de chevalier de l'étoile noire du Benin, le chef de la subdivision espère voir cette proposition aboutir[2] ».

- Canton de Tibiri : « marche très bien ; son chef Samna continue à donner pleine satisfaction, il exécute les ordres reçus avec promptitude et fait preuve de la meilleure bonne volonté dans l'exécution des diverses demandes de l'administration. Le chef de la Subdivision espère faire aboutir la proposition pour le titre chevalier de l'étoile noire du Benin dont a fait l'objet le chef de canton Samna Harouna[3] ».

- Canton de Tibiri : « donne toute satisfaction. Son chef Samna Harouna est le meilleur chef de canton de la subdivision[4] ».

- Canton de Tibiri : « Samna Harouna le chef de Tibiri est un excellent chef qui est resté énergique malgré son âge. Il est très écouté et obéi. Il serait bon de lui faire obtenir dès que possible la médaille

---

[1] ANN : 1 E 42. 2. Rapport de tournée de recensement du canton de Tibiri par le chef de subdivision de Dogondoutchi. 1952. P. 10
[2] ANN : 6. 2. 5. Subdivision de Dogondoutchi. Bulletin politique de renseignement. Juillet. 1931.
[3] ANN : 6. 2. 6. Rapport politique 1931.
[4] Idem.

pour laquelle il a déjà été proposé. Ce sera la juste récompense de 15 années d'honnêtes et loyaux servces[1] ».

- Canton de Tibiri : « La bonne marche du canton de Tibiri, a eu la plus heureuse influence sur celle du canton de Dogondoutchi. En effet, étant à Tibiri, le chef de subdivision prit un prétexte pour dépêcher un cavalier auprès du chef de canton de Dogondoutchi Arzika Gao ; sachant bien que celui-ci, toujours quelque peu jaloux de la considération que tous les chefs de subdivision ont montré à Samna Harouna, ne serait pas sans demander à cet émissaire des nouvelles de l'impôt dans le canton de Tibiri. L'effet attendu se produisit apprenant que

"ça marchait, Arzika qui était déjà en tournée redoubla d'ardeur[2]".

- Canton de Tibiri : "la situation politique est excellente. L'impôt 1934 s'annonce bien. Le chef de subdivision a été heureux de constater que comme lors de son dernier séjour, le canton de Tibiri pourrait toujours être considéré comme étant le meilleur canton ayant à sa tête le meilleur chef[3]".

- "Samna Harouna reste toujours le chef écouté et vénéré, mais il vieillit beaucoup, ce dont son entourage ne manque pas de profiter[4]".

Adjoint au chef de canton de Tibiri

Pour aider les chefs de canton dans leurs tâches quotidiennes, l'administration coloniale avait placé dans certaines chefferies des adjoints auprès des chefs de cantons. C'est ainsi que :

- En 1933, le nommé Marafa Garba, notable du village de Bei-Bei est nommé adjoint au chef du canton de Bei-Bei.
- Par décision n° 201 A.P. du 7 mars 1934, le nommé Baâré

chef de quartier à Tibiri, est nommé adjoint au chef de canton de Tibiri[5].

"Cette nomination a été bien acceptée par tous. Actif et éveillé, bénéficiant de l'estime et du prestige dont jouissait son père Samna Alou, Baâré peut rendre de grands services et aider efficacement le vieux Samna dans l'administratin du canton[6]".

---

[1] ANN : 1 E 14. 5. Rapport politique annuel du cercle 1933.
[2] ANN : 1 E 17. 3. 1934.
[3] ANN : 6. 3. 20. 1934.
[4] ANN : 1 E 17. 4. 1934.
[5] Ce titre lui a valu l'appellation de *Dangaladiman-Gouvernement*.
[6] ANN : 1 E 17. 9. 1934.

Au sujet de cette nomination, le chef de canton Samna Harouna disait : "quelque soit l'adjoint qui lui serait désigné, il serait content puisque ce sont tous des membres de sa famille". Et il ajoute : "qu'il continuerait toujours à bien servir afin d'obtenir avant de mourir la médaille d'honneur promise depuis longtemps et pour laquelle il a encore été récemment proposé[1]".

- "L'adjoint Baâré assume très bien son service. Jeune et actif il complète à merveille le vieux et autoritaire Samna[2]".
- Par arrêté n° 755 du 8 août 1934 sur la proposition de l'administrateur du cercle de Dosso, Baâré, adjoint au chef de Tibiri, est nommé membre du conseil des notables indigènes de la Subdivision de Dogondoutchi en remplacement de GUIMBA.
- Canton de Tibiri : "situation politique excellente. Le vieux chef Samna et son adjoint Bâaré coordonnent leurs efforts pour la meilleure marche du canton. Samna Harouna avait promis de terminer l'impôt le premier, il a tenu parole. L'adjoint Baâré assume très bien son service.[3] ».
- Canton de Tibiri : "rien à signaler. Comme d'ordinaire, c'est l'adjoint Baâré qui dans ce canton a accompagné le chef de subdivision, le chef Samna Harouna étant trop âgé pour effectuer ces déplacements. Baâré remplit avec beaucoup de tact une mission (…) nul doute qu'il se fasse plus tard un excellent chef comme ce fut d'ailleurs son père Samna Alou[4]".

C'est pendant le règne de Samna Harouna que le canton de Douméga a été supprimé et rattaché au canton de Tibiri à compter du 1er septembre 1935.

Samna Harouna Samna Kémou est décédé en juillet 1936.

"Le canton est actuellement commandé par l'adjoint Baâré dont la nomination a été proposée. La population est calme l'esprit excellent[5]".

Troisième : Samna Baâré Samna Alou 1937-1952 (mère Bani).

Baâré Samna Alou adjoint au chef de canton a assumé l'intérim de juillet à décembre 1936.

---

[1] ANN : 1 E 17. 3. 1934.
[2] 1 E 17. 7. 1934.
[3] ANN : 6. 3. 20. 1934.
[4] ANN : 6. 3. 18. Rapport de tournée août 1934.
[5] ANN : 6. 3. 21. Rapport de tournée 1936.

Par décision n° 205 A.P. du 10 février 1937, Baâré, précédemment adjoint au chef de canton de Tibiri, Samna, est nommé chef dudit canton, à compter du 1er janvier 1937, par suite du décès du titulaire.

Il succédait à son oncle Harouna.

"Sa nomination n'a soulevé aucune protestation[1]".

Par Arrêté n° 0134 AP/du 11 février 1943, Samna Baâré, chef du canton de Tibiri est nommé membre du conseil des notables du cercle de Dosso.

"Ce chef actuel Samna Baâré a été nommé le 1er janvier 1937. Il succédait à son oncle Samna Harouna décédé. Aimé et respecté Baâré conduit sa barque sans trop de heurt. C'est actuellement le meilleur parmi les chefs[2]".

"La situation politique de ce canton est satisfaisante[3]".

Samna Baâré Alou, chef de canton de Tibiri est nommé pour compter du 1er janvier 1951 au 31 décembre 1953, membre du conseil des notables du cercle de Dosso.

"Je signale le décès du chef de canton de Tibiri Samna Baâré, décès survenu le 19 avril 1952 à Tibiri. Samna était auxiliaire de son père Samna Alou ; Lorsque celui-ci fut tué d'une flèche au cours des opérations de recrutement de 1918, Adjoint au chef de canton de Tibiri, il fut nommé à son tour chef de canton le 1er janvier 1937. Excellent chef, aimé et respecté de tous, collaborateur loyal, avec lui disparaît une figure éminente du Cercle[4]".

Quatrième : Samna Maïzoumbou Samna Alou, 1952-1965 (mère Saraki).

En 1908, Maïzoumbou Samna Alou est scolarisé à Dosso. Il réussit bien sa scolarité et est envoyé en 1912 à l'école régionale de Zinder pour y préparer le certificat d'études. Agréé en qualité de moniteur stagiaire à la solde annuelle de 240 frs, il est affecté à l'école de Tahoua en 1919 en remplacement de Barazé Hakimi.

Est acceptée à compter du 1er avril 1921 la démission d'emploi du nommé Maïzoumbou, moniteur de 5e classe. Élève interprète en service à Gaya, il fut agréé en qualité d'interprète stagiaire à compter du 1er janvier 1924.

---

[1] ANN : 1 E 22. 27. 1937.
[2] ANN : 1 E 36 24.
[3] ANN : 1 E 36. 26.
[4] ANN : 1 E 42. 2. 1937.

Par décision n° 49 du 25 janvier 1929, l'interprète auxiliaire Maïzoumbou Samna de 1re classe est en service à Niamey.

Décision n° 1019 du 16 décembre 1932, affectant Maïzoumbou à Tahoua.

Par décision n° 195 du 24 février 1933, l'interprète Maïzoumbou en service à Tahoua est mis à la disposition du commandant de cercle de Dosso pour servir à Dogondoutchi en remplacement de Himma Siddo.

Décision n° 759 CP du 1er juin 1938, l'interprète adjoint de 2e classe Maïzoumbou Samna en service à Dogondoutchi est affecté à Gaya en remplacement de Gouro Maiga.

Après la mort de Samna Baâré survenue le 19 avril 1952, lors de la consultation de l'assemblée cantonale, tentative éphémère de candidature d'un prince du canton supprimée de Douméga. À ce sujet, le chef de la subdivision de Dogondoutchi écrit :

> L'ancien Caporal GAGARA, Chef du village de Douméga, fils de l'ancien Chef de canton de Douméga Baharé encore en vie avait l'intention de faire acte de candidature auprès de l'Assemblée Cantonale à la suite du décès de Samna Baré. Après quelques difficultés, il s'est effacé devant Mayzoumbou. Aucun tenant du titre de cette chefferie ne saurait prétendre à la Chefferie de Tibiri. Les prétendants à la chefferie de Tibiri doivent être choisis parmi les descendants de Karfé et doivent être de race Goubé alors que la chefferie de Douméga est d'origine maourie. De plus le titre coutumier de Samna est particulier à la chefferie de Tibiri.

ANN : 6. 3. 53. Rapport de tournée effectué en 1952 par le chef de la subdivision de Dogondoutchi. P. 12.

Par décision n° 951/APA/CP/F du 12 mai 1952, sur la proposition du commandant de cercle de Dosso, le notable Maïzoumbou Alou, interprète principal de 1re classe est nommé chef du canton de Tibiri, dans la subdivision de Dogondoutchi.

« Samna Maïzoumbou, successeur de Samna Baâré, se trouve à la tête d'un canton depuis longtemps bien administré. La situation politique est très saine. Le bon sens, l'esprit d'équité de son prédécesseur, qui avait pu s'exercer pendant 15 ans de commandement ont déterminé cet état de fait. Maïzoumbou présidera certainement aux destinées de ce canton avec bonheur ; ses titres coutumiers, sa personnalité reconnue par tous lors de la consultation de l'assemblée cantonale et sa grande pratique administrative permettent de l'affirmer[1] ».

Par arrêté n° 58098/MFP.P du 3 février 1958, Monsieur Maïzoumbou Alou Samna, interprète principal de classe exceptionnelle du cadre local du Niger, chef de canton de Tibiri, cercle de Doutchi (Niger), né le 31 décembre 1898, atteint par la limite d'âge le 31 décembre 1956, est admis à faire valoir ses droits à une pension de retraite pour ancienneté de service.

Avec ses fonctions de chef de canton de Tibiri, il occupa cumulativement les postes ministériels suivants :

M. Maïzoumbou Samna, ministre de l'Élevage[2].

M. Maïzoumbou Samna, secrétaire d'État à la présidence du conseil[3].

M. Maïzoumbou Samna, secrétaire d'État (Présidence du Conseil)[4].

M. Maïzoumbou Samna, secrétaire d'État à la Présidence de la République, chargé des coutumes et des questions domaniales[5].

M. Maïzoumbou Samna, secrétaire d'État à la Présidence de la République, chargé des coutumes et des questions domaniales[6].

M. Maïzoumbou Samna, secrétaire d'État à la Présidence est décédé le vendredi 2 avril 1965 à l'hôpital St Antoine à Paris. Le jeudi 8 avril, inhumation du corps à Tibiri en présence de SEM Diori Hamani, Président de la République du Niger.

Cinquième : Samna Issaka Samna Maïzoumbou, 1965-1980 (mère Aouta).

Issaka Samna Maïzoumbou, moniteur adjoint de l'enseignement de l'A-OF. Élu le 14 décembre 1958, député de la circonscription de Dogondoutchi sur liste UCFA (Union pour la communauté franco-africaine), est mis en position de détachement pendant la durée de son mandat.

---

[1] ANN : 1E.42.2. *Rapport de tournée de recensement dans le canton de Tibiri*, 1952, p. 12.
[2] Arrêté n° 58-645 du 20 décembre 1958.
[3] Décret n° 59-005 du 3 janvier 1959.
[4] Décret n° 59-075 du 18 octobre 1959.
[5] Décret n° 60-276/PRN du 31 décembre 1960.
[6] Décret n° 63-114/PRN du 25 juin 1963.

Nommé chef de canton de Tibiri par arrêté n° 186/MI/DAPA du 10 avril 1965. Député, réélu aux élections législatives du 21 octobre 1965 sur liste nationale présentée par le PPN-RDA. Mandat interrompu par le coup d'État militaire du 15 avril 1974.

Par arrêté n° 47/MI/DAPA du 9 avril 1976, le chef de canton de Tibiri est suspendu de ses fonctions. Il fut déporté à Téra et placé en résidence surveillée pendant 6 mois.

Par arrêté n° 196/MI/DAPA du 15 octobre 1976, le chef de canton suspendu est réhabilité et rétabli dans ses fonctions.

Par arrêté n° 16 MI/DAPA du 9 février 1980, le chef de canton Samna Issaka est révoqué de ses fonctions. Il est décédé le 20 mars 1990.

Sixième : Samna Marafa Kiassa, 1980-2015 (mère Alami).

Engagé volontaire dans l'armée française du 3.12.1947 au 21.06.1962, démobilisé avec le grade de sergent-chef.

Décoré de la Croix de Guerre le 3 novembre 1954.

Admis dans la Gendarmerie nationale le 8 septembre 1962 par décision n° 0178/PRN/DN.

– Nommé maréchal des logis le 1er mai 1964.

– Nommé maréchal des logis-chef le 1er juillet 1965.

Commandant le peloton de Zinder du 1.5.1964 au 1.7.1967.

Commandant le Peloton Mobile Porté de Maradi du 2.7.1967 au 1er mai 1974, date de sa mise à la retraite, d'ancienneté après 25 ans 10 mois 19 jours de service.

Décoré par deux fois dans son propre pays, le Niger. Une première fois en 1966 et une seconde fois en 1974.

Élu librement et démocratiquement le 18 mai 1980 par la majorité des membres du collège électoral coutumier de Tibiri. Par arrêté n° 42/MI/DAPA du 6 juin 1980, El hadj Marafa Kiassa, gendarme à la retraite, est nommé chef de canton de Tibiri (arrondissement de Dogondoutchi) en remplacement de M. Issaka Maïzoumbou, révoqué.

Samna Marafa Kiassa est décédé le 4 janvier 2015.

Pendant la vacance du pouvoir, c'est son « Dangaladima » Abdou Hassan, ancien ministre, qui assura l'intérim jusqu'à l'élection du nouveau chef de canton le 26 août 2017.

L'honorable chef de canton de Tibiri, Samna Marafa Kiassa et sa cour (madjalissa). Mai 2013

Main droite du chef,
Dangaladima
Ubandawaki
Magagia
Bozari
Maïfada
Galadima

main gauche du chef
Mayaki ou Sarkin-Yaki
Sarkin Rhwahi
Tchiffa
Maïfoulani
Waziri

Septième : Samna Boubakar Samna Marafa, 2017 (mère Rabi).
Opérateur économique, élu librement et démocratiquement le 26 août 2017 par la majorité des membres du collège électoral coutumier de Tibiri. Est nommé chef de canton de Tibiri (département de Tibiri) par arrêté n° 00642/MISPD/ACR/DGAPJ/DAC du 18 septembre 2017. Il est intronisé le 5 mai 2018 conformément à la coutume.

2.5.5. Les différents Samna de Tibiri (1849-2017)

Rang	Noms et Prénoms	Date d'entrée en fonction	Date de fin de règne	Durée de règne
1er	Samna Karhe	1849	1872	23 ans*
2e	Samna Kondo	1872	1890	18 ans*
3e	Samna Kémou	1890	1898	8 ans*
4e	Samna Younga	1898	1902	3 ans 7* mois
5e	Samna Magagi	1902	1906	3 ans 7* mois
6e	Samna Alou	1906	1918	14 ans 4 mois
7e	Samna Harouna	29/11/1918	07/1936	18 ans 8 mois
8e	Samna Baâré	01/01/1937	19/04/1952	15 ans 3 mois
9e	Samna Maïzoumbou	31/05/1952	02/04/65	12 ans 10 mois
10e	Samna Issaka	10/04/1965	09/02/1980	14 ans 10 mois
11e	Samna Marafa	06/06/1980	04/01.2015	34 ans 6 mois
12e	Samna Boubakar	26/08/2017	…………	

* Durée de règne donnée par la tradition orale.

2.6. Les tambours de guerre de Tibiri

Attributs suprêmes de la souveraineté. Tambours arrachés par les enfants de Samna Karhe auprès de l'Émir de Gwadabawa, Maïtouraré, lors de son expédition contre la cité de Tibiri en 1872.

Le tambourinaire Doumbouga BEIDOU. Mai 2013.

2.7. Arbre généalogique des Samna de Tibiri (1849-2017)

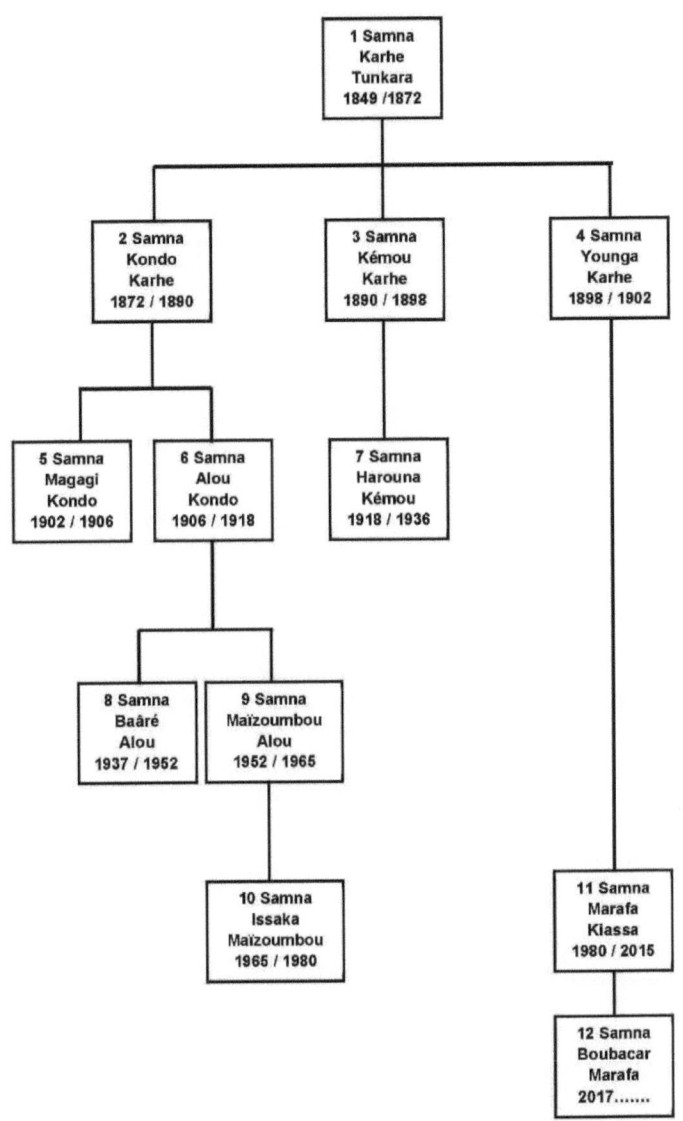

2.8. Arbre généalogique de la descendance des Samna de Tibiri

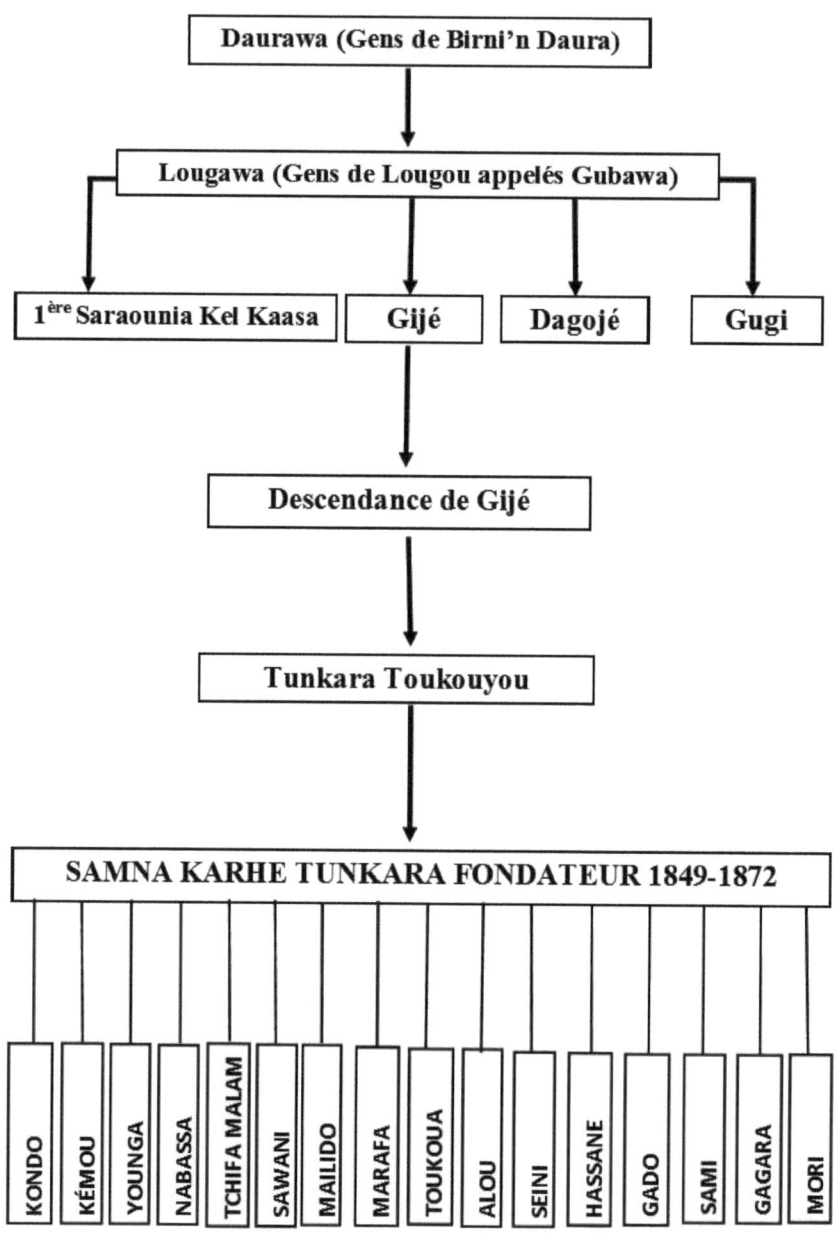

2.9. La descendance de Samna Karhe *(hommes et femmes)*

Afin d'éviter une longue liste, nous nous limitons aux fils et petits-fils de Samna Karhe. Par ailleurs, la liste peut ne pas être complète, et l'ordre d'ancienneté est incertain.

Tableau n° 1

FILS	KONDO	KÉMOU	YOUNGA
PETITS-FILS	1.Magagi 2.Alou 3.Mayaki Chékaraou 4.Maïtambari 5.Issa 6.Dan Sadjo 7.Na-Allah 8.Mali 9.Sarki 10.Ango 11.Marafa Tankari 12.Zaroumey 13.Gogé 14.Ouma 15.Tolo 16.Dan Dabeye 17.Jankorda 18.Ouban Doma 19.Tahi 20.Ouma 21.Karama 22.Lémo 23.Toyo 24.Tchifataké 25.Gochi I 26.Enni 27.Aiya 28.Gochi II	1.Harouna 2.Bozari Inna 3.Nabargou 4.Mayaki Guimba 5.Lamma 6.Mijin Iya 7.Gado Na Garka 8.Maïdoka 9.Chiffa Malan 10.Oukaye 11.Zaouré 12.Sandi 13.Achibi 14.Aouta 15.Batao 16.Tchifa 17.Son-Allah 18.Bakingué 19.Goga 20.Gaoh Manzonfari 21.Baouna Zanké 22.Tafalké 23.Amali 24.Tankari Maïssoroua 25.Hassane 26.Ganwo 27.Kocha 28.Baiwa 29.Baro	1.Mahamane 2.Tchibi 3.Arzika 4.Narey 5.Toga 6.Na-Allah 7.Tadiamano 8.Dadé 9.Gago 10.Toudou 11.Abarchi 12.Barmou 13.Bawa 14.Neitou 15.Magagi Kaka

Tableau n° 2

FILS	BOZARI NABASSA	TCHIFA MALAM	MARAFA NA-DANDI
PETITS-FILS	1. Anao 2. Maïfoulani 3. Beidou 4. Guinguirey 5. Sama 6. Andi 7. Brandogo 8. Makigoudou 9. Badé	1. Baraya 2. Tounkara 3. Nomaou 4. Leybaba 5. Maïnassara 6. Kassoua 7. Binta 8. Taroua	1. Guissaou 2. Djimraou 3. Mali 4. Rouafi 5. Yazi 6. Gajiba 7. Bawa 8. Bissala 9. Goga 10. Falké 11. T-Malam

Tableau n° 3

FILS	ALOU MAIKOUKA	SAWANI	MAILIDO
PETITS-FILS	1. Noma 2. Yanlé 3. Oubandawaki 4. Dan Bina 5. Abinda 6. Soumana	1. Bizo 2. Oumarou 3. Mahamadou 4. Bissala 5. Gantchi 6. Banaou	1. Alichina 2. Ango 3. Mano 4. Tabeybey 5. Fodi 6. Djiko 7. Zoumbey 8. Toudou

Tableau n° 4

FILS	TOUKOUA	GAGARA	HASSANE
PETITS-FILS	1. Arzika	1. Chadou 2. Faria 3. Namata 4. Limo 5. Fatchima	1. Kondo 2. Maïnassara 3. Tabirni 4. Assarki 5. Achibi 6. Tagoudou 7. Waïza 8. Fodi

Tableau n° 5

FILS	SEINI	GADO	SAMI	MORI
PETITS-FILS	1. Sandi 2. Kallé 3. Baja 4. Badagé 5. Nayaba 6. Ta-Allah 7. Gaya	1. Assoumane	1. Tankari 2. Nomaou 3. Tallou	1. Tankari 2. Madouga 3. Gomma 4. Kaka

2.10. Le groupement peul du canton de Tibiri

C'est en 1910 que le commandant du poste de Dogondoutchi a procédé au recensement des Peuls habitant d'une façon permanente l'Aréwa à seule fin de les attirer dans le pays.

Les groupements peuls avaient à leur tête un chef de groupement dont le rôle est le même que celui de chef de canton sédentaire. Ils ont pouvoir de commandement sur les chefs de sous-groupements sous leur ordre. Mais la nomination n'a pas fait l'objet d'une décision du gouverneur.

En 1933, la fonction de chef de groupement peul a été supprimée et les chefs des sous-groupements rattachés au canton.

L'arrêté n° 0035 A.P. du 11 janvier 1936 réorganise l'administration indigène au Niger. En ce qui concerne les populations nomades, l'administration indigène est constituée par :
– des chefs de tribu ;
– des chefs de groupes.

La nomination de chef de groupement peul reste conforme à la loi n° 2015-01 du 13 janvier 2015 portant statut de la chefferie traditionnelle en République du Niger, modifiée par la loi n° 2019-57 du 25 novembre 2019, à ses articles 8 et 10.

Le chef de groupement exerce son autorité sur l'ensemble des tribus, éventuellement des villages, ainsi que sur leurs chefs.

Le chef de groupement ne perçoit pas les impôts et taxes mais collabore activement à leur recouvrement.

ANNEXES

P l.1. Façade principale : Kanta Museum dit Gidan Nabame. Argungu (Nigeria)

Photo prise le 24 décembre 2011.

P l.2. Sabres des trois principaux leaders de la révolte : Samna Karhe de l'Aréwa, Daudu Bugaran du Zabarma et Yakubu Nabami du Kabi.

KANTA MUSEUM (dit gidan Nabame).
Photo prise le 24 décembre 2011 à Argungu (Kebbi Nigeria).

P 1.3. Mausolée où repose la tête de l'Émir de Gwandu Halirou.

KANTA MUSEUM (dit gidan Nabame).
Photo prise le 24 décembre 2011 à Argungu (Kebbi Nigeria).

L'Émir fut tué en 1860 à la bataille de Kaora-Saré (Kara-Kara), dans le Dallol Mawri par la coalition composée de Samna Karhe de Tibiri, Jintori, chef de Kara-Kara et Muhammadu Ba'aré l'Émir d'Argungu.

P l.4. C'est sous cet arbre (baobab) dans le Dallol Mawri, région de Kara-Kara, que l'Émir de Gwandu Halirou a été tué en 1860.

KANTA MUSEUM (dit gidan Nabame).
Photo prise le 24 décembre 2011 à Argungu (Kebbi Nigeria).

Pl. 5. Tambours de guerre de Sokoto arrachés par les Kabawa pendant le règne de Sarkin Kabi Sama (1883-1915).

KANTA MUSEUM (dit gidan Nabame).
Photo prise le 24 décembre 2011 à Argungu (Kebbi Nigeria).

Bibliographie

Ouvrages, Thèses, Mémoires, Études, Articles (publiés ou non)

ABADIE (Colonel Maurice) : *La Colonie du Niger*, PARIS : Société d'éditions géographiques, Maritimes et Coloniales. 17, rue Jacob (VIe), 1927.

ABDULLAHI (Bukhari Sokoto) : *Intellectual Foundation Of Sokoto Caliphate*. 2014.

ABDOULAYE (Mamani) : *Sarraounia, Le drame de la reine magicienne*. Roman, Édition L'Harmattan, 5-7, rue de l'École polytechnique, 75005 Paris, 1980.

ALKALI (Muhammad Bello) : « A Hausa community in crisis, Kebbi in the nineteenth century », M.A. Thesis, Zaria, 1969, 358 p.

Bissala (Dawaki) : « Histoire de la région de Tsibiri », mémoire de licence en histoire. Faculté des Lettres et Sciences humaines. Université de Niamey, 1982.

BOUREIMA (Alpha Gado) et AHMED (Bako) : *Les relations entre Dosso-Kebbi et Sokoto*. Spaces, Sociétés, Cultures, Économies et Politiques. 2016.

DANGALADIMA (Issa-Danni Soumana) : *Chronique des Kwanawa, Mémoire des Anciens*. Éditions L'Harmattan, 5-7, rue de l'École polytechnique, 75005 Paris, 2015.

DAOUDA (Mamadou Marthe) : « Les Mutations politiques dans l'Est nigérien de 1893 à 1960 ». Thèse de doctorat unique.

DELAFOSSE (Maurice) : *Haut-Sénégal, Niger*, Paris, E. Larose, 1912, 3 tomes.

FOURAGE (Gérard) et JEAN (Vanoye) : *Le passé du Niger de l'Antiquité à la pénétration coloniale*. Niamey INDRAP, 1972, 381 p.

FOURAGE (Gérard) : « La frontière méridionale du Niger : de la ligne Say-Barroua à la frontière actuelle (1890-1911). Volume 2. La frontière nigéro-nigériane. » Thèse, histoire. Université de Toulouse le Mirail 1979, France.

FUGLESTAD (Finn): *A history of Niger, 1850-1960*. Cambridge university press, 1983.

GADO (Boubé) : « Les Zarma. Contribution à l'histoire des populations d'entre Niger et Dallol Mawri ». Thèse de doctorat de 3e cycle. Université de Paris I, 1978.

GADO (Boubé) : « Le Zarmatarey : Contribution à l'histoire des populations d'entre Niger et Dallol Mawri ». *Études nigériennes* n° 45. IRSH. Niamey. 1980. IV-356 p.

GUILLAUME (Henri) : « Les nomades interrompus, introduction à l'étude du canton twareg de l'Imanan ». *Études nigériennes* n° 35. CNRSH, Niamey, 1974.

HAMA (Boubou) : « Histoire du Gobir et de Sokoto ». Paris. *Présence Africaine*, 1967, 167 p.

HAMA (Boubou) : « Recherches sur l'histoire des Touaregs sahariens et soudanais ». Paris, *Présence Africaine*, 1967, 556 p.

HAMA (Boubou), « Contribution à la connaissance de l'histoire des Peuls ». Paris, *Présence Africaine*, 1968.

HAMANI (Djibo) : « Contribution à l'étude de l'histoire des États-Hausa-l'Adar précolonial ». *Études Nigériennes*, n° 38 I.R.S.H. Niamey, 1975.

HAMANI (Djibo) : *L'Islam au Soudan central. Histoire de l'Islam au Niger du VIIe au XIXe siècle*. Éditions L'Harmattan, 5-7, rue de l'École polytechnique, 75005 Paris, 2007.

HAMANI (Djibo) : *Quatorze siècles d'histoire du Soudan central. Le Niger du VIIe au XXe siècle*. Éditions Alpha 2012.

Histoire de l'espace nigérien : *État des connaissances. Actes du premier colloque de l'Association des historiens nigériens* (19 au 22 juin 1999). Éd. Daouda. A.H.N., 2007.

IDRISSA (Kimba) : « Guerres et sociétés. Les populations du Niger occidental au XIXe siècle et leurs réactions face à la colonisation (1896-1906) ». *Études Nigériennes* n° 46, IRSH Niamey, 1981.

JEAN-MICHEL (Guillom) et BERNARD (Hernandez) en collaboration avec RENÉ (Rochette) : « Dogondoutchi, petit centre urbain du Niger ». Extrait de la revue de géographie Alline, tome LVI-Fascicule 1-1968. Imprimerie Allier-Grenoble, 358 p, p. 297 à 358.

JACQUES (Francis Rolland) : *Le grand capitaine*. Édition Grasset et Fasquelle, Paris, 1976.

JEAN SURET (Canale) : *Afrique noire : géographie, civilisation, histoire.* Tome I, Paris, 1961.

JOALLAND (Général) : *Le drame de Dankori,* Paris, Nouvelles Éditions Argos, 1931.

J.-M. (Le Roux, capitaine) : *Essai de Dictionnaire français-haoussa et haoussa-français*, 1886, Paris.

KARIMOU (Mahamane) : « Les Mauri zarmaphones : des origines à 1898 ». *Études Nigériennes* n° 39, IRSH, Niamey, 1977.

LATOUR (Éliane de) : « Une Aristocratie coloniale : Histoire et changements politiques en pays mawri (Niger) ». Thèse ; histoire, Université René Descartes, Sciences humaines, Paris V-Sorbonne, 1981.

LATOUR (Éliane de) : « Maîtres de la terre, maîtres de la guerre. Études et Essais ». In *Cahiers d'Études africaines*, 1984. T24-3, PC 23, p. 273-297.

LATOUR (Éliane de) : *Ordres et pouvoirs. La rupture coloniale en pays mawri (Niger).* Éd. De LATOUR, p. 39-40.

LATOUR (Éliane de) : *Le Futur antérieur. La Colonisation : Rupture ou Parenthèse.* Sous la direction de Marc H. PIAULT. Éd. L'Harmattan, p. 123-327.

LATOUR (Éliane de) : *Les Temps du pouvoir*. Paris, Éd. de l'École des hautes Études en sciences sociales, 1992.

LEFEBVRE (Camille) : « Les frontières du Niger ». DEA d'histoire. Université Paris 1. 2002-2003.

LEFEBVRE (Camille) : « Territoires et frontières. Du Soudan central à la République du Niger, 1800-1964 ». Doctorat en histoire, soutenue le 1er décembre 2008.

LÉOPOLD (Kaziendé) : *MAYAKI TOUNFALIS. Gentilhomme Sahélien* (S. d.).

MAMOUDOU (Djibo) : *Karma : du Siciya au canton (1640-1960).* Édition du Flamboyant. 2015. Cotonou, République du Bénin.

MASSEPORT (François) : « DOUMEGA : village maouri au Niger. Un exemple d'économie villageoise traditionnelle dans la partie Sud du Sahel nigérien ». Mémoire, Grenoble. 1966.

MEYNIEY (Général) : *La mission Joalland-Meynier.* Paris, les Éditions de L'Empire français, 1947. 3, rue Blaise Desgoffe, Paris 6e.

Nicole Moulin. Boubé Namaiwa. Marie-Françoise Roy. Bori Zamo. « Lougou et Saraouniya ». Association d'échanges culturels Ille-et-Vilaine-Niger. RAEDD. TARBIYYA TATALI. Collection « ARÉWA ». Mai 2007.

NICOLE (Moulin) : « Saraounia en pays maouri », DEA, 1984.

OUMAROU (Kaza Gaoh) : *Dynastie des souverains arawa, 1974-2014*. 2015.

OUSSEINI (Issa Sambo) : « Mode de désignation de la Saraounia : cas de Lougou ». Mémoire, C.F.C.A. Niamey, 2004-2007.

PÉRIÉ (Jean), SELLIER (Michel), *Histoire du peuplement du cercle de Dosso*. 1re partie : « Des origines à la fin du XVIIIe siècle ». 2e partie : « Le XIXe siècle », 1946.

PÉRIÉ (Jean), SELLIER (Michel), « Histoire des populations du cercle de Dosso (Niger) », *Bulletin de l'IFAN*, série B, IV, octobre 1950.

PIERRE (Bertau) : *L'Afrique de la Préhistoire à l'Époque contemporaine/ Histoire Universelle*. 1973, BORDAS.

PIAULT (Marc-Henri) ; « Population de l'Aréwa. Introduction à une étude régionale ». *Études Nigériennes*, 13 IFAN. CNRS. 1964.

PIAULT (Marc-Henri), *Histoire Mawri. Introduction à l'Étude des processus constitutifs d'un État*. Paris, Édition du Centre national de recherche scientifique (CNRS), 1970.

RIVET (commandant de l'Infanterie coloniale) : *Notice illustrée sur le territoire militaire du Niger et le bataillon de tirailleurs de Zinder*. Édition Militaire. 10, rue Danton (Boulevard Saint-Germain, 118). 1912.

ROBIN M. (administrateur adjoint des colonies). « Notes sur les premières populations de la région de Dosso (Niger) ». *Bulletin de l'IFAN*, série B, 1/2-3, avril-juillet 1939.

ROCHETTE (René) : *Rapport de Mission dans les Dallol Maouri et Fogha 22 juillet-12 septembre 1964*. CIDES (MFN 2266.)

ROCHETTE (René) : « Au Niger, Tibiri, village maouri ». Extrait de la revue de *Géographie Alpine Montée de Rabot*, Grenoble, t. LIII, 1965. Fascicule 1, p. 101 à 129.

ROTHIOT (Jean-Paul) : « Zarmakoy Aouta : les débuts de la domination coloniale dans le cercle de Dosso 1898-1913 ». Thése, histoire. Paris VII. Juin 1984.

ROTHIOT (Jean-Paul) : *L'ascension d'un chef africain au début de la colonisation aouta, le conquérant (Dosso) (Niger)*, Paris : Harmattan, 1988. P. 311 p.

SALIFOU (André) : « Le Niger, de la fin du XIXe siècle à 1939 ». Thèse de doctorat d'État. Université de Toulouse le Mirail. 1977.

SÉRÉ de Rivières (Edmond) : *Histoire du Niger*, Paris, Éd. Berger-Levrault, 1965. (Mondes d'Outre-Mer).
SÉRÉ de Rivières (Edmond) : « La chefferie au Niger ». In *PENANT*, revue de droit des pays d'Afrique, 77ᵉ année-n° 718. Octobre-Novembre-Décembre 1967, p. 463 à 488.
Sy (Dionmansy), *La pénétration européenne au Niger*, mai 1972.
SOFFO (Barmou) : « Rapports de recherches et réflexions sur l'histoire de Gubay-Areewa des origines à 1899 ». DEA histoire. Université Paris VII, 1980-1981, 57 p. XXII.
SOFFO (Barmou) : « Histoire du Gubay-Areewa des origines à 1899. Contribution à l'étude des populations de langue hawsa ». Thèse d'histoire en cours de préparation. Université Paris VII. 1998 (documents internes).
SOULEY (Aboubacar), *Observatoire de la décentralisation au Niger. (Enquête de référence, 2002). Les pouvoirs, locaux à Shadakori.* LASDEL, Laboratoire d'études et recherches sur les dynamiques sociales et le développement local.
JEAN TILHO (capitaine). *Documents scientifiques de la Mission Tilho (1906-1909),* Paris Imprimerie nationale, 1909, 3 tomes.
URVOY (capitaine Yves) : *Histoire des populations du Soudan central. (Colonie du Niger).* Publication du comité d'Études historiques et scientifiques de l'Afrique-Occidentale française. L. Larose, Paris, 1936.
VIGUIER (Serge) : *Crédit et coopération à Tibiri. Études et introduction du nouveau système dans un village mauri-hausa du Niger.* École pratique des hautes études (France). Paris : Bureau d'études coopératives et communautaires. 1969.
VILLANDRE (Jean-Jacques) : « Les chefferies traditionnelles en Afrique Occidentale Française ». Thèse ; 1950. Paris.
YEHOSHUA (Rash, ambassadeur d'Israël à Niamey) : *Un établissement colonial sans histoire. Les premières années françaises au Niger, 1899-1906.* 1972.

Transcription-Traduction
El hadji IBRAHIM Musa Kanguiwa (Nigeria) : *Tabatacen tarihin dangartakar arawa da Kabawa.* 12 pages manuscrites. Mai 1994.
GADO (Boubé) : *Les Traditions de Lougou, de Birnin Lokoyo et de Massalata : Waka A Bakin Maïlta.* Ny, B.G, 1986, 141 p. traduit et édité par B.G.

JUNAIDU (Wazirin Sakkwato) : *Tarihin Fulani.* Published by The Northen Nigerian Publishing Company P.O. Box 412 Zari. 1956.

LAYA (Juldé) : *Traditions historiques des ethnies de la région de Dosso.* Deuxième éd. Mai 1970.

MAYAKI (Mainassara) : *Histoire chefferie traditionnelle canton de Tibiri. Histoire des Goubés.* 1986. (14 pages dactylographiées).

MazanJiya : Littafi Na Daya. Published for Sokoto State Ministry of Education by University Press Limited. 1979 iii – vi. 57 p.

Archives nationales du Niger (ANN)

ANN : 1.7.35. *Mission Afrique Centrale : Journal de marche de la mission depuis Tombouctou. 1898.*

ANN : 27,1. *Reconnaissance et opération militaire. Rapport du lieutenant Jigaudon sur la marche de Say à Zinder, 1900.*

ANN : 1E1. 5. *BERGER (capitaine), commandant la 21e Compagnie, à Monsieur le Chef de bataillon, commandant la colonie du Djerma.* Compte rendu, série de reconnaissance. 31 janvier 1901.

ANN : 5. 3. 3. *Secteur de Dosso : Rapport sur la tournée effectuée par le commandant du secteur en novembre 1906 dans le maori en vue de la perception de l'impôt.*

ANN : 15. 1. 1. *Cercle du Djerma. Monographie : (1901-1907).*

ANN : 5. 6. 1. *Livre des caravanes de Dioula. Enregistrement au passage à Dosso.* Journal du poste de Dosso commencé le 21/1/1906 terminé le 3 avril 1908.

ANN : 5. 1. 1. *Monographie du cercle de Dosso* par M. Milot, établie le 1er février 1909 par le capitaine Lelong. 18 p.

ANN : 5. 7. 2. *Cercle de Dosso : 1900-1902.* Enregistrement in extenso de la *Correspondance départ.* 19 février 1900, 3 mars 1902.

ANN : 9. B8. 1-3. *Correspondance départ 1906-1907.*

ANN : 7B1. 7. *Correspondance arrivée de la région de Niamey au commandant du 3e Territoire, 1908.*

ANN : 5. 2. 4. *Cercle de Dosso : Rapport politique du mois de février 1908, 2 p.*

ANN : 5. 7. 3. *Cercle de Dosso : Cahier de correspondance* commencé le 1er février 1908 et terminé le 30 décembre 1909.

ANN : 1 E 4.36. *Cercle de Dosso : Cahier de rapports,* commencé le 1er octobre 1907 et terminé le 31 décembre 1909.

ANN : 1. E. 5,32. *Rapport du chef de bataillon Rivet, commandant la région de Niamey sur sa tournée d'inspection effectuée du 14 janvier au 3 février 1909 dans les cercles du Djerma et de Dosso.*
ANN : 6,7 .1. *Dogondoutchi : Correspondance départ du 8 octobre 1909 au 18 décembre 1910.*
ANN : 6. 1. 2. *Monographie du secteur de Dogondoutchi,* écrite par BELLE en 1913. 19 p.
ANN : 6. 1. 6. *Poste de Dogondoutchi (1909-1916)* : *Rapport trimestriel et mensuel.*
ANN : 12B1-1 à 12B1-4 : *Correspondance départ 1918-1919.*
ANN : 15. 2. 5. *Cercle de Niamey. Rapport politique 1921.*
ANN : 5. 2. 1. *Le Commandant de cercle de Dosso à Monsieur le Gouverneur du Niger à Zinder : réorganisation des circonscriptions et relèvement des traitements des chefs indigènes.* Avril 1924. 10 p.
ANN : 1 E 10. 6. *Subdivision de Dogondoutchi : Rapport politique 1925.*
ANN : 6. 1. 5. *Monographie : aperçu historique sur la formation des cantons du Sud ou Runkundum.* 22 août 1926.
ANN : 2E3.5. *Situation du commandement indigène lors de l'occupation française. Correspondance adressée au gouverneur général de l'A-OF, 1930.*
ANN : 1 E. 11.54. *Subdivision de Dogondoutchi : rapport de la tournée effectuée dans les cantons de Tibiri et de Douméga par l'adjoint des services civils, 1930.*
ANN : 1E. 11.53. *Subdivision de Dogondoutchi : rapport de tournée effectuée dans les cantons Sud, 1930.*
ANN : 2E. 3. 6. *Colonie du Niger (1930-1931), commandement indigène.*
ANN : 6. 2. 4. *Subdivision de Dogondoutchi : Bulletin politique 1ᵉʳ trimestre, 30 avril 1931.*
ANN : 2E. 3. 7. *Commandement indigène au Niger : rapport sur les chefferies indigènes de la colonie du Niger, 2 avril 1931.*
ANN : 6 .2 .5. *Subdivision de Dogondoutchi : Bulletin politique de renseignement 2ᵉ trimestre, 31 juillet 1931.*
ANN : 1E.12.7. *Subdivision de Dogondoutchi : bulletins de renseignements politiques : 3ᵉ trimestre 1931.*
ANN : 1E. 12.8. *Subdivision de Dogondoutchi : Rapport politique année 1931.*

ANN : 6.3.4. *Subdivision de Dogondoutchi : Recensement des cantons de Bey-Bey, Douméga et Tibiri. 1933.*
ANN : 1E. 14. 5. *Cercle de Dosso : Rapport politique annuel 1933.*
ANN : 1E. 14. 6. *Cercle de Dosso : rapports politiques des 1er, 2e et 3e trimestres 1933 établis par Tillie, commandant le cercle.*
ANN : 1E. 14. 7. *Subdivision de Dogondoutchi : rapport sur le rôle des chefs supérieurs peuls, 1933.*
ANN : *Cercle de Dosso : correspondance n° 934 AP du 1er novembre 1933. Le commandement des Peuls de la subdivision de Dogondoutchi.*
ANN : 1E. 17. 3. *Subdivision de Dogondoutchi : rapport de la tournée effectuée du 24 au 28 janvier et du 3 au 9 février 1934 par le chef de subdivision Leroy Paul dans la subdivision de Dogondoutchi.*
ANN : 1E. 17. 4. *Subdivision de Dogondoutchi : extrait du rapport de la tournée en date du 9 août 1934 effectuée par le chef de subdivision de Dogondoutchi Leroy Paul dans les cantons de Tibiri, Bei-Bei, Douméga.*
ANN : 1E. 17. 6. *Subdivision de Dogondoutchi : rapport de la tournée effectuée du 14 au 21 avril 1934 inclus par le chef de subdivision de Dogondoutchi Leroy Paul dans les cantons de Tibiri, Bei-Bei, Douméga, Likdo.*
ANN : 1E. 17.7. *Subdivision de Dogondoutchi : rapport de la tournée effectuée du 4 au 16 mai 1934 inclus par le chef de subdivision Leroy Paul dans les cantons de Tibiri, Bei-Bei, Douméga, Likdo.*
ANN : 1E. 17. 9. *Subdivision de Dogondoutchi : rapport de la tournée effectuée du 8 au 11 mars 1934 inclus par le chef de subdivision Leroy Paul.*
ANN : 1E. 17. 10. *Subdivision de Dogondoutchi : rapport de la tournée effectuée par l'adjoint des services civils Leroy Paul du 8 au 14 et du 16 au 21 décembre 1934 dans les cantons de Dogondoutchi, Tibiri, Douméga, Takassaba.*
ANN : 6. 1. 6. *Monographie de la subdivision de Dogondoutchi, sans auteur ni date (après 1935), 11 p.*
ANN : 5. 1. 8. *Monographie du cercle de Dosso : Histoire de la circonscription de Dosso jusqu'à la formation du cercle (1941).*
ANN : 5. 1. 9. *Monographie : Histoire du peuplement du cercle de Dosso par Périé J. et Sellier M., administrateurs des colonies.*
1re partie : Des origines à la fin du XVIIIe siècle.
2e partie : Le XIXe siècle, 1946.

ANN : 1E. 36. 24. *Subdivision de Dogondoutchi : rapport des tournées effectuées dans le canton de Tibiri par le chef de la subdivision de Dogondoutchi M. Plagnol du 6 au 14 février et du 2 au 16 mars 1947.*

ANN : 1E. 36. 28. *Subdivision de Dogondoutchi : compte rendu de la tournée effectuée dans les cantons de Takassaba et Tibiri par le chef de subdivision M. Plagnol du 6 au 14 septembre 1947.*

ANN. *Lettre n° 9145 du 25 septembre 1947. Le ministre d'Outre-Mer à Monsieur le Haut-Commissaire de la République en A-OF, DAKAR.*

ANN : 15. 1. 6. SELLIER Michel. *Monographie : Le cercle du Djerma, 1948.*

ANN : 1E. 38. 12. *Subdivision de Dogondoutchi : compte rendu de la tournée effectuée dans le canton de Tibiri par le chef de subdivision Abadie Jean Paul du 10 au 16 avril 1949.*

ANN : 1E. 42. 2. *Subdivision de Dogondoutchi : compte rendu de tournées de recensement effectuées par le chef de subdivision Menard Pierre dans le canton de Tibiri en 1951 et 1952.*

ANN : 6. 1. 10. *Monographie : Le Maouri ou Aréoua* par Sere de Rivières (Edmond). 1964. 9 p.

Archives sous-préfecture de Dogondoutchi

Généalogie des chefs de Tibiri (de 1875 à 1952), 1 p., sans auteur. Dressée en 1952.

Calendrier historique du cercle de Dogondoutchi par le commandant de cercle Paillard Henri. 1959. 4 p.

Acte administratif relatif à la chefferie traditionnelle en République du Niger

Ordonnance n° 2010-52 du 17 septembre 2010, portant changement de dénomination des provinces en sultanats.

Loi n° 2015-01 du 13 janvier 2015 portant statut de la chefferie traditionnelle en République du Niger, modifiée par la loi n° 2019-57 du 25 novembre 2019, à ses articles 8 et 10.

Décret n° 2015-562/PRN/MISP/D/ACR du 26 octobre 2015, portant modalités d'application de la loi n° 2015-01 du 13 janvier 2015 portant statut de la chefferie traditionnelle en République du Niger.

Arrêté n° 15/S.E.I. du 11 octobre 1960 portant classement des logements de chef de cantons et de groupements.

Circulaire n° 0014/MI/DAPJ/CIR du 19 septembre 1990, relatif à l'élection des chefs de canton ou de groupement.

Circulaire n° 003/MI/AT/DAPJ/CTAC du 21 décembre 1999, procédure pour la création des villages, tribu ou quartier administratif.

Arrêté n° 0549/MISPD/AR/DGAPJ/DAC du 23 août 2012 fixant les modalités d'organisation et de déroulement de l'élection des chefs traditionnels.

Arrêté n° 805 du 9 décembre 2014 complétant l'arrêté n° 549 du 23 août 2012 fixant les modalités d'organisation et de déroulement de l'élection des chefs traditionnels.

Arrêté n° 0648/MISPD/ACR/DGAPJ/DAC du 23 juin 2015, réglementant le pouvoir de réquisition reconnu aux chefs traditionnels.

Arrêté n° 0654/MISPD/ACR/DGAP/DAC du 22 septembre 2015, portant liste des candidats autorisés à se présenter aux élections du chef de canton de Tibiri (Département de Dosso).

Arrêté n° 0737/MISPD/ACR/DGAPJ/DAC du 28 octobre 2015, modifiant l'arrêté n° 0654/MISPD/ACR/DGAPJ/DAC du 22 septembre 2015, portant liste des candidats autorisés à se présenter aux élections du chef de canton de Tibiri (département de Dosso).

Arrêté n° 0649/MISPD/ACR/DGAPJ/DAC du 27 septembre 2015, fonctionnement d'une commission ad hoc chargée d'examiner la régularité des candidatures et de connaitre des contestations éventuelles à l'occasion des successions des chefs traditionnels.

Presse écrite (Journaux)

Alternative, hebdomadaire nigérien d'opinion et de réflexion n° 39 du 28 juin au 4 juillet 1995 : « Redécoupage administratif. M. Garba Sidikou clarifie la position des chefs traditionnels ».

Anfani, bimensuel nigérien indépendant de réflexion et d'analyse n° 121 du 15 au 31 décembre 1998 : « Chefferie de Dosso : querelle autour d'un héritage ».

Haske, hebdomadaire nigérien d'information et de réflexion n° 60 du 19 mars 1993 : « Document juridique relatif à la situation de Bara ».

Le Démocrate, hebdomadaire d'informations générales :
- N° 23 du 26 janvier 1992 : « Faut-il enterrer les chefs ? »

- N° 157 du lundi 5 juin 1995 : « Redécoupage administratif et décentralisation. Les chefs traditionnels se rebiffent ».
- N° 384 du lundi 16 octobre 2000 : « Chefferie traditionnelle. Un nouveau chef imposé à la province de Dosso. »

Nigera Ma, revue trimestrielle d'informations n° 1, 1974 :
- « L'Aréwa, une région où l'animisme est roi. »
- « Baoura, le faiseur de pluie. Une interview du chef animiste de l'Aréwa. »
- « Toungouma : la pierre qui rend justice. »

Le Paon Africain, bimensuel satirique sous-régional :
- N° 61 du 17 janvier 1994 : « Chefferie traditionnelle, quelle fonction ? Quel avenir ?
- N° 158 du 18 août 2000 : "DOSSO : chefferie traditionnelle. La déstabilisation."
- N° 161 du 31 Octobre 2000 : "La chefferie de Dosso. Droit de réponse : La famille Kadogo".

Le Républicain, hebdomadaire nigérien indépendant n° 119 du 14 octobre 1994 : "*Tamou, la déchirure.*"

La Roue de l'histoire, hebdomadaire nigérien d'informations générales d'analyse et de formation :
- N° 73 du 8 janvier 2002 : "La chefferie traditionnelle au Niger : le cas de structuration et restructuration dans l'actuel département de Maradi."
- N° 107 du 3 septembre 2002 : "Le pouvoir de la première législature de la Ve République à l'assaut de la chefferie traditionnelle."
- N° 198 du 1er juin 2004 : "Le Katsina en deuil : Le grand chef est mort : qui relèvera le flambeau ?"

Le Sahel, quotidien nigérien d'information :
- N° du mardi 20 mai 1980 : "Tibiri a un nouveau chef de canton."
- N° du 6 décembre 1993 : "Conférence-débat : chefferie traditionnelle au Niger."
- N° 5317 du lundi 24 février 1997 : "Réhabilitation des palais des chefs traditionnels.

Sahel Hebdo:
- N° 58 du mercredi 29 décembre 1976 : 'Regard sur le passé. La domination peule dans la vallée du Niger.'
- N° 61 du 3 janvier 1977 : 'Regard sur le passé. Les Arawa.'

Sahel Dimanche :

- N° du 21 janvier 1994 : 'Funérailles de Baoura ; les morts ne sont pas morts.'
- N° 542 du 15 octobre 1993 : 'TAMOU : La révolte des Fulmangari.'
- N° 795 du 25 septembre 1998 : 'Loga/Élections : bataille pour un trône'.

SEEDA, mensuel nigérien d'informations générales :
- N°s 16-17. 2e année. Décembre 2003 – janvier 2004 : 'La longue et difficile marche de la chefferie traditionnelle'.
- N° 29, juin 2005 : 'Regard sur le passé. Issa Korombeize Modi.'
- N°s 36-37. 4e année. Janvier-février 2007 : 'La chefferie traditionnelle face à la décentralisation. Une cohabitation difficile.'
- N° 40, août 2007 : 'Chefferie traditionnelle et décentralisation. Rapports conflictuels entre élus locaux et chefs.'

Le Soleil, hebdomadaire nigérien d'informations, d'opinion et de réflexion :
- N° 77 du 27 mars 2002 : 'Le nouveau chef de canton du Boboye contesté devant les juridictions'.

Tel Quel, mensuel expérimental de l'actualité du Niger n° 4, mai 2003 : 'La décentralisation doit tenir compte de l'existence de la chefferie traditionnelle.'

Sources orales

Entretien à Tounga Gardi (canton de Takassaba) avec Bagoudou Adamou, 16 avril 1994.

Entretien à Tibiri avec Maïnassara Mayaki dit Maïssango, 81 ans, notable à la cour des Samna de Tibiri. 28 mai 1994.

Entretien à Argungu (Nigeria) avec El Hadj Oumarou, 56 ans, Galadiman garin Argungu avec la collaboration de : Mahamadu Awali dagagidan Garangamau, Maidogarey, El Hadj Sani, à la cour de Sarkin Kabin Argungu. 25 et 26 mai 1994.

Entretien à Niamey avec Alpha Mossi, ancien traducteur des manuscrits arabes-ajami à l'IRSH. 5 mars 1994.

Entretien à Niamey avec Douka Douna, cadre de l'ORTN, 1994.

Entretien à Binji avec Alh Usmanu Sarkin Yakin Binji Sokoto Kwani, Area House n° 4 Aliyu Jedo Road, Sokoto (Nigeria). En présence de certains membres de sa cour. 23 août 1994.

Entretien au village de Yaya avec Malam Mamane, 73 ans, 24 août 1994.
Entretien à Magazaoua (canton de Dogondoutchi) avec Kiakay Dadi, 84 ans ; Magagi Goudoumas ; Saidou Daoura, 80 ans et Dadi Maidadji 60 ans (mars 1995).
Entretien à Tillabéri avec Samna Soumana, 77 ans, infirmier de santé à la retraite à Tillabéri (1995).
Entretien à Doungouzaoua Matsafia (canton de Tibiri) avec Sara Goubé Moussa, 86 ans (7 mars 2004).
Entretien à Tibiri avec May Dogarey Boukari Manou, 82 ans (2008).
Entretien à Tibiri avec Makada Tchiwaké, chef des griots du canton de Tibiri (2008).
Entretien à Argungu (Nigeria) avec El Hadj Oumarou, 77 ans, Galadima Garin Argungu avec la collaboration de Yakubu dan Ibrahima Bagayé Wakilan Kanta, 48 ans, responsable du musée d'Argungu. 24 novembre 2011.
Entretien à Alléla Zagui ou Alléla Hardo (Nigeria) avec Malam Mahamadou Mamane Na Mama, 81 ans. 25 novembre 2011.
CONFÉRENCE-DÉBAT : 'Chefferie traditionnelle au Niger', organisée par le Réseau sahélien de recherche, diffusion et chargé de publications pluridisciplinaires (RESADEP) à la Faculté des Lettres et Sciences humaines, le samedi 4 décembre 1993. Animateur : Amirou Sidikou Garba, chef de canton de Kouré, secrétaire général de l'Association des chefs traditionnels du Niger.

Table des matières

Remerciements --- **5**
Préface -- **7**
Introduction -- **9**
Termes utilisés --- **13**

PREMIÈRE PARTIE :
LE DALLOL MAWRI

CHAPITRE 1 : **Aspect géographique**-------------------------------- **17**
   1.1. Carte de situation du Dallol Mawri------------------------------- 17
   1.2. Carte ethnodémographique du Dallol Mawri ------------------ 18
   1.3. Présentation du Dallol Mawri -------------------------------------- 19
CHAPITRE 2 : **Le peuplement du Dallol Mawri** --------------------- **21**
   2.1. Généralités --- 21
   2.2. Les Gubawa : origines lointaines, le Daura ---------------------- 22
      2.2.1. La migration d'une communauté de Daurawa
      vers le Dallol Mawri --- 23
      2.2.2. Rupture avec le Daura originel ----------------------------- 24
      2.2.3. Passage de Lougantsi au Gubantsi ------------------------ 24
   2.3. Arrivée de Baura à Lougou--- 28
   2.4. Les Arawa-- 28
   2.5. Les Peuls --- 29
   2.6. La scarification Gubawa-Arawa ---------------------------------- 30
CHAPITRE 3 : **La Saraounia Kel Kaasa 1ᵉ reine de Lougou** ------- **33**
   3.1. Organisation sociopolitique -- 33
      3.1.1. Le mode de désignation de la Saraounia de Lougou----- 34
      3.1.2. Le mythe Azna -- 35
      3.1.3. Le domaine de la Saraounia -------------------------------- 35
CHAPITRE 4 : **Les rivalités politico-religieuses** ---------------------- **37**
   4.1. Le rapport Baura de Bagaji et la Saraounia de Lougou-------- 37
   4.2. Le rapport Sarkin-Aréwa de Matankari
   et les Azna de Lougou-- 38
CHAPITRE 5 : **Les principautés du Sud-Dallol Mawri**
ou Runkundum -- **43**
   5.1. Le Runkundum--- 43
   5.2. La formation de la principauté Sarkin-Aréwa
   du Runkundum --- 44
   5.3. La principauté Sarkin-Aréwa de Takassaba--------------------- 45
   5.4. Le Katarma -- 46
   5.5. La principauté Sarkin-Aréwa du Katarma------------------------ 47

DEUXIÈME PARTIE :
LE JIHAD D'USMAN DAN FODIO

CHAPITRE 1 : Les causes du jihad — 53
- 1.1. Le déclenchement du jihad — 53
- 1.2. La formation du Califat de Sokoto — 54
- 1.3. La domination peule dans le Kabi — 55
- 1.4. L'expansionnisme peul dans le Zabarma — 59
- 1.5. Les visées hégémoniques peules dans le Dendi — 61
- 1.6. Les visées hégémoniques peules dans l'Aréwa — 62

CHAPITRE 2 : Installation dans le Sud-Dallol Mawri du chasseur Bagubé Tunkara Tukuyu — 65
- 2.1. Les origines du chasseur Tunkara — 65
- 2.2. L'union du chasseur Tunkara avec la princesse Gingirey — 66
- 2.3. La divination annuelle de Sarkin-Aréwa Gagara de Nassaraoua — 68
- 2.4. Le contexte mystique de la naissance troublée de deux enfants de la princesse Gingirey — 68

CHAPITRE 3 : L'homme providentiel, Karhe Tunkara — 71
- 3.1. La naissance de Karhe Tunkara — 71
- 3.2. Les raisons d'État de Sarkin-Aréwa Gagara souverain de Nassaraoua — 72
- 3.3. L'enfance terrible de Karhe Tunkara : turbulence, commandement et ruse — 73
- 3.4. L'accession de Karhe Tunkara à la charge de Ubandawaki de son oncle maternel Sarkin-Aréwa Yaji Gagara de Nassaraoua — 75
- 3.5. Le Sarkin-Aréwa Yaji Gagara de Nassaraoua et le Sarkin Yaki de Binji Aliyu Jedo — 76
- 3.6. Ubandawaki Karhe Tunkara chargé de mission auprès du Sarkin Yaki de Binji Aliyu Jedo — 78
- 3.7. L'alliance de Karhe Tunkara avec le génie femelle — 82

TROISIÈME PARTIE :
LE VENT DE LA RÉVOLTE ET LES GUERRES DE LIBÉRATION

CHAPITRE 1 : Karhe Tunkara, l'étendard de la révolte — 87
- 1.1. Le soulèvement de Karhe Tunkara contre l'expansionnisme peul dans sa région — 87
- 1.2. L'alliance particulière du Bagubé Karhe Tunkara et du Zarma Daudu Bugaran — 89
- 1.3. Les guérillas de Karhe Tunkara et du Daudu Bugaran — 90
- 1.4. L'alliance tripartite du Bagubé Karhe Tunkara et du Zarma Daudu Bugaran avec le Bakabé Yakubu Nabami — 91
- 1.5. Le rendez-vous de Gudalé ou la naissance

du mouvement de libération (1849) ---------------------------------- 92
CHAPITRE 2 : **Les guerres de libération dans le Kabi**------------ **95**
  2.1. La fondation de la cité d'Argungu et la reconquête
du territoire de Kabi -- 95
  2.2. Qui était Samna Bunari ? -------------------------------------- 97
  2.3. L'investiture de Karhe Tunkara du titre Samna
ou la naissance d'une Sarauta (1849)---------------------------------- 98
  2.4. Le retour de Samna Karhe Tunkara dans son pays
natal le Katarma --- 101
CHAPITRE 3 : **Les guerres de libération dans l'Aréwa**--------- **103**
  3.1. L'intervention extérieure à la succession
de Sarkin-Aréwa Yaji Gagara de Nassaraoua (1855) -------------- 103
  3.2. Le siège de Kurhwa ou « yakin Kurhwa »
cité de Sarkin Rhwahi, chef suprême du Katarma------------------ 105
  3.3. L'exil de Samna Karhe Tunkara et le sacre
de Sarkin-Aréwa Gao Dubu de Zumbu (1855) --------------------- 107
  3.4. L'expédition de Samna Karhe Tunkara
contre le Sarkin-Aréwa Gao Dubu de Zumbu
ou la bataille du village de Béshémi (1857) -------------------------- 109
  3.5. La reconquête de la cité de Kurhwa et la fondation
de la principauté Tibiri Samna (1857)-------------------------------- 111
  3.6. L'expédition de Samna Karhe contre le Sarkin-Aréwa
Alishina de Matankari et l'investiture
de Lehida Guimba (1860)-- 114
  3.7. Les vacances du pouvoir à la chefferie
Sarkin-Aréwa du Katarma et l'investiture de Maynasara Hodi
de Birni Hwala--- 115
  3.8. Le fief de Samna Karhe -- 117
  3.9. Conclusion -- 119
CHAPITRE 4 : **Les guerres de libération
dans le Zabarma et le Dendi**-------------------------------------- **121**
  4.1. La libération du Zabarma -- 121
  4.2. La libération du Dendi --- 123
CHAPITRE 5 : **La fin des guerres de libération** ----------------- **125**
  5.1. La formation de l'État fédéral----------------------------------- 125
  5.2. Carte du territoire contrôlé par les alliés
vers la fin du XIXe siècle --- 127
  5.3. Le traité de paix ou (lahiya Toga) conclu en 1867
entre le *Sarkin Kabi* Abdullahi Toga (1860-1883)
et le *Sarkin Musulmi* Ahmadu Rufay (1867-1873) --------------- 128
  5.4. L'expédition de Samna Karhe contre les Twareg
de l'Imannan ou l'étrange destin du combattant
libérateur (1872)-- 129

5.5. Samna Karhe le Héros -- 130
   5.5.1. Les propos de Samna Karhe ---------------------------------- 131
   5.5.2. Les louanges de Samna Karhe ------------------------------- 133
   5.5.3. Les défis (kirari) de Samna Karhe ------------------------- 134
CHAPITRE 6 : **L'émergence de la Dynastie Samna de Tibiri** ----- **137**
   6.1. Le mode de succession -- 137
   6.2. Les différents Samna : période précoloniale
   (1849-1906) -- 138
   6.3. L'exil à Tibiri de Sarkin-Aréwa Lihida Gimba
   de Matankari (1872) -- 140
   6.4. L'expédition de l'Émir de Gwadabawa, Maïtouraré
   dan *Sarkin Musulmi* Ahmadu Bello contre la cité
   de Tibiri ou l'épisode de Kolba (1872) ----------------------------- 141

QUATRIÈME PARTIE :
OCCUPATION COLONIALE ET DÉFINITION
DES COMMANDEMENTS INDIGÈNES

CHAPITRE 1 : **Explorations et conquêtes** ------------------------- **147**
   1.1. Les missions d'explorations ----------------------------------- 147
   1.2. L'explorateur le docteur Heinrich Barth ---------------------- 148
   1.3. La conférence de Berlin : main basse sur l'Afrique ----------- 148
   1.4. Les frontières franco-anglaises (1890-1906)
   et les missions françaises de reconnaissance ---------------------- 150
   1.5. La destruction matérielle et humaine de Lougou,
   cité des Saraounia (16 avril 1899) ---------------------------------- 157
      1.5.1. Extrait : Journal de marche de la Mission Afrique
      Centrale depuis Tombouctou (1898) -------------------------- 159
      1.5.2. Version donnée par une vieille femme
      de Birnin-Lokoyo, âgée de 97 ans -------------------------------- 160
      1.5.3. Extrait *: le grand capitaine* ---------------------------------- 161
      1.5.4. Extrait : *Roman historique Saraounia* --------------------- 162
      1.5.5. Version donnée en 1981 par la Saraounia Gado
      (1947-1983) et des praticiens du culte, comme Marafa Magagi
      et Dogo -- 163
   1.6. Conclusion -- 164
   1.7. La mission du Lieutenant-colonel Klobb, à la poursuite
   de la Mission Afrique Centrale, mai 1899 ---------------------------- 164
   1.8. La convention du 8 avril 1904 et celle du 29 mai 1906 -------- 166
   1.9. La mission franco-anglaise de délimitation,
   du Niger au Lac Tchad ou la mission Tilho (1907) ------------------ 166
CHAPITRE 2 : **Organisation administrative du territoire** -------- **169**
   2.1. La formation des colonies de l'A-OF --------------------------- 169
   2.2. L'organisation intérieure des colonies ------------------------ 170
   2.3. La formation de la colonie du Niger --------------------------- 171

  2.3.1. La création d'un troisième territoire militaire------------ 172
  2.3.2. La colonie du Haut-Sénégal-Niger ------------------------ 173
  2.3.3. Organisation et réorganisation du territoire
  militaire du Niger -- 173
  2.3.4. Le territoire du Niger--- 175
  2.3.5. La transformation du territoire civil du Niger
  en colonie autonome --- 176
  2.3.6. Le transfèrement du chef-lieu de la colonie
  du Niger de Zinder à Niamey------------------------------------- 177
CHAPITRE 3 : La doctrine coloniale en A-OF------------------ 179
 3.1. La circulaire de W. Ponty, gouverneur général
 de l'A-OF (1909)-- 179
 3.2. La circulaire de Joost Van Vollenhoven,
 gouverneur général de l'A-OF (1917)-------------------------------- 180
 3.3. La circulaire de Brévié Jules, gouverneur général
 de l'A-OF (1932)-- 183
**CHAPITRE 4 : La formation des cantons et l'administration
de la chefferie traditionnelle-- 185**
 4.1. La formation des cantons --- 185
  4.1.1. Le régime de l'indigénat et la justice indigène ----------- 186
  4.1.2. Le conseil des notables indigènes ------------------------- 187
  4.1.3. Les commissions cantonales -------------------------------- 187
  4.1.4. Les cantons du Dallol Mawri ------------------------------- 188
 4.2. L'administration de la chefferie traditionnelle ----------------- 190
 4.3. La réorganisation de l'administration indigène
 dans la colonie du Niger (1936)-- 193
  4.3.1. Le chef de canton -- 194
  4.3.2. Le chef de groupe--- 194
  4.3.3. Les sanctions administratives ------------------------------- 195
  4.3.4. L'honorariat -- 195
**CHAPITRE 5 : Organisation et réorganisation
de la circonscription de Dosso-------------------------------------- 197**
 5.1. Les repères chronologiques--------------------------------------- 197
 5.2. Projet de création de cinq provinces
 dans la circonscription de Dosso (1924) ----------------------------- 198
 5.3. Carte du cercle de Dosso par provinces
 projetées (1924) --- 201
 5.4. Les cantons supprimés dans la circonscription
 de Dosso (1905-1941) --- 202
 5.5. Les différentes chefferies administratives
 dans la région de Dosso --- 203
CHAPITRE 6 : La subdivision de Dogondoutchi -------------- 205
 6.1. Les repères chronologiques--------------------------------------- 205

6.2. Carte du secteur de Dogondoutchi en 1912 -------------------- 209
6.3. La chefferie particulière Saraounia de Lougou ---------------- 210
    6.3.1. La spécificité du village de Lougou ------------------------ 211
    6.3.2. Le rapport entre les Azna de Lougou
    et le chef de canton de Dogondoutchi Arzika Gao
    (1931-1941) -- 211
    6.3.3. La visite de la Saraounia de Lougou Akarkamé
    (1932-1937) au commandant de la subdivision
    de Dogondoutchi (1934) --- 212
    6. 3. 4. Lettre de la Saraounia de Lougou à SEM
    le Président de la République du Niger -------------------------- 213
6.4. La suppression et fusion de cantons dans la subdivision
de Dogondoutchi (1918-1935) --- 215
    6.4.1. La suppression du canton de Nassaraoua ---------------- 215
    6.4.2. La suppression du canton de Kara-Kara ----------------- 216
    6.4.3. La constitution du canton de Takassaba ----------------- 217
    6.4.4. La suppression du canton de Douméga ----------------- 218
6.5. Allocation annuelle en (FF) accordée aux chefs
de cantons de la subdivision de Dogondoutchi (1918-1938) ------- 223
6. 6. La mise au point --- 224
CHAPITRE 7 : **Le groupement peul de la subdivision
de Dogondoutchi** --- **227**
    7.1. Généralités -- 227
    7.2. La répartition des tribus peules en 1910 ----------------- 227
    7.3. La situation des chefs supérieurs peuls en 1933 --------- 228
        7.3.1. Le groupement du canton de Dogondoutchi ------------- 229
        7.3.2. Le groupement du canton de Tibiri ----------------------- 230
        7.3.3. Le groupement du centre, constitué des Peuls
        du canton de Likdo, Douméga et de Bei Bei -------------------- 230

CINQUIÈME PARTIE :
POUVOIR TRADITIONNEL
ET ÉTAT POSTCOLONIAL

**Chapitre 1 : La gestion de la chefferie traditionnelle
au Niger** --- **235**
    1.1. Le régime de la Première République ---------------------- 235
    1.2. Le régime militaire -- 236
    1.3. L'ère démocratique --------------------------------------- 238
    1.4. La décentralisation --------------------------------------- 239
    1.5. La classification des chefferies au Niger ----------------- 241
    1.6. La classification des logements de chefferie
    au Niger --- 241
    1.7. Conclusion --- 242

CHAPITRE 2 : **Le canton de Tibiri** — **243**
  2.1. Carte du canton de Tibiri en 1908 — 243
  2.2. Carte du canton de Tibiri en 1995 — 244
  2.3. Carte du canton de Tibiri dans le Dallol Mawri — 245
  2.4. Présentation du canton — 246
    2.4.1. Création — 246
    2.4.2. Situation géographique — 246
    2.4.3. Orographie — 246
  2.5. Organisation administrative — 249
    2.5.1. La forme et l'exercice du pouvoir — 249
    2.5.2. La particularité de la chefferie Samna — 249
    2.5.3. LOrganisation du canton — 249
    2.5.4. Le chef de canton — 250
    2.5.5. La cour (majalissa) — 250
    2.5.6. Le chef de secteur — 252
    2.5.7. Le chef de village — 252
    2.5.8. Les fonctions multiples — 253
    2.5.9. Autre titres — 253
    2.5.10. Les différents Samna chefs de canton Tibiri (1906-2017) — 253
    2.5.5. Les différents Samna de Tibiri (1849-2017) — 265
  2.6. Les tambours de guerre de Tibiri — 265
  2.7. Arbre généalogique des Samna de Tibiri (1849-2017) — 267
  2.8. Arbre généalogique de la descendance des Samna de Tibiri — 268
  2.9. La descendance de Samna Karhe *(hommes et femmes)* — 269
  2.10. Le groupement peul du canton de Tibiri — 271

ANNEXES — **273**
  P 1.1. Façade principale : Kanta Museum dit Gidan Nabame. Argungu (Nigeria) — 275
  P 1.2. Sabres des trois principaux leaders de la révolte : Samna Karhe de l'Aréwa, Daudu Bugaran du Zabarma et Yakubu Nabami du Kabi. — 276
  P 1.3. Mausolée où repose la tête de l'Émir de Gwandu Halirou. — 277
  P 1.4. C'est sous cet arbre (baobab) dans le Dallol Mawri, région de Kara-Kara, que l'Émir de Gwandu Halirou a été tué en 1860. — 278
  Pl. 5. Tambours de guerre de Sokoto arrachés par les Kabawa pendant le règne de Sarkin Kabi Sama (1883-1915). — 279
  Bibliographie — **281**

Structures éditoriales du groupe L'Harmattan

L'Harmattan Italie
Via degli Artisti, 15
10124 Torino
harmattan.italia@gmail.com

L'Harmattan Hongrie
Kossuth l. u. 14-16.
1053 Budapest
harmattan@harmattan.hu

L'Harmattan Sénégal
10 VDN en face Mermoz
BP 45034 Dakar-Fann
senharmattan@gmail.com

L'Harmattan Congo
219, avenue Nelson Mandela
BP 2874 Brazzaville
harmattan.congo@yahoo.fr

L'Harmattan Cameroun
TSINGA/FECAFOOT
BP 11486 Yaoundé
inkoukam@gmail.com

L'Harmattan Mali
ACI 2000 - Immeuble Mgr Jean Marie Cisse
Bureau 10
BP 145 Bamako-Mali
mali@harmattan.fr

L'Harmattan Burkina Faso
Achille Somé – tengnule@hotmail.fr

L'Harmattan Togo
Djidjole – Lomé
Maison Amela
face EPP BATOME
ddamela@aol.com

L'Harmattan Guinée
Almamya, rue KA 028 OKB Agency
BP 3470 Conakry
harmattanguinee@yahoo.fr

L'Harmattan RDC
185, avenue Nyangwe
Commune de Lingwala – Kinshasa
matangilamusadila@yahoo.fr

L'Harmattan Côte d'Ivoire
Résidence Karl – Cité des Arts
Abidjan-Cocody
03 BP 1588 Abidjan
espace_harmattan.ci@hotmail.fr

Nos librairies en France

Librairie internationale
16, rue des Écoles
75005 Paris
librairie.internationale@harmattan.fr
01 40 46 79 11
www.librairieharmattan.com

Librairie des savoirs
21, rue des Écoles
75005 Paris
librairie.sh@harmattan.fr
01 46 34 13 71
www.librairieharmattansh.com

Librairie Le Lucernaire
53, rue Notre-Dame-des-Champs
75006 Paris
librairie@lucernaire.fr
01 42 22 67 13